Bernhard Pötter
Die Grüne Null

Bernhard Pötter

DIE GRÜNE NULL

**Der Kampf um Deutschlands Zukunft
ohne Kohle, Öl und Gas**

Mit zahlreichen Schwarz-Weiß-Abbildungen

PIPER

Mehr über unsere Autorinnen, Autoren und Bücher:
www.piper.de

Von Bernhard Pötter liegt im Piper Verlag vor:
33 Fragen – 33 Antworten: Klimawandel

ISBN 978-3-492-07088-1
© Piper Verlag GmbH, München 2021
Grafiken: Stefanie Weber
Karikaturen: Tom Körner
Satz: Uhl + Massopust, Aalen
Gesetzt aus der Arno Pro
Litho: Lorenz & Zeller, Inning am Ammersee
Druck und Bindung: GGP Media GmbH, Pößneck
Printed in Germany

Inhalt

Teil 3 – Rezepte für die Nulldiät: Was tun?

Einführung
Trau keinem über 24

Hier und jetzt entscheiden wir über unsere Zukunft:
Gefährlicher Stillstand oder Aufbruch zur Verantwortung?

An das Jahr 1997 kann ich mich noch gut erinnern. Der Bundespräsident hieß Roman Herzog und forderte, durch Deutschland müsse ein »Ruck« gehen. Jan Ullrich gewann die Tour de France, Prinzessin Diana starb bei einem Autounfall in Paris, und der erste Band von »Harry Potter« erschien. In Japan beschloss die UN-Klimakonferenz das »Kyoto-Protokoll«, und in Berlin zog meine Freundin bei mir ein. Heute leben wir immer noch zusammen, aber vieles andere hat sich stark verändert. Trotzdem erinnere ich mich noch gut daran, wie die Welt sich damals anfühlte. 24 Jahre sind keine lange Zeit, wenn man auf sie zurückblickt.

Wenn man hingegen in die Zukunft schaut, scheinen 24 Jahre endlos. Wer weiß schon, wie unser Leben in einer Generation aussehen wird? Vieles dabei ist unsicher. Aber eines ist klar: Im Jahr 2045 sollen Deutschland und bis 2050 auch ganz Europa (und hoffentlich weite Teile der restlichen Welt) »klimaneutral« sein – also praktisch keine Treibhausgase mehr in die Atmosphäre blasen, die die Klimakrise weiter anheizen. Was das für uns alle eigentlich bedeutet, wie wir das schaffen können und warum das so wichtig ist, darum geht es in diesem Buch.

»Klimaneutralität« ist das größte Versprechen, das uns Politik und Wirtschaft geben können. Genauso groß wäre vielleicht »Weltfrieden«, aber den verspricht uns keiner. Aus gutem Grund. Um aber die Grüne Null bei den CO_2-Emissionen zu erreichen, müssen wir die Art und Weise völlig umstellen, wie wir Strom erzeugen, uns fortbewegen, Dinge produzieren und verbrauchen, was wir essen, wohin wir reisen, wie wir unser Geld anlegen und was wir erfinden. Wir werden dafür sehr viel Kapital brauchen, sehr viele Ideen, sehr viel Entschlossenheit und sehr viel Mut zur Veränderung. Und das alles innerhalb einer Generation.

Veränderungen machen vielen Menschen Angst. Das ist normal und logisch. Wer grundlegende Umstürze wie im Osten Deutschlands ab 1989 erlebt hat, der wird vom Komplettumbau der deutschen Wirtschaft und Gesellschaft erst einmal nicht begeistert sein. Aber die Welt verändert sich trotzdem: Die Digitalisierung formt unser Leben um, globale Migration ist eine Tatsache, Krankheiten wie die Corona-Pandemie machen uns klar, wie verletzlich unsere Körper und unsere Gesellschaften sind. Und der Klimawandel verändert rasant die Bedingungen, unter denen wir Menschen leben und arbeiten.

Es hilft nichts, den Kopf in den Sand zu stecken. Und auf die größte akute Bedrohung, die Klimakrise, gibt es ja eine gute Antwort: die »Klimaneutralität«. Wir müssen schnell weg von den größten Verursachern der Erderhitzung, von Kohle, Öl und Gas.

Unmöglich, sagen manche. Sehr gut möglich, sagen viele andere: Wir haben das Geld, wir haben die Technik, wir haben viele Gesetze, wir haben den Willen. Wir müssen nur richtig loslegen. Auch das beschreibt dieses Buch: Wo stehen wir auf diesem abenteuerlichen Weg Richtung 2045 – und wie kommen wir weiter? Was und wer treibt uns an? Wer bremst? Was fehlt noch?

Je mehr man zu dem Thema recherchiert, desto klarer wird: Auch die Verantwortlichen in Politik, Industrie und Gesellschaft wissen oft nicht, wie groß das Thema Klimaneutralität ist und wie sie damit umgehen sollen. Es gibt keinen genauen Fahrplan, keine exakte Kostenabschätzung, keinen 24-Jahres-Plan. Aber die großen Ziele sind klar, die Wegmarken gesetzt, die Instrumente liegen zum großen Teil bereit. Es muss nur endlich losgehen. Das legt der Blick auf die Zahlen und Daten der Wissenschaft dringend nahe: Die Klimakrise, der Auslöser aller Ideen zur Grünen Null, wartet nicht. Je schneller und entschlossener wir jetzt handeln, desto weniger wird es kosten – weniger Geld, weniger Menschenleben, weniger Zukunftschancen, die wir uns verbauen.

»Die Zeit zu handeln ist jetzt«, so heißt es auf jeder UN-Klimakonferenz seit fast 30 Jahren. Nie war dieser Satz so richtig wie heute. In den 2020er-Jahren wird sich entscheiden, ob die Welt den Klimawandel noch so abbremsen kann, dass sie 2100 im Schnitt nicht mehr als zwei Grad oder 1,5 Grad wärmer ist als vor der Industrialisierung ab 1850. Bisher sind die klimaschädlichen Emissionen weltweit fast immer nur gestiegen. Jetzt müssen sie nach allen Prognosen in den nächsten zehn Jahren weltweit halbiert werden, damit die Ziele erreichbar sind.

Noch einmal laut und deutlich: In zehn Jahren muss die Welt ihre CO_2-Emissionen halbieren. Und Industriestaaten wie Deutschland, die Wirtschaftskraft Nummer 1 in Europa, müssen dabei vorangehen. Warum? Weil sie einen großen Teil des Problems verursacht haben, weil sie damit reich geworden sind, weil sie die Technik dazu entwickeln und weil sie sich schon auf den Weg gemacht haben. Deutschland hat seine Emissionen um etwa 40 Prozent gegenüber 1990 reduziert und verspricht noch viel mehr. Denn nur eine klimafreundliche Gesellschaft birgt die Chance auf sauberen Wohlstand und halbwegs gerechten Frieden in Europa und weltweit.

Deshalb sind die Pläne zur Klimaneutralität auch und vor allem für Deutschland so aktuell und brisant: Was in den nächsten zehn Jahren in Berlin und Brüssel, aber auch in den deutschen Bundesländern, Kommunen, Konzernleitungen und Hinterzimmern entschieden und umgesetzt wird, legt den Pfad bis 2045 fest.

Um es mal drastisch zu sagen: Was der Deutsche Bundestag und die Bundesregierung in den nächsten zwei Legislaturperioden ab 2021 zur Klimaneutralität beschließen und umsetzen, entscheidet über unser Schicksal – darüber, ob Deutschland seiner Verantwortung gegenüber seinen Bürgerinnen und Bürgern, der Europäischen Union und der Weltgemeinschaft nachkommt. Nämlich als reiches Industrieland mit schier unbegrenzten Vorräten an Kapital, Erfindungsgeist und politischer

Stabilität den Weg zur Klimaneutralität mit anderen zu gehen und ihn anderen vorzuzeichnen.

30 Jahre lang haben sich die Verantwortlichen auch in der deutschen Klimapolitik mit Klein-Klein durchgemogelt. Damit ist es jetzt vorbei. Sie stehen vor einer schwierigen Aufgabe, die sie sich selbst gestellt haben – und die sie durch jahrzehntelange Versäumnisse deutlich schwieriger gemacht haben als nötig: jetzt Maßnahmen durchzusetzen, deren Ergebnisse sie nicht mehr erleben werden – zumindest nicht als Amtsträger. Wenn es Lehren aus der globalen Corona-Pandemie gibt, so heißen sie: Wir sind als Menschen und als Gesellschaften verwundbarer, als wir glauben. Wir sollten kommende Risiken minimieren und uns auf mögliche Folgen einstellen. Wir sollten alles tun, um nicht sehenden Auges in eine weltweite Krise hineinzulaufen. Und wir sollten daran denken, dass der »Impfstoff« gegen die Klimakrise schon erfunden ist: ein klimaneutrales Leben und Wirtschaften.

Viele begreifen einen solchen Umbau als Bedrohung. Für manche ist er es auch. Aber für die große Mehrheit der Menschen und Unternehmen bedeutet ein klimaneutrales Deutschland eine große Chance: auf gute Jobs, saubere Luft, lebenswerte Städte, eine halbwegs intakte Natur, auf ein Ende des »Immer mehr« und einen neuen Blick darauf, was wirklich zählt – auf mehr Wohlstand und Gesundheit statt einfach nur immer mehr Besitz.

Dieses Buch beschreibt, was bereits getan wird und was noch zu tun bleibt, um die Klimakatastrophe abzuwenden. Es zeigt aber auch, was alles noch fehlt. Und was wir in Zukunft unterlassen müssen, wenn unsere große Rechnung spätestens 2045 mit einer Grünen Null unterm Strich enden soll.

Das bedeutet nicht, auf alles zu verzichten. Ganz im Gegenteil. Wir werden uns auch in der nächsten Generation eine Menge Komfort und Überfluss erlauben können. Nur eines nicht mehr: den Luxus des Nichtstuns. 24 Jahre gehen schnell vorbei.

Teil 1
Von 850 Millionen auf null – das Ziel Klimaneutralität

Merkels grüne Zeitbombe

Was »Klimaneutralität« konkret bedeutet, weiß bisher in Politik und Wirtschaft praktisch niemand. Trotzdem wird der Abschied von Erdgas, Kohle und Öl die nächsten Jahrzehnte dominieren.

Raum und Anlass sind nicht dafür gemacht, dass hier Geschichte geschrieben wird. Das unscheinbare Gebäude der DZ Bank am Brandenburger Tor in Berlin-Mitte duckt sich zwischen der Botschaft der USA und der Akademie der Künste. Im Foyer thront eine riesige silbrige Skulptur, die aussieht wie ein durchlöcherter Fußball. Im Kellergeschoss füllen unter einer Glasdecke blaue Sitzreihen den Saal. Hier tritt an diesem 14. Mai 2019 um zehn Uhr morgens Bundeskanzlerin Angela Merkel im roten Blazer ans Rednerpult – im Hintergrund eine blaue Wand mit dem Logo der Bundesregierung.

Im Publikum sind die zweite und dritte Garde der internationalen Klimadiplomatie versammelt. Und die Bundeskanzlerin macht eine unscheinbare Aussage, die allerdings eine Menge Sprengstoff enthält: »Ich schlage vor, dass unser konkretes Datum für die Klimaneutralität 2050 sein soll. Wir sollten darüber reden, wie wir das Ziel erreichen – nicht, ob wir es erreichen wollen.«

Merkel spricht beim Petersberger Klimadialog – benannt nach dem ersten Treffen im Jahr 2010 auf dem Petersberg nahe Bonn, jetzt aber immer in Berlin abgehalten. Seit einem Jahrzehnt treffen sich Ministerinnen und Minister, Klimaretter und Klimabremser, Sherpas und Beamte aus etwa 20 wichtigen Staaten für zwei Tage hinter verschlossenen Türen. Sie loten aus, welche Deals bei den nächsten Verhandlungen möglich sind.

13

Merkel hat dieses Forum immer schon gern für ein Ausrufezeichen zur Klimapolitik genutzt: 2014 verkündete sie hier, Deutschland werde seine Finanzhilfen für arme Staaten verdoppeln; 2018 nannte sie den Verkehrssektor mitten im Dieselskandal »unser Sorgenkind«. Und auch an diesem 14. Mai 2019 hat die Bundeskanzlerin vor allem eine Botschaft an die eigene Bevölkerung: Deutschland soll sich verpflichten, bis spätestens 2050 nicht mehr Treibhausgase in die Atmosphäre zu blasen, als wieder herausgefiltert werden – ob mittels der Speicherfunktion der Wälder oder durch technische Kniffs. Die Idee klingt abstrakt-technisch, Merkel trägt sie trocken in den für sie typischen Schachtelsätzen vor.

Zwei Jahre später, der 7. Mai 2021. Wieder ist »Petersberger Klimadialog«, wieder sitzt Angela Merkel, diesmal im blauen Sakko, vor einer blauen Wand und spricht mit PolitikerInnen in der ganzen Welt – wegen der Coronakrise allerdings nur am Bildschirm. Die Bundeskanzlerin verkündet, warum sie nach harter Kritik des obersten deutschen Gerichts an ihrer Politik dem Land ein noch schärferes Klimaziel verordnet: »Das Bundesverfassungsgericht hat uns in einem wegweisenden Urteil aufgegeben, beim Klimaschutz die Generationengerechtigkeit stärker in den Blick zu nehmen und den Weg zu Klimaneutralität konkreter zu beschreiben.« Deutschland wolle deshalb schon bis 2045 klimaneutral sein und schon bis 2030 seine Treibhausgas-Emissionen um 65 Prozent gegenüber 1990 senken, nicht nur um 55 Prozent. Das steht in dem Entwurf für ein geändertes »Klimaschutzgesetz«, den Merkels Beamte nach hektischer Arbeit einen Tag vor »Petersberg« gerade noch fertiggestellt haben.

Plötzlich geht alles ganz schnell. In den letzten Wochen vor Merkels letztem Auftritt im »Petersberg«-Format haben sich die Ereignisse überschlagen. am 29. April erklärte das Bundesverfassungsgericht das »Klimaschutzgesetz« von Merkels Regierung teilweise für verfassungswidrig. Und nur eine Woche später verkündet die sonst oft zögerliche Kanzlerin einer verwunderten Öffentlichkeit, Klimaschutz werde jetzt noch schneller und drastischer betrieben als schon seit 2019 angekündigt.

Tatsächlich ist diese Idee aber ein radikales Zukunftsziel, das

Politik, Wirtschaft und Gesellschaft enorm unter Druck setzt. Denn »Klimaneutralität« bedeutet: bis 2045, also im Rahmen einer Generation, muss das viertgrößte Industrieland der Welt seinen Stoffwechsel komplett umbauen. Weg von einer Gesellschaft, die bei der Produktion von Gütern, bei der Mobilität und der Ernährung, bei der Errichtung, Heizung und Kühlung von Gebäuden und der Elektrizität auf Kohle, fossiles Gas, Öl oder Atom setzt – hin zu dem, was die Wissenschaft und ein wachsender Teil der Bevölkerung immer dringender fordern: ein Land, das unterm Strich keine klimaschädlichen Treibhausgase mehr ausstößt.

Ein radikales Klimaziel als politisches Erbe

Mit der Entscheidung für ein klimaneutrales Deutschland definiert Angela Merkel das politische Erbe ihrer Kanzlerschaft. Der Unterschied zum alten Klimaziel von minus 80 bis 95 Prozent sei weitaus größer als ein paar Prozentpunkte, sagte Jochen Flasbarth, der seit 2013 als SPD-Staatssekretär im Bundesministerium für Umwelt, Naturschutz und nukleare Sicherheit in der Regierung den Klimaschutz beharrlich vorangetrieben hat. »Vorher haben die Vertreter der Stahl-, Zement- oder Autoindustrie immer gemeint, die verbleibenden fünf bis 15 Prozent Treibhausgase wären für sie reserviert. Diese Tür ist jetzt zu.«
     Experten rund um das Thema Klimapolitik sehen das ähnlich. »Klimaneutralität lässt keine Restemissionen mehr zu; der Einsatz von Kohle, Öl und Erdgas muss um 100 Prozent reduziert werden«, sagt Rainer Baake. Als Staatssekretär für Bündnis 90/Die Grünen im Umwelt- und Wirtschaftsministerium hat er lange am Ausstieg aus der Atomkraft und am Ausbau der erneuerbaren Energien gearbeitet; er hat den Ökoverband Deutsche Umwelthilfe (DUH) geleitet und den Thinktank Agora Energiewende aufgebaut. Seit Ende 2020 treibt Baake mit der neu gegründeten Stiftung Klimaneutralität die Regierung mit Gutachten und Gesetzesvorschlägen vor sich her, ob es darum geht, wie man die Windkraft ausbaut oder wie man die Nutzung von fossilen Brennstoffen einschränkt. Er sagt:

»Vor allem die Industrie braucht diese klaren Vorgaben, wenn sie jetzt die richtigen Investitionen für die nächsten Jahrzehnte entscheiden soll – und vor allem, wenn sie ganz konkret die falschen Investitionen in fossile Kraftwerke oder Verbrennungsmotoren unterlassen soll.«

Auch auf der EU-Ebene ist das Signal angekommen. Im Dezember 2019 beschließen die Staats- und Regierungschefs der 27 EU-Länder, die Union mit ihren etwa 450 Millionen Menschen solle spätestens 2050 klimaneutral sein – viele der PolitikerInnen wissen wohl nicht so genau, wozu sie ihre Länder da verpflichten. Gleichzeitig präsentiert die EU-Kommission ihren »Green Deal«, der den Weg zu diesem Null-Ziel vorzeichnet und gravierende Folgen haben wird. Der Vizechef der EU-Kommission und Kommissar für Klimaschutz Frans Timmermans, beschreibt sie so: »Die EU-Länder haben sich auf diese Ziele festgelegt. Keiner kann sich mehr verstecken, und keiner kann sagen: Es bleibt alles beim Alten.«

»Keiner kann sagen: Es bleibt alles beim Alten.«

Es muss sich etwas ändern, das ist auch Angela Merkel in den letzten zwei Jahren ihrer Amtszeit klar geworden. Oder besser: Dass Veränderungen nötig sind, weiß die promovierte Physikerin, die als Umweltministerin 1997 das Kyoto-Protokoll mitverhandelte, besser als andere. Aber nun sieht die Machtpolitikerin auch eine Chance, für solche Veränderungen Mehrheiten zu organisieren. Da sind die Warnungen aus der Wissenschaft, dass sich der Klimawandel immer weiter und immer schneller zuspitzt. Ein knappes Jahr zuvor hatte der UN-Klimarat (Intergovernmental Panel on Climate Change; IPCC) in einem Sondergutachten klargestellt, dass der Unterschied zwischen einer Erwärmung um 1,5 oder um zwei Grad Celsius bis 2100 groß wäre – die beiden Grenzen, die im Pariser Klimaschutzabkommen von 2015 angesprochen sind. Die EU und alle Industriestaaten müssen ihre CO_2-Emissionen bis 2030 praktisch halbieren, um das Schlimmste zu verhindern.

Dazu kommt: Der Klimawandel ist für Deutschland nicht

mehr eine weit entfernte Zukunft. Er brennt auf der Haut. Extrem trockene und warme Sommer seit 2018 bringen Rekordtemperaturen, sie schädigen den Wald und die Landwirtschaft. Es regnet auch im Herbst und im Frühjahr weniger. All die Szenarien, vor denen die Wissenschaft lange gewarnt hat, rücken nun näher.

Dann ist da aber auch der Druck von der Straße. Seit 2019 streiken freitags Schülerinnen und Schüler in Deutschland als »Fridays for Future« für konsequenten Klimaschutz. 2018 hatte das schwedische Schulmädchen Greta Thunberg eine weltweite Klimabewegung ausgelöst, mit Folgen auch in Deutschland: Bei den Landtagswahlen in Bayern und Hessen und der Europawahl 2019 wird die »Klimaschutzpartei« Bündnis 90/Die Grünen so stark wie nie zuvor. Und Merkels Vertraute Ursula von der Leyen stellt sich als EU-Kommissionspräsidentin an die Spitze derer, die für Klimaneutralität werben.

Angela Merkel hat in den 14 Jahren ihrer Kanzlerschaft bis 2019 einen Schlingerkurs zwischen »Klimakanzlerin« und Ökobremserin vollzogen. Unter ihrer Führung ist Deutschland politisch und wirtschaftlich stabil geblieben, hat die Finanz-, die Euro- und die Migrationskrise gemeistert, dafür aber die Klimakrise auf die lange Bank geschoben. In Merkels Deutschland ist die Wirtschaft gewachsen und der Anteil von Ökostrom am Strommix auf über 40 Prozent gestiegen. Aber die CO_2-Emissionen sind lange kaum gesunken.

Das Land hat unter Merkel den Ausstieg aus der Atomkraft bis 2022 und aus der Kohle bis 2038 begonnen. Aber es wird auch deutlich, dass all das nicht genügt, um den Anforderungen des Pariser Abkommens, den Warnungen der Wissenschaft oder dem Protest in der Gesellschaft wirksam zu begegnen.

Das Klimaschutzgesetz bindet die kommenden Regierungen

Am 12. Mai 2021 beschloss das Bundeskabinett das neue Klimaschutzgesetz, keine zwei Wochen nach dem epochalen Urteil des Verfassungsgerichts. Wie gefordert, verschärfte darin die Regierung nicht nur die Ziele, sondern legte auch für jedes Jahr bis 2045 eine Obergrenze für die Emissionen fest. Bis 2030 werden diese CO_2-Deckel fein säuberlich auf die Sektoren wie Industrie, Verkehr, Gebäude oder Landwirtschaft verteilt. Was noch zwei Jahre zuvor in Merkels CDU/CSU-Fraktion als »Öko-Planwirtschaft« beschimpft und abgelehnt wurde, fand plötzlich allgemeine Zustimmung. Ein Unions-Abgeordneter fasste die gewandelte Stimmung so zusammen: »Es ist unser Gesetz, es gehört zu den Regeln, die unsere Kanzlerin auf EU-Ebene durchgesetzt hat und die unsere Unionskollegin von der Leyen vorantreibt. Und als Rechtsstaatspartei müssen wir umsetzen, was das Verfassungsgericht verlangt.«

Damit waren die neuen Ziele beschlossen. Ob sich die große Koalition noch auf entsprechende Maßnahmen einigen konnte, war bei Redaktionsschluss dieses Buches noch offen. Allerdings verabredete die Koalition, mehr Geld für Klimaschutz zur Verfügung zu stellen. Schon im »Klimaschutzprogramm 2030« hatte die Regierung dazu im September 2019 unter dem Eindruck großer Demonstrationen der »Fridays for Future« solche Weichen gestellt. Demnach wird ab 2021 erstmals in Deutschland auch der CO_2-Austoß von Gebäuden und Verkehr mit einem Preis im »deutschen Emissionshandel« belegt; Bahnfahren wird billiger, der Ausbau des Ökostroms auf 65 Prozent bis 2030 festgelegt und der Preis der im Erneuerbare-Energien-Gesetz festgelegten EEG-Umlage gedeckelt. Neue Förderprogramme sollen die Energieforschung und die bessere Dämmung von Häusern vorantreiben, Pendler entlasten und E-Autos billiger machen. Auch in der Corona-Krise wird das Ziel »Klimaneutralität« nicht angetastet. Allerdings werden die milliardenschweren Hilfs- und Rettungsprogramme der Regierung nicht konsequent auf das Ziel der Grünen Null ausgerichtet. Für die Rettung der angeschlagenen Lufthansa gibt es auch ohne jede zusätzliche Ökoverpflichtung etwa so viele Steuergelder wie für die Zukunftstechnologie grüner Wasserstoff – knapp acht Milliarden Euro.

Am Ende von Angela Merkels Amtszeit zeigt sich: Die »Klimakanzlerin« hinterlässt ihrer Nachfolgerin oder ihrem

Nachfolger wichtige Weichenstellungen, aber auch schwere Hypotheken. Deutschland hat über ein Jahrzehnt seine Emissionen praktisch nicht gesenkt, die erneuerbaren Energien gleichzeitig stark ausgebaut, die Dynamik aber wieder gedrosselt. Den Umbau der Gesellschaft zur »Klimaneutralität« hat die Regierung Merkel zwar beschlossen, aber die Umsetzung dieses Mammutprojekts hat sie dem nächsten Parlament und der nächsten Regierung – oder besser: für die nächsten Jahrzehnte allen Regierungen und Parlamenten – überlassen. Die »wilden Zwanzigerjahre« des 21. Jahrhunderts sind das entscheidende Jahrzehnt für den Klimaschutz. Deutschland bietet an dieser Schwelle ein widersprüchliches Bild: Die fossile Nulldiät für eine Industrienation bleibt bislang trotz allem Fitness- und Effizienzgerede weit hinter dem Nötigen und Möglichen zurück. Das alte fossile System von Kohle, Verbrennungsmotor und Gasheizung hat keine Zukunft, klammert sich aber an die Vergangenheit. Viele Menschen ahnen, dass sich etwas grundlegend ändern muss, vermissen aber eine Bauanleitung für eine saubere Zukunft.

Auf der anderen Seite ist das Ziel der Klimaneutralität gesetzlich, politisch, juristisch und gesellschaftlich verankert; jede folgende Bundesregierung ist daran gebunden. Aus den Ländern und Kommunen kommen Druck und die Bereitschaft zur Veränderung. Viele Unternehmen sehen Chancen für neue Märkte, wenn sie klare Signale bekommen. Bei vielen Menschen wächst das Bewusstsein, dass ein klimaneutrales Deutschland keine Ökodiktatur sein wird, sondern eine Chance für ein gesünderes Leben mit mehr Qualität und wirtschaftlichen Möglichkeiten. Und der Druck zur Veränderung steigt mit jedem Hitzesommer und jeder Dürreperiode.

Was aber ist »Klimaneutralität« eigentlich – wo kommt sie her? Und wo führt sie uns hin?

Der große kleine Unterschied

»Klimaneutralität«: Ein Konzept macht Karriere, obwohl oder weil niemand genau weiß, was es konkret bedeutet. Sicher ist nur: Es beschreibt eine riesige Herausforderung, bei der niemand neutral bleiben kann.

Die Sensation versteckt sich in Artikel 4, Absatz 1 des Übereinkommens von Paris in einem Bandwurmsatz. Um den Klimawandel bis 2100 bei deutlich unter zwei und möglichst bei 1,5 Grad Celsius zu stoppen, heißt es dort, müssten die CO_2-Emissionen schnell sinken, um »ein Gleichgewicht zwischen den anthropogenen Emissionen von Treibhausgasen aus Quellen und dem Abbau solcher Gase durch Senken« herzustellen. Auf diese gewundene Formulierung einigten sich die 195 Staaten der UN-Klimakonferenz von Paris am frühen Morgen des 12. Dezember 2015.

Die Brisanz der Übereinkunft wurde vielen Beobachtern erst später klar. Denn der Satz bedeutet: Mittelfristig müssen die Emissionen von Treibhausgasen, die der Mensch verursacht – 2018 umgerechnet etwa 55 Milliarden Tonnen CO_2 –, aufhören, wenn sie nicht durch »Senken«, also von Biomasse wie Wälder und Ozeane oder durch technische Verfahren, gebunden werden. Das heißt: Die Welt muss »klimaneutral« sein.

Was aber bedeutet das? Darüber wird seit dem 13. Dezember 2015 diskutiert. Die Begriffe »klimaneutral«, »treibhausgasneutral«, »kohlenstoffneutral« (englisch: carbon neutral) oder »CO_2-neutral« werden oft als Synonyme verwendet. Vor allem in der politischen Debatte gerät dabei einiges durcheinander.

»CO_2-neutral« oder »kohlenstoffneutral« bedeutet, nur die Emissionen von Kohlendioxid auf null zu fahren. China etwa, der größte Emittent von Kohlendioxid, hat angekündigt, vor 2060 »kohlenstoffneutral« zu sein. Das ist das wichtigste Klimagas; etwa zwei Drittel der Erderwärmung gehen auf Kohlendioxid zurück, das vor allem aus der Verbrennung von Kohle, Öl und fossilem Erdgas stammt. Deshalb ist die Vermeidung von CO_2-Ausstoß zwar eine der wichtigsten Bedingungen für Klimaschutz, sie reicht aber nicht aus. Denn andere Treibhausgase sind ebenfalls sehr wichtig. Methan etwa, das aus der Vergärung von Biomasse in Reisfeldern oder Rindermägen entsteht und das außerdem als Erdgas aus Sümpfen, Mülldeponien und aus auftauenden Permafrostböden entweicht, heizt die Atmosphäre 25-mal stärker auf als CO_2. Auch Lachgas (Distickstoffdioxid), das vor allem aus Mineraldüngern und der Vergärung von Biomasse stammt, oder fluorierte Kühlmittel wie FKW haben ein hohes Treibhausgaspotenzial – Lachgas etwa 300-mal so stark wie CO_2.

»CO_2-neutral« umfasst nur einen Teil des Problems

Alle diese Gase sind nur erfasst, wenn von »treibhausgasneutral« oder »klimaneutral« die Rede ist. Den größten Unterschied macht »klima-« bzw. »treibhausgasneutral« versus »CO_2-neutral« bei der Frage, ob die Land- und Forstwirtschaft eingerechnet wird. Denn gerade dort sind die Emissionen viel schwieriger zu vermeiden als etwa im Energiesektor. Rinder, Reisfelder und Düngung mit Mineralstoffen sind nicht so einfach umzustellen wie ein Kraftwerk auf »Null-Treibhausgas-Betrieb«. Dazu kommt, dass gerade in der Land- und Forstwirtschaft die »Kohlenstoffbilanzen« unklar sind: Wie viel CO_2 speichert ein Wald, wenn er in der Tundra oder am Äquator steht? Wie viel, wenn er alt oder jung ist? Wie entwickelt sich diese Kohlenstoffsenke? Die Fragen sind im Detail so wenig geklärt, dass die »CO_2-Staubsaugerfunktion« der Wälder in den offiziellen Berechnungen der UN-Klimaverhandlungen und in den Unterlagen der EU-Klimapolitik nur unter Vorbehalt aufgeführt werden.

Die Unterscheidung zwischen »CO_2-neutral« und »klimaneutral« hat Konsequenzen. Wenn China unter dem Beifall der Weltgemeinschaft verspricht, bis 2060 CO_2-neutral zu sein, bedeutet das eben nicht, dass alle Treibhausgasemissionen tatsächlich eingestellt werden.

Schwierig wird es auch bei der Unterscheidung von »klimaneutral« und »treibhausgasneutral«. Während die UNO und die EU beide Begriffe synonym verwenden, macht das deutsche Klimaschutzgesetz einen Unterschied. Das Ziel für das gesamte Land ist »Treibhausgasneutralität«, die Bundesverwaltung soll bis 2030 allerdings »klimaneutral« sein. Das erklären manche Experten so: »Treibhausgasneutral« sei das ehrgeizigere Ziel, denn dies würde bedeuten, dass die Grüne Null allein durch inländische Reduktion erreicht werde – also ohne Einkauf von Reduktionen aus anderen Weltregionen; »klimaneutral« wiederum sei für den Weg dahin gedacht und erlaube auch den Zukauf von Zertifikaten. Eine andere Interpretation sieht es andersherum. Demnach sei »klimaneutral« anspruchsvoller, denn der Begriff bezieht sich auf alle menschlichen Eingriffe, die das Klima verändern: Wenn etwa großflächig Wald gerodet wird oder die Eisflächen abnehmen, trübt das die Bilanz der »Klimaneutralität« – auch wenn keine Treibhausgase ausgestoßen werden. Das sind wichtige Debatten in der Wissenschaft. Für die Betrachtung in diesem Buch halten wir uns allerdings an die Vorgaben von UNO und EU und benutzen die Begriffe »klimaneutral« und »treibhausgasneutral« praktisch synonym.

Deutschland und die EU haben ihr Ziel als »Klimaneutralität« definiert – es umfasst also alle Treibhausgase, die auf unserem Boden ausgestoßen werden. Nicht berechnet sind allerdings weiterhin die sogenannten grauen Emissionen, die im Ausland für unsere Importwaren entstehen. Wenn Stahl aus China kommt, um in Frankfurt verbaut zu werden, zählt das entstandene CO_2 für die chinesische Bilanz – der BMW, der nach China geliefert wird, belastet mit seiner Herstellung dagegen das deutsche CO_2-Konto.

Was bedeutet nun »klimaneutral«? Diese Definition ist teilweise noch unscharf. Der Begriff ist bislang nicht geschützt und kann von jedem für alles genutzt werden. So berechnen manche Projekte oder Unternehmen ihren »CO_2-Fußabdruck«, um diesen dann durch Baumpflanzungen im Regenwald auszugleichen. Hierbei ist allerdings die Methodik umstritten, denn es fragt sich, ob auch Lieferketten und Recycling berücksichtigt werden. Und ob der Ausgleich tatsächlich gelingen wird, kann kaum jemand sagen. Andere Anbieter werben mit Investitionen in Umweltprojekte, um CO_2-Schulden etwa aus Flügen zu »kompensieren«. Der Wildwuchs in der Berechnung erinnert teilweise an die Inflation beim Begriff »Nachhaltigkeit«, die auch für sehr verschiedene Konzepte herhalten muss.

Inzwischen gibt es erste Überlegungen, Standards für den Begriff »klimaneutral« einzuführen – etwa bei der Unternehmensinitiative Stiftung 2°. Auch in der politischen Debatte ist grundsätzlich klar, dass Klimaneutralität erst dann erreicht ist, wenn die Emissionen von Treibhausgasen in einem Land praktisch aufhören oder durch Wälder, Moore oder technische Verfahren auf null gebracht werden. Erst wenn auf UN-Ebene eine globale Regelung für den Handel mit CO_2-Zertifikaten etabliert ist, eröffnet sich auch die Möglichkeit, einen Teil der CO_2-Minderung durch Investitionen in Schwellen- und Entwicklungsländern zu erbringen. Bisher haben diese Versuche etwa im Rahmen des weltweiten Mechanismus für umweltverträgliche Entwicklung (Clean Development Mechanism; CDM), der im Kyotoprotokoll der UNO zur Reduktion von Treibhausgas-Emissionen vorgesehen wurde, zu umstrittenen Ergebnissen geführt. Während manche betonen, der Mechanismus habe dringend benötigte grüne Technologien in Schwellenländer gebracht, stellen andere in den Vordergrund, dass CDM eher zu Tricksereien und Zahlenspielen geführt habe als zu echtem Klimaschutz.

Die Ölstaaten wehren sich gegen den Begriff »Dekarbonisierung«

Der Begriff »Klimaneutralität« wurde nicht zufällig gewählt. Bei der UN-Klimakonferenz in Paris Ende 2015 bezeichnete die Fachwelt den Abschied von Kohle, Öl und Gas noch als

»Dekarbonisierung«. Beim G-7-Gipfel im bayerischen Elmau einige Monate zuvor hatte Bundeskanzlerin Angela Merkel als Gastgeberin im Schlussdokument das Ziel »Dekarbonisierung der Weltwirtschaft im Laufe dieses Jahrhunderts« durchgesetzt. Im Herbst des Jahres präsentierte der französische Thinktank Institute for Sustainable Development and International Relations (IDDRI) bei einem Workshop in Paris das Deep Decarbonization Pathway Project. Es hatte untersucht, wie die 16 wichtigsten Volkswirtschaften der Welt die Nutzung fossiler Brennstoffe hinter sich lassen könnten. Ergebnis: Die Dekarbonisierung ist machbar, bezahlbar und bringt viele Vorteile. Drei Monate später wurde die Chefin des IDDRI, Laurence Tubiana, eine der Architektinnen des Pariser Abkommens und brachte die Idee in den Vertrag ein.

Der Begriff »Dekarbonisierung« schaffte es aber nicht ins Abkommen, in dem nun die umständliche Formulierung »Gleichgewicht zwischen Quellen und Senken« steht. Der Grund: Widerstand aus den Rohstoffländern. Die USA, aber auch Australien, Norwegen und Saudi-Arabien »wehrten sich dagegen, dass ihr Kohlenstoff schlechtgemacht werden sollte«, sagt ein Verhandler von Paris. Die Argumentation dort ist schon lange: Das Problem sei nicht der Kohlenstoff, sondern die Emission. Bekomme man diese in den Griff, etwa durch Speicherung, sei gegen Karbon nichts einzuwenden.

»Dekarbonisierung klang vielen zu sehr nach Deindustrialisierung«, sagt ein anderer Insider. Deshalb wurde im Jahr nach der Pariser Klimakonferenz der Begriff »Klimaneutralität« geprägt. Als es in den einzelnen Ländern um die Umsetzung und Ratifizierung des Pariser Abkommens ging, wurden Formulierungen gesucht, mit denen alle leben konnten – und die die Sprengkraft des Ziels verschleierten.

»Neutral« klingt aber defensiv. Zu defensiv, finden andere Beobachter – der Begriff lege nahe, man könne neutral und unbeteiligt bleiben, wo es doch tatsächlich um entschlossenes Handeln gehe, wenn man den Einfluss des allgegenwärtigen Kohlenstoffs zurückdrängen wolle.

Inzwischen haben viele Denkfabriken, Interessengruppen

und Behörden eigene Untersuchungen zum klimaneutralen Deutschland vorgelegt. Das Umweltbundesamt (UBA) beschrieb den Weg zum »treibhausgasneutralen und ressourceneffizienten Deutschland«, das Forschungszentrum Jülich, das Fraunhofer-Institut für Solare Energiesysteme und das Wuppertal Institut präsentierten Vorschläge für eine klimafreundliche Energieversorgung oder eine CO_2-freie Volkswirtschaft. Der Bundesverband der Deutschen Industrie (BDI) stellte Anfang 2018 eine in seinem Auftrag verfasste umfangreiche Studie der Beratungsfirmen Prognos und Boston Consulting Group vor, die »Klimapfade für Deutschland« beschrieb: minus 80 und minus 95 Prozent Emissionen. Der Verband der Chemischen Industrie (VCI) informierte 2020 über seinen »Weg zu einer treibhausgasneutralen chemischen Industrie«. Anfang 2020 stellte die Initiative »German Zero« einen »1,5-Grad-Klimaplan« vor, der das Land bis 2035 auf null bringen und Klimaschutz im Grundgesetz verankern soll. Schließlich legten die Thinktanks Agora Energiewende, Agora Verkehrswende und die Stiftung Klimaneutralität im Herbst 2020 ihre umfassende Studie *Klimaneutrales Deutschland* vor. Und dabei wird es nicht bleiben. Bei Redaktionsschluss dieses Buches im Frühjahr 2021 zeichnete sich ab, dass rund um die Bundestagswahl im September etwa der Rat für Nachhaltige Entwicklung der Bundesregierung, die staatliche Deutsche Energieagentur (dena) und noch einmal der BDI mit entsprechenden Konzepten an den Start gehen wollen.

Die Studien unterscheiden sich im Detail und je nach Szenario: Das UBA blickt auch auf Ressourceneffizienz, der BDI rechnete 2018 nur mit maximal minus 95 Prozent, das Wuppertal Institut kalkuliert im Auftrag der Klimabewegung Fridays for Future einen radikalen Kurs zu Klimaneutralität schon bis 2035 und lässt dafür die Landwirtschaft außen vor. »German Zero« wiederum fordert zusätzlich noch drastischere Maßnahmen: etwa den Verkauf von fossilen Brennstoffen ab 2030 zu verbieten, Klimaschutz als Unternehmensziel im Aktienrecht festzuschreiben und klimaschädliche Subventionen auf null zu senken.

Im Kern ist die Aussage aller Studien jedoch ähnlich: Ein klimaneutrales Deutschland bis 2050 ist möglich, aber es erfordert schnelles und umfassendes Handeln und massive Investitionen und Veränderungen auf praktisch allen Ebenen.

Aber was heißt das konkret?

TREPPE ABWÄRTS RICHTUNG ERFOLG

So könnten die Treibhausgase in Deutschland auf null sinken

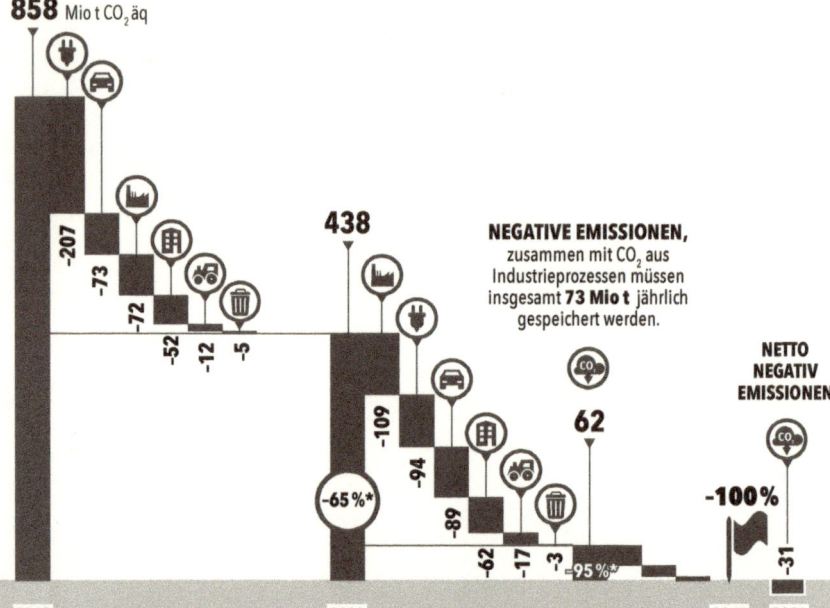

858 Mio t CO$_2$äq

-207
-73
-72
-52
-12
-5

438

NEGATIVE EMISSIONEN, zusammen mit CO$_2$ aus Industrieprozessen müssen insgesamt **73 Mio t** jährlich gespeichert werden.

-65 %*

-109
-94
-89
-62
-17
-3
-95 %*

NETTO NEGATIV EMISSIONEN

62

-100 %

-31

2018
2030
2045
2050

bis 2030

 ENERGIEWIRTSCHAFT, Kohleausstieg 2030, 70 % Strom aus Erneuerbaren, Ausbau Fernwärme mit Öko-Energie

 VERKEHR, 14 Mio E-Autos, 30 % der Lkw fahren elektrisch, Ausbau ÖPNV, Rad- und Fußverkehr

 INDUSTRIE, Einführung neuer Hochöfen, Nutzung von Wasserstoff für Dampf

 GEBÄUDE, Sanierungsrate 1,6 % im Jahr, 6 Mio Wärmepumpen, Ausbau Wärmenetze

LANDWIRTSCHAFT, weniger Düngereinsatz, kleinere Tierbestände, Energieeffizienz

 ABFALL

bis 2045

 INDUSTRIE, Wasserstoff und Biomasse für Wärme und Stahlerzeugung. CCS für unvermeidbare Emissionen aus der Produktion

 ENERGIEWIRTSCHAFT, 100 % Ökostrom, Wasserstoff statt Benzin/Kerosin

 VERKEHR, 100 % elektrisch, CO$_2$-freier Güterverkehr, Ausbau Bus, Bahn, Rad, Fußverkehr

 GEBÄUDE, 90 % neu oder saniert, Heizung/ Kühlung ohne fossile Brennstoffe

 LANDWIRTSCHAFT, weniger Tierhaltung, Vergärung Wirtschaftsdünger

 ABFALL

* gegenüber 1990
Quelle: Agora

Maximale Beschleunigung auf null in einer Generation

Deutschland muss bis 2045 komplett umgebaut werden. Dafür gibt es keinen Masterplan, sondern Risiken und Chancen in allen Bereichen. Statt Behäbigkeit wie bisher braucht es aber vor allem eines: Tempo.

Weltweit bewirkte die Corona-Krise 2020 eine bemerkenswerte Entwicklung. Die weltweiten CO_2-Emissionen sanken aufs ganze Jahr gerechnet um etwa sieben Prozent, vor allem weil weniger Auto gefahren und weniger produziert wurde. Minus sieben Prozent – das ist zufällig ziemlich genau der Wert, um den die Emissionen laut Berechnungen des UN-Umweltprogramms (UNEP) sinken müssten, wenn die Welt auf einen 1,5-Grad-Kurs kommen soll. Und zwar müsste diese radikale Fastenkur jährlich in den kommenden Jahren eingehalten werden, um bis 2030 die heutigen Emissionen in etwa zu halbieren.

In Deutschland lagen die Emissionen 2020 sogar um etwa zwölf Prozent niedriger. Der Corona-bedingte Einbruch der Konjunktur führte sogar dazu, dass das Land sein Klimaziel von minus 40 Prozent für 2020 übererfüllte – was selbst die Regierung nicht mehr für möglich gehalten hatte. Doch ob aus diesem einmaligen Katastrophenjahr die dringend nötige permanente Revolution für den Klimaschutz werden kann, wird sich erst im Verlauf der nächsten Jahre entscheiden.

Denn allen ExpertInnen ist klar: Um tatsächlich auf den Weg zur Grünen Null einzuschwenken, brauchen wir einen deutlich stärkeren Ausbau der erneuerbaren Energien; viel mehr Gebäude müssen saniert werden. Wir benötigen deutlich effizientere Haushaltsgeräte und Maschinen, einen drastischen

Umbau der Mobilität und völlig anders geplante Städte, eine Industrie, die auf »grünen Wasserstoff« setzt, und eine Halbierung von Tierbeständen und Fleischkonsum. Und das ist nur der Anfang.

Dafür muss das Land zwei Gänge hochschalten. Betrachtet man den Ausstoß von Treibhausgasen seit 1990, hat Deutschland bislang etwa ein Drittel davon eliminiert. Statt 1251 Millionen Tonnen im Jahr 1990 waren wir 2019 bei 805 Millionen Tonnen CO_2-Äquivalent angekommen. Um bis 2045 auf null zu kommen, müssen also zwei Drittel der Anstrengung in kürzerer Zeit erbracht werden als das erste Drittel – in nur 24 Jahren.

Aber es wird noch schwieriger: Nach Meinung vieler Fachleute, die das umfassende Gutachten für Agora und die Stiftung Klimaneutralität geschrieben haben, muss das nächste Drittel schon bis 2030 reduziert werden. Das bedeutet: In den neun Jahren bis 2030 muss Deutschland so viel CO_2-Emissionen einsparen, wie es in den 30 Jahren vorher getan hat – wobei der Zusammenbruch der energieintensiven DDR-Wirtschaft einen großen Anteil hatte. Wie soll das funktionieren?

Im zweiten Teil dieses Buches wird deshalb eine Bestandsaufnahme unternommen. Wo stehen wir bei den verschiedenen Sektoren von Wirtschaft und Gesellschaft auf dem Weg zur Grünen Null? Wie weit sind wir bereits gekommen? Welches sind die großen Herausforderungen. Wo bestehen unerkannte Chancen?

Große Hoffnungen konzentrieren sich auf den größten CO_2-Verursacher: die Energiewirtschaft. Von 1990 bis 2018 sind die Emissionen der Kraftwerke um 35 Prozent gesunken – obwohl die Produktion um 17 Prozent gestiegen ist. Im Krisenjahr 2020 lagen sie laut Bundesverband der Energie- und Wasserwirtschaft BDEW sogar um 53 Prozent unter dem Wert von 1990. Der massive Zubau von erneuerbaren Energien, die inzwischen mehr als 40 Prozent des verbrauchten Stroms liefern, der steigende Preis für CO_2-Zertifikate, der Atomausstieg bis 2022 und der Kohleausstieg bis spätestens 2038 treiben den Strukturwandel schnell voran. Energiekonzerne wie RWE, Vattenfall und E.ON trennen sich von ihren Kohlekraftwerken und setzen auf Wind, Gas und Sonne.

Bis 2030 sehen Prognosen weiterhin große Veränderungen für den Energiebereich: Weil große Nachfrager wie Verkehr oder Industrie ihren Energiebedarf immer weniger mit fossilen Brennstoffen und immer mehr mit (Öko-)Strom decken (die sogenannte Sektorkopplung), soll der Verbrauch von Elektrizität um etwa zehn Prozent wachsen. Gleichzeitig wird aber vor allem dieser Sektor die 2020 verschärften Klimaziele der EU und Deutschlands erbringen müssen, insbesondere über den Europäischen Emissionshandel. Dafür soll die deutsche Stromproduktion von 2018 bis 2030 207 Millionen Tonnen weniger CO_2 ausstoßen. Zum Vergleich: In den letzten 30 Jahren sanken die Emissionen hier nur um gut 160 Millionen Tonnen. Mehr Strom zu erzeugen, und das mit deutlich weniger Klimabelastung, ist die große Aufgabe der Elektrizitätswirtschaft.

Dieses Buch konzentriert sich auf die wichtigsten Bereiche auf dem Weg zur Klimaneutralität. Es beschreibt die Potenziale und Probleme eines grünen Stromsystems am Beispiel der Windkraft an Land mit einem Besuch in Mecklenburg-Vorpommern. Diese Form der Energie gilt als »Arbeitspferd« der Energiewende, steht aber vor großen Problemen: knappe Flächen, bürokratische Hindernisse, Naturschutzregeln, fehlender Rückenwind durch die Politik und ideologisch motivierter Widerstand. Wie kann das Erfolgsprojekt »deutsche Energiewende« einen Weg zur Klimaneutralität weisen?

Die Industrie hat ein CO_2-Minus von 31 Prozent seit 1990 in ihren Büchern stehen. Nach der Jahrtausendwende ist da allerdings nicht mehr viel passiert. Die große Hoffnung ruht hier auf der schnellen Einführung von »grünem Wasserstoff«, vor allem in der Stahl- und Chemiebranche. Auch hier muss im nächsten Jahrzehnt fast so viel geschafft werden wie in den 30 Jahren zuvor, wobei zu berücksichtigen ist, dass fast die Hälfte aller Anlagen der Grundstoffindustrie ohnehin im nächsten Jahrzehnt ersetzt werden müssen.

Wir besuchen deshalb den Stahlhersteller thyssenkrupp in Duisburg. Dort wissen die Stahlkocher sehr genau, dass ihre

Zukunft nur grün sein kann – ob die Kehrtwende von einer extrem CO_2-intensiven Produktion zum »grünen Stahl« allerdings gelingen kann, wird jetzt gerade entschieden. Klimaneutralität bedeutet für die Industrie jedoch auch, dass sich Konditionen für Kredite und Anlagen deutlich verändern oder dass Unternehmen wie der Bosch-Konzern ihren ökologischen Fußabdruck reduzieren wollen. Und wir beschreiben die Versuche, das Treibhausgas CO_2 zu isolieren und fernab der Atmosphäre zu speichern – die umstrittene CCS-Technik (Carbon Capture and Storage), die auch in Deutschland gegen alle Widerstände immer populärer wird.

Der Verkehr ist nach wie vor das »Sorgenkind«, wie auch Angela Merkel sagte: Seit 1990 sind die Emissionen praktisch nicht rückläufig. Obwohl die Motoren sparsamer werden, wird mehr gefahren, und die Autos werden schwerer. Unter dem Druck von EU-Grenzwerten für CO_2, den internationalen Märkten und der Diskussion um Dieselskandal und Klimapolitik lenken die deutschen Autobauer jetzt ein: E-Mobilität wird nun auch in dem Land großgeschrieben, das bisher die weltweit besten Verbrennungsmotoren baut. Doch auch hier ist die Aufgabe riesig: In einem Jahrzehnt soll sich der Sektor laut Planung der Regierung vom De-facto-Nichtstun beim Klimaschutz so weit verbessern, dass im Jahr 2030 etwa 70 Millionen Tonnen weniger CO_2 als 1990 ausgestoßen werden.

Wir besuchen den größten Autokonzern der Welt und erhalten Einblick in seinen Versuch, sich bei laufendem Motor neu zu erfinden. VW baut in seinem Werk in Zwickau inzwischen nur noch Elektroautos und setzt voll auf das digitale und elektrische Fahren. Kann VW damit den Konkurrenten Tesla ausstechen? Und wo bleiben die Konzepte für eine klimafreundliche Bewegung jenseits der Automobilität? Der zweite Megatrend dieser Tage ist die Digitalisierung, auch sie wird im Verkehrswesen ihre Spuren hinterlassen. Aber wird der massenhafte Einsatz von Software und künstlicher Intelligenz zur Chance für die Klimaneutralität – oder führt er nur zu mehr Energieverbrauch?

Auch bei den Gebäuden bleibt viel zu tun. Der Gebäude- und Bausektor ist zwar der Champion unter den Branchen und hat seit 1990 satte 44 Prozent CO_2 eingespart – vor allem weil immer weniger mit Kohle und mit Öl geheizt wird –, aber die Energie für das Heizen (und mit zunehmenden Hitzesommern auch für die Kühlung) verschlingt insgesamt etwa 40 Prozent des deutschen Energiebedarfs. Um die Wohn- und Geschäftshäuser in Deutschland bis 2045 auf »null« zu drosseln, sind große Anstrengungen erforderlich: ein schnelles Ende neuer Ölheizungen, Millionen von elektrischen Wärmepumpen für die Heizung, eine deutlich bessere Isolierung der Gebäude. Auch hier gilt: Die Erfolge aus den letzten 30 Jahren müssen in einem Jahrzehnt praktisch wiederholt werden, ehe es dann Richtung 2045 mit den Emissionen gegen null geht.

Wir betrachten Häuser, die nicht nur emissionsfrei sind, sondern sogar »treibhausgas-negativ« sein wollen – etwa durch Holzbau. Aber wir nennen auch die Herausforderungen, die die Sanierung der Gebäude in Deutschland mit sich bringt.

Entschieden wird dieser Kurs nicht nur in der Hauptstadtblase der Berliner Politik. Vielleicht noch wichtiger ist, was in Ländern, Städten und Gemeinden gewollt, geplant und gemacht wird. Wie schon die »Nachhaltigkeit« ist auch Klimaneutralität vor allem eine Frage des Bodenpersonals – BürgermeisterInnen, ehrenamtliche Räte, Engagierte, TüftlerInnen und Mitmacher. Wir besuchen die schwäbische Stadt Tübingen, die sich ambitioniert wie kaum eine andere Kommune das ehrgeizige Ziel gesetzt hat, 15 Jahre vor vielen anderen, nämlich schon 2030 klimaneutral zu sein – mit allen Unwägbarkeiten, Hoffnungen und Schwierigkeiten, die ein so radikaler Kurswechsel mit sich bringt.

Im Sektor Landwirtschaft und Ernährung sind technische Verbesserungen bald ausgereizt. Tatsächlich ist die Land- und Forstwirtschaft einer der ganz wenigen Bereiche, denen auch 2045 noch Treibhausgasemissionen zugestanden werden, da Wälder und Böden der Atmosphäre CO_2 entziehen und daher der landwirtschaftliche Schadstoffausstoß mehr als ausgeglichen wird. Noch: Denn diese Dienstleistung fürs Klima ist gefährdet. Weil der Wald unter Klimastress leidet und immer mehr Anforderungen erfüllen soll, ist er in seiner »Staubsaugerfunktion« für CO_2 zunehmend eingeschränkt. Gerade zum Zeitpunkt, wo er am meisten gebraucht wird, geraten Forst und Wald deshalb selbst in Gefahr.

Wir fragen hier deshalb nach der Zukunft des deutschen Waldes. Wie schlecht geht es ihm wirklich, und was muss getan werden, damit auch unsere Enkel noch im Wald wandern und seine ökologischen und ökonomischen Werte nutzen können? Wir besuchen aber auch Landwirte und Moorschützer, die versuchen, der industriellen Landwirtschaft von heute eine treibhausgasneutrale Alternative entgegenzusetzen, um Land und Leute auf die Klimakrise vorzubereiten.

Im dritten Teil dieses Buches beschäftigen wir uns mit Werkzeugen und Instrumenten, die uns der Grünen Null näherbringen. Der Weg zur Klimaneutralität ist kein einfaches Manöver, es gibt dafür keinen Masterplan. Über die nächsten Jahrzehnte müssen sich politische, wirtschaftliche, wissenschaftliche, zivilgesellschaftliche und ökologische Bedingungen so ergänzen, dass die wichtigsten Weichen gestellt werden. Klimaneutralität berührt sehr viele Lebensbereiche, die wichtigsten stellen wir hier vor.

Wir blicken zum Beispiel darauf, wie sich öffentliche und private Investitionen verändern müssen und bereits verändern. Ziel im Klimaschutz ist es, die »Billionen zu verschieben« – von schwarzen Investments hin zu grünen Anlagen. Die Finanzbranche realisiert gerade, wie sie unter den Bedingungen der Klimaneutralität ihre Geschäftsbedingungen umstellen muss.

Die Grüne Null kommt allerdings nicht von allein. Wie jede Umwälzung wird sie von manchen Interessen befördert und von anderen Lobbygruppen bekämpft. Wir blicken daher hinter die Kulissen des Ringens in Politik und Wirtschaft um Geschwindigkeit und Richtung der Transformation. Wer drückt? Wer bremst? Wer ist auf der Suche nach neuen Subventionen? Die Festlegung auf »Netto-Null-2045« hat die eingespielten Lobbyfronten kräftig durcheinandergewirbelt.

Ein immer größerer Teil der Auseinandersetzung findet auch vor den Gerichten statt: Klagen gegen Klimasünder nehmen rasant zu; dahinter steht eine abgestimmte Strategie, die diesen Hebel nutzen will, um schneller etwa aus fossilen Brennstoffen auszusteigen. Sie ist überraschend erfolgreich.

Und schließlich ist Klimaneutralität nichts, was sich nur von oben verordnen lässt. Sie braucht Bewegung und Veränderung im Alltag. Daher widmet sich ein Kapitel auch der Frage, welche Art von Lebensstil wir uns noch leisten wollen und können, wenn wir auf die Grüne Null zusteuern. Können wir klimaneutral leben und so weitermachen wie bisher? Oder müssen wir nicht vielmehr darüber nachdenken, womit wir aufhören sollten, was wir nicht mehr wollen und können und wie wir uns das beibringen? Wir brauchen schließlich eine Menge guter neuer Ideen: Was müssen wir für ein klimaneutrales Deutschland alles neu erfinden? Was müssen wir uns einfallen lassen, um das Alte anders und besser zu machen, damit es auch in einigen Jahrzehnten noch Bestand haben kann?

Dieses Buch lässt notgedrungen aber auch Leerstellen. Wie etwa muss sich der beliebteste Zeitvertreib der Deutschen, das Reisen, für ein klimaneutrales Land verändern? Dazu gibt es bislang schlicht kaum Daten und Konzepte. Noch ist auch kaum abzusehen, welchen langfristigen Einfluss die Corona-Pandemie und der Klimawandel auf die Gesundheitspolitik und die medizinische Versorgung in Deutschland haben werden.

Es fehlt auch ein Kapitel darüber, was die soziologischen Veränderungen unserer Gesellschaft für die Klimaneutralität bedeuten können: Ein Deutschland, das stärker als heute von Migration, gleichen Chancen von Männern, Frauen und nicht binären Menschen, von mehr alten Menschen oder zunehmendem politischen Populismus geprägt ist, wird manche Fragen anders beantworten, als wir es uns 2021 vorstellen. Diese Debatten stehen noch ganz am Anfang. Da ist es nur ein kleiner Hinweis, dass wir in den Texten die männliche, weibliche und diverse Form häufig durch das Binnen-I darstellen.

Der Weg zur Grünen Null ist nicht nur eine technische, ökonomische und ökologische Herausforderung. Er muss vor allem politisch umsichtig geplant werden und gesellschaftlich getragen werden. Das gelingt, wenn in diesem Prozess alle oder fast alle mitgenommen werden – oder zumindest die Mehrheit entschlossen vorangeht und gleichzeitig dafür sorgt, dass unausweichliche Verlierer der Veränderungen nicht alleingelassen werden.

Und schließlich: Können all diese Ideen und Pläne Realität werden in einem Wirtschaftssystem, das auf ewiges Wachstum setzt und bisher vieles von dem vernutzt und vernichtet hat, was es an Ressourcen vorfindet? Reicht es, immer effizienter zu wirtschaften – oder müssen wir absolute Grenzen auch in der Ökonomie akzeptieren? Müssen wir umsteuern oder aussteigen aus dieser Art von Kapitalismus, in der wir uns eingerichtet haben – bequem für viele Menschen, aber bedrohlich für noch viel mehr Erdbewohner?

Abschließend wird der Blick nach vorn riskiert: Was kann und sollte jetzt getan werden, um Deutschland auf einen Pfad zu bringen, der zumindest die Chance bewahrt, bis 2045 die Grüne Null zu erreichen und weiterhin die globalen Klimaziele, die Rettung der Artenvielfalt und die UN-Nachhaltigkeitsziele im Blick zu behalten? Welches sind die dringendsten Aufgaben der neuen Bundesregierung? An welchen zentralen Stellschrauben kann sie drehen? Wo sind die politischen und gesellschaftlichen Koalitionen für die Grüne Null? Und wo sind Gründe, um Mut zu schöpfen und die Jahrhundertaufgabe Klimaneutralität beherzt anzugehen?

Der Kurs zur Klimaneutralität wird eine Radikalkur, die unser Land tiefgreifend verändern muss. Folgt Deutschland diesem Weg, wird es in einer Generation ein anderes Land sein: moderner, sauberer, leiser, effizienter, aber auch mit anderen Gewohnheiten beim Wohnen, Reisen, Essen und Einkaufen. Wie sieht Klimaneutralität aus, wie riecht und schmeckt sie? Was bedeutet sie für einzelne Regionen, Branchen, Unternehmen und Menschen? Einige Antworten auf diese Fragen wollen wir uns hier näher ansehen.

Teil 2
Der große Umbau

BISLANG UNGEBREMST

CO$_2$-Ausstoß im Verkehr in Deutschland (Millionen Tonnen)

1990	2000	2010	2019*	2030	2045
163	181	153	164	95	0

* Werte für 2020 (146 Mio t) durch Corona-Krise verzerrt

Quelle: UBA

Mit dem Strom rollen
Der Verkehr von morgen

Volkswagen, der größte Autokonzern der Welt, gibt Vollgas auf dem Weg zur CO_2-freien Mobilität. Aber die braucht mehr als Millionen neuer Elektromobile.

Langsam schwebt die glänzende schwarze Karosserie in drei Metern Höhe durch die Luft. Gehalten von vier grauen Greifarmen, gleitet die Hülle des ID.3-Elektroautos durch die Halle 5 des VW-Werks in Zwickau. Rundum summen und zischen die Schweißroboter, in langsamem Schritttempo schiebt das Förderband am Boden den Antriebsstrang der neuen Autos durch die riesige Werkshalle.

Dann senkt sich die Karosserie nach unten: die Außenhaut eines ganz normalen Autos. Aber von unten kommt ihr ein Innenleben entgegen, das völlig anders ist, als man es seit den Anfängen des Kfz-Baus gewohnt ist: Fahrwerk, Elektromotor und Batterie bilden das Herz eines ganz neuen Fahrzeugs. Wo sie zusammengefügt werden, schlägt das Herz der Autoproduktion. »Wir nennen das die Hochzeit«, sagt Carsten Krebs, Sprecher von VW Sachsen, mit zufriedenem Blick, während er die Besucher über das Werksgelände führt.

Die »Hochzeit« wird überall gefeiert, wo Autos gebaut werden. Aber im VW-Werk Zwickau wird an dieser Stelle viel mehr zusammengeschraubt als Karosserie von oben und Motor und Achsen von unten. Hier will der größte Autohersteller der Welt noch eine Menge anderer Themen miteinander verbinden: Mobilität für alle mit ökologischen Ansprüchen; gut bezahlte Jobs in einer strukturschwachen Region mit verstärktem Einsatz von Industrierobotern; eine Tradition, die von ihren Angestellten »Benzin im Blut« fordert, mit dem neuen Anspruch, »nachhaltigster Autohersteller der Welt« zu werden. Vor allem geht es aber auch darum, eine dreckige Vergangenheit voller Betrug und umweltfeindlichem Lobbyismus zu kaschieren mit dem Versprechen einer Zukunft, in der saubere Autos auf ökologisch einwandfreie Art produziert werden, um Deutschlands Schlüsselindustrie zu retten.

Die Hülle, der VW-Konzern, soll erkennbar bleiben und auf Hochglanz poliert werden; das Innere durchläuft gerade eine Revolution im Zeitraffer. Man wolle nicht nur die »Transporthülle« anbieten, sondern auch »das Gehirn, welches das Fahrzeug mit künstlicher Intelligenz sicher steuert«, sagt VW-Vorstandschef Herbert Diess. Alle Marken des Konzerns müssten sich »an der Elektrifizierung, an den Reichweiten, an der Digitalisierung und Vernetzung des Fahrzeugs messen lassen«.

Später als die Konkurrenz, etwa in Asien, haben VW und die anderen deutschen Autobauer die Zeichen der Zeit erkannt: Die Zukunft des Automobils ist elektrisch, digital vernetzt und ökologisch halbwegs nachhaltig. Lange haben sich Industrie, Politik und Gesellschaft in Deutschland gegen diese Einsicht gewehrt. Im Land, das die besten schweren Limousinen mit Diesel- und Benzinmotor in die Welt exportiert, galt Verkehrspolitik lange als Verbrennerpolitik. Autogerecht umgebaut wurden nicht nur die Städte, sondern auch Politik und Gesellschaft.

Der Effekt lässt sich in den Kurven der CO_2-Emissionen ablesen: 2019 verursachte der Verkehr in Deutschland 163 Millionen Tonnen Kohlendioxid – etwa genauso viel wie 1990. Das bedeutet: Als einziger Sektor hat die Mobilität, dominiert von den Benzin- und Dieselmotoren in Pkw und Lkw, über die letzten 30 Jahre praktisch keinen Beitrag zum Klimaschutz geleistet. Zwar wurden die Motoren deutlich effizienter, aber dieser Vorteil wurde vom Rebound-Effekt ausgebremst: Immer mehr Autos, die immer größer und schwerer werden, fahren immer mehr Kilometer.

Das »Sorgenkind Verkehr«, wie es viele Experten nennen, soll deshalb endlich auf den richtigen Pfad gebracht werden: Bis 2030 müssen die Emissionen des Sektors laut Klimaschutzge-

setz um 43 Prozent sinken – gemäß der Planung des Bundes-
verkehrsministeriums unter anderem durch die Förderung der
E-Mobilität sowie von Bahn- und Radverkehr, die Umrüstung
der Flotten auf alternative Antriebe, alternative Kraftstoffe und
bessere Verkehrssteuerung durch Digitalisierung.

Vollgas für E-Mobile. Und für eine andere Mobilität?

VW-Chef Herbert Diess fährt diesen Kurs jetzt mit Vollgas.
Das beunruhigt die eigene Belegschaft und die Konkurrenz und
spaltet die gut eingespielte deutsche Autolobby in Bremser und
Beschleuniger. Aber es zeigt plötzlich einen Weg auf, wie der
Verkehr sein Klassenziel der Klimaneutralität, erreichen könnte:
durch komplett neue Autos, eine Wiederentdeckung der Bahn,
eine andere Verkehrsplanung mit Betonung auf Busse, Bahnen,
Radfahrer und Fußgänger, mit einem anderen Mobilitätsverhal-
ten jenseits von Stau und Bleifuß – und mit klaren neuen Vorgaben der Politik.

Im Zwickauer Werk grüßen wie zu DDR-Zeiten überall Plakate und Parolen: »Elektromobilität aus Sachsen – Tradition
trifft Zukunft« heißt es riesig an der Fassade. Im Zwickauer
Werk wurden seit 1904 Autos gebaut: erst die Marke Horch, in
der DDR der Trabbi, dann die Polos und Golfs von VW. 8000
Menschen arbeiten hier, gut bezahlt und gut geschult. Die neuen
E-Förderbänder sollen bald 1500 Autos am Tag ausspucken,
mehr als je zuvor – und obwohl der Anteil der Automatisierung
verdoppelt wurde, wurden keine Stellen abgebaut; es wird sogar
von neuen Jobs geredet. Und jetzt soll in Sachsen die Revolution
stattfinden, mit der VW den Rest der Welt erobern will.

Das wird nicht so einfach, denn weltweit ist der Automo-
bilmarkt im Umbruch: Die traditionellen Konzerne in den USA
und Europa haben zu lange zu gut mit den Benzin- und Verbrennungsmotoren verdient. Sie haben die Zukunft von »sauberen« Antrieben ebenso verschlafen wie den Trend zu digital vernetztem Fahren, vom Auto als rollendem Smartphone, in
dem man arbeitet, im Netz surft und entspannt, statt das Lenk-
rad zu umklammern, sagen viele Experten.

Es sind genau 304 Kilometer über die Autobahnen A72, A4, A13 und A10 – dann ist man von Zwickau aus in Grünheide im Südosten von Berlin. Hier baut die Bundesrepublik Deutschland für den prominentesten Angreifer auf ihre Schlüsselindustrie extra eine eigene Autobahnausfahrt. Tesla Motors, die Firma des milliardenschweren US-Visionärs Elon Musk, stampft hier auf 300 Hektar für mehr als eine Milliarde Euro seine europäische Gigafactory aus dem märkischen Sand. Anfang 2021 stehen bereits viele Hallen im Rohbau, auf dem Gelände drehen sich die Baukräne, und Betonmischer liefern regelmäßig Baustoff.

Ab Ende 2021 sollen hier jährlich 300 000 Exemplare des neuen elektrischen SUV Model Y vom Band rollen. So sind bisher die Pläne. Vielleicht werden es auch 500 000, vielleicht gibt es auch Verzögerungen, vielleicht fehlt so manche Genehmigung. Für Tesla ist das alles nicht so wichtig. Auch wenn nur halb so viele Autos wie in Zwickau produziert werden sollten, sie entstehen mit doppelt so viel Getöse und Begeisterung.

Die Kampfansage ist laut. Die Autos der Zukunft kommen aus China und von Konkurrenten wie Google, Apple und eben Tesla, die lange als Tech-Nerds ohne Ahnung im Autobau und ohne Geld verlacht wurden. Im Sommer 2020 war Tesla an der Börse mit 180 Milliarden Dollar mehr wert als VW, Daimler und BMW zusammen. Die Lithium-Ionen-Batterien, die die neuen Elektroautos antreiben sollen, werden in China und Südkorea produziert. Und Tesla, mittlerweile weltweit größter Hersteller von Elektrofahrzeugen, über den die saturierten deutschen Autobosse noch vor ein paar Jahren lästerten, er solle erst mal Gewinne schreiben, hat angekündigt, neben der Gigafactory in Grünheide gleich noch ein Batteriewerk hochzuziehen.

Tesla verkauft den Traum von einer coolen, sauberen und digitalen Mobilität. VW versucht das Gleiche, aber bei Daimler und BMW zögere man noch, sagt Autoexperte Ferdinand Dudenhöffer vom Center Automotive Research Duisburg. In der Vergangenheit hat er den Wolfsburger Konzern oft kritisiert: Zu groß ist ihm der Einfluss der Gewerkschaften und des Landes Niedersachsen, das 20 Prozent der Aktien hält. Jetzt aber sagt Dudenhöffer: »Diess macht das sehr gut, die Entscheidung für 100 Prozent elektrisch ist richtig. Die anderen trauen der Zukunft noch nicht über den Weg.« BMW hat zwar mit dem I3 seit Jahren ein Elektroauto, das auch in der Herstellung mit einem Karbonskelett leicht und effizient ist – »aber das ist teuer und unflexibel«, so Dudenhöffer. Ende 2021 soll das bulligere Strom-Modell iX auf den Markt kommen. Und auch Daimler hat sich bislang nicht zu einem radikalen Umsteuern wie VW entscheiden können.

Ein Enddatum für den Verbrennungsmotor würde der Industrie helfen

»Die Hersteller haben Angst davor, ihre Werke nicht auszulasten und damit rote Zahlen zu schreiben«, sagt Dudenhöffer. Helfen würde allen ein klares Ausstiegsdatum aus dem Verbrennungsmotor, wie es bislang zum Beispiel Japan, Spanien, Frankreich und England genannt haben. »Die Autobauer könnten sehr präzise die Nachfrage nach Elektroautos einschätzen«, ebenso die Energieversorger den zusätzlichen Bedarf an Strom und Ladestellen, genauso Zulieferer und Batteriehersteller. Ein weiterer Vorteil: Jobs seien kaum betroffen, weil 75 Prozent der deutschen Autos exportiert werden, staatliche Subventionen würden zielgerichtet wirken.

VW jedenfalls setzt auf die Stromer. Seit 2020 ist der ID.3 von VW zu kaufen, ein Elektroauto der Golf-Klasse für Europa und Deutschland. Aber in Zwickau wird seit Herbst 2020 auch der ID.4 produziert – ein kompaktes SUV, ein kleiner Straßenpanzer, der das »Weltauto« für die Märkte in China und den USA werden soll. Muss es ausgerechnet ein SUV sein, wenn VW doch etwa eine E-Version des Kleinwagens Up! im Sortiment hat? »Der SUV-Markt weltweit ist riesig, die Kunden wünschen das«, meinte Reinhard de Vries, der mittlerweile in den Ruhestand getretene Geschäftsführer Logistik im Werk Zwickau. »Mit dem Angebot, die Wagen CO_2-neutral zu produzieren, sind wir auf dem richtigen Weg.«

Der Konzern hat sich festgelegt: VW setzt alles auf die Karten digitale und batteriebetriebene Autos – 33 Milliarden Euro an Investitionen allein in die E-Mobilität bis 2024. Der ID.3, das »Elektroauto für Millionen, nicht für Millionäre«, solle ein Gamechanger werden, sagt der Sprecher von VW Sachsen, Carsten Krebs. Elektrisches Autofahren, digital vernetzt, nachhaltig von der Produktion bis zum Recycling, verspricht der Konzern. Und ein erschwinglicher »Volkswagen« soll es sein: Der ID.3 koste in Deutschland unter 20 000 Euro, wenn man die staatliche Förderung mitrechne, und habe eine Reichweite von 300 bis 500 Kilometern.

Bei VW kann niemand so genau sagen, was »ID« eigentlich bedeuten soll: Intelligent Driving?, Intelligent Design?, Idee?, Identität? Aber das wirklich Neue an der Serie ist das Versprechen, ein Auto zu liefern, das praktisch keinen ökologischen Rucksack haben soll: Das Material für den Bau, die Produkte der Zulieferer, die Produktion im Werk, das Fahren mit dem Auto und das Leben nach dem Verschrotten – all das soll irgendwann klima- und umweltneutral ablaufen. Es ist ein Versprechen, das sonst kaum ein Produkt macht. Einen VW zu fahren würde dann heißen: mit gutem Ökogewissen seine automobile Freiheit genießen.

Ob das funktioniert, muss VW noch beweisen. Das Konzept sieht vor, dass der Strom vom ökologischen Anbieter kommt – der Konzern hat dafür das Tochterunternehmen Elli (Electric life) gegründet, das Elektrizität vor allem aus österreichischer Wasserkraft bezieht. Die Zulieferer von Stahl über Reifen und Batterien verpflichten sich zu »CO_2-neutraler« Produktion. »Wir liefern unsere Wagen ohne CO_2-Rucksack aus«, heißt es von VW. Dann kann der Kunde das Auto mit Ökostrom fahren und später in ein Recyclingsystem zurückgeben.

Für den Ansatz bekommt VW Lob von Umweltschützern: »VW hat eine klare Strategie, die voll auf Elektrifizierung setzt«, sagt Michael Müller-Görnert vom ökologischen Verkehrsclub VCD. Zwar reiche für die normale Nutzung in der Stadt auch der ID.3, aber international verkauften sich SUVs eben sehr gut. »Der ID.4 ist besser als ein SUV mit Verbrennungsmotor, aber er verbraucht trotzdem mehr Ökostrom und

Rohstoffe als kleinere Wagen.« Auch die Nachfrage nach Elektroautos stieg 2020 erstmals kräftig: Mehr als 20 Prozent aller Neuwagen waren im Krisenjahr 2020 Pkws mit Gas- oder Elektromotor, fand eine Studie der Deutschen Energieagentur. Der Marktanteil von Batterie- und Hybridfahrzeugen hat sich damit in einem Jahr mehr als verdoppelt. Der Grund: hohe staatliche Kaufprämien, die allerdings auch für die ökologisch zweifelhaften Hybridmodelle gewährt werden.

VW reagiert auf Druck der Märkte und der Politik – und um seinen Ruf zu retten

Im VW-Werk in Zwickau wird selbst der Transport der schweren Batterien vom Zug zur Fertigung mit eigens konstruierten Batterie-Lkws abgewickelt. Motto: bloß keine Fehler machen und in der Lieferkette fossilen Brennstoff einsetzen! Wer das Werk besucht, der kann vergessen, dass der Volkswagen-Konzern im Jahr 2019 weltweit elf Millionen Autos mit Verbrennungsmotoren verkauft hat. Und er kann vergessen, dass vor sechs Jahren Volkswagen den Dieselskandal auslöste und damit die Welt der Autobauer erschütterte.

Hat »Dieselgate« VW zu seinem radikalen Wendemanöver veranlasst? Carsten Krebs widerspricht: »Der Weg in die Elektromobilität war vorgezeichnet und wäre auch ohne den Skandal gegangen worden. Aber die Debatten rund um den Diesel haben den Prozess sicher beschleunigt.« Krebs warnt vor einer zu deutschen Sicht der Dinge: Der Druck auf die Autobauer, vom Verbrennungsmotor Abschied zu nehmen, »entstand vor allem in China mit seinen Quoten für E-Autos, wo wir 40 Prozent unseres Umsatzes machen. Auch Kalifornien mit seinen strikten Abgaswerten ist ein wichtiger Faktor, und nicht zuletzt die verschärften EU-Regeln zum CO_2-Ausstoß«.

Denn VW reißt das Steuer nicht aus eigenem Antrieb herum. Die neuen CO_2-Grenzwerte der EU zwingen alle Hersteller dazu, ihre Flotten auf CO_2-Armut zu trimmen. Bereits für 2020, dem ersten Jahr der schärferen Regulierung, mussten sich viele Autobauer etwas einfallen lassen: Kooperationen mit Herstellern von E-Autos; Pools mit Kleinwagenbauern, um die Werte der Spritfresser im Schnitt zu senken; große Werbeaktionen für Hybridautos, die günstig berechnet werden, dann aber kaum CO_2 einsparen. Oder eben wie VW: massiv E-Autos an den Kunden bringen, um den CO_2-Flottengrenzwert zu senken. Die Rechnung könne bei den Autos auch aufgehen, schätzen die Experten des Öko-Instituts. Sie haben für die Agora-Studie *Klimaneutrales Deutschland* das Verkehrsszenario geschrieben. Wohlgemerkt: ein Szenario, keine Prognose. Sie haben nicht vorhergesehen, was kommt – sondern abgeschätzt, was erforderlich sei, um auch den Verkehrssektor zum Klimaretter zu machen. Das Resultat: Unter dem großen Druck von außen kann sich die Autoindustrie so umgestalten, dass sich Elektroautos zukünftig rasant im Markt durchsetzen: Ihr Anteil bei den Neuzulassungen könne und müsse von etwa elf Prozent (2020) auf 78 Prozent (2030) steigen.

Der erhoffte Mix: ein Drittel weniger Auto, doppelt so viel Schiene und Busse

Überhaupt regiert im Verkehrskapitel zu einem guten Teil das Prinzip Hoffnung. Für die Einhaltung der Klimaziele muss der Autoverkehr bis 2045 um 30 Prozent abnehmen, der öffentliche Verkehr muss sich bis 2035 verdoppeln, der Radverkehr und die Gütertransporte auf der Schiene müssen sich bis Mitte des Jahrhunderts ebenfalls fast verdoppeln. Ob das alles in dem Zeitrahmen funktionieren kann, ist unklar, weil die Anlage neuer Bahntrassen und Radwegenetze viel Zeit braucht. »Weil wir im letzten Jahrzehnt kaum etwas in der Verkehrspolitik erreicht haben, wird es jetzt sehr viel«, sagte eine Planerin. Das Gutachten nennt es »deutliche Trendumkehr« und »grundlegende Mobilitätswende« – die nur durch eine »Neuorientierung der politischen Rahmensetzung« funktionieren könne. Auf Deutsch: Auf Bundesebene wäre eine ganz andere Politik erforderlich, die den Verkehr als Gesamtsystem steuern müsste.

Ob der Verkehrssektor aber wirklich auf den Pfad zur Grünen Null einschwenkt, hängt eben nicht nur an der E-Mobilität, mahnt auch Katrin Dziekan, Expertin vom Umweltbundesamt: »Es müssen auch noch viele andere Dinge getan werden: mehr Effizienz, ein Tempolimit auf der Autobahn, eine Reduzierung der umweltschädlichen Subventionen. Aber auf diesem Level sind wir noch nicht.« Man müsse »die Realpolitik dazu drängen, die richtigen Entscheidungen zu treffen«. Dazu gehöre auch eine Neuordnung des Bundesverkehrswegeplans, der langfristigen Planung von Straßen und Schienen. Wer die Debatte um die Verkehrspolitik der letzten Jahrzehnte verfolgt hat, kann sich vorstellen, wie viel Energie und Geld solche Änderungen kosten.

Eine klimaneutrale Mobilität müsse mehr sein als nur Millionen von E-Autos, warnt auch Andreas Knie, Politikwissenschaftler am Wissenschaftszentrum Berlin und Vordenker für vernunftbegabte Verkehrsplanung. »Wir vergessen immer, dass die Menschen viel lernfähiger sind, als wir glauben.« Aber um das Auto oder das Flugzeug stehen zu lassen – was viele ja wollten –, müssten Strukturen geschaffen werden, die im öffentlichen Verkehr von den KundInnen her denken: »Eine Verdopplung des öffentlichen Verkehrs ist zum Beispiel möglich, wenn wir die Lastspitzen am Morgen durch flexible Öffnungszeiten entzerren«, so Knie. »Aber bisher fällt der ÖPNV als Rückgrat der Verkehrswende aus.«

Wenn die Zukunft des Autos elektrisch ist, dann erfordert die klimaneutrale Zukunft des Verkehrs eine Änderung der Philosophie und der Instrumente, meint Knie. Man müsse die autofixierte Stadt der langen Wege neu denken: das Baurecht ändern, um kompaktere Viertel zu errichten, damit Fußgänger und Radfahrer Vorfahrt bekommen; die Finanzierung des öffentlichen Verkehrs davon abhängig machen, wie viele Menschen ihn nutzen; den Bundesverkehrswegeplan entrümpeln und seine Kriterien nach sozialen und ökologischen Zielen neu ordnen. »Das Auto war das Versprechen von Unabhängigkeit und Fortschritt. Aber das gilt nicht mehr, vor allem nicht in den Städten, wo die Autos den Platz besetzen.« Die Menschen, ist Knie nach seinen Studien überzeugt, »sind für echte Veränderungen viel offener, als es Verwaltung und Politik immer glauben«.

Im VW-Werk in Zwickau ist zumindest in der Kantine die neue Zeit schon angebrochen. Das obligatorische VW-Malocher-Menü »Currywurst mit Pommes«, das in Wolfsburg jeden Tag auf der Speisekarte steht, gibt es hier nur am Donnerstag. Aber draußen auf dem Werksgelände muss die Verkehrswende noch ein bisschen warten. Vor den Hallen, in denen die brandneuen ID-Modelle gefertigt werden, sind die Parkplätze derzeit noch von Passats, Golfs und Polos vollgeparkt. Alle mit Verbrennungsmotoren.

STROM MIT GEGENWIND

Kapazitäten von Windkraftanlagen an Land

geschätzter Bedarf

55
Gigawatt

130–250
Gigawatt

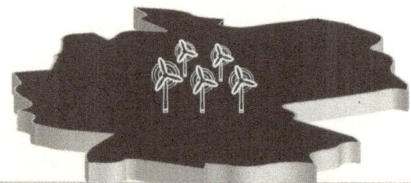

2020

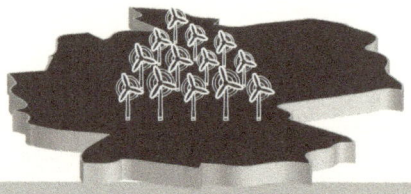

2045

Quelle: BDEW, Agora, BDI, Fraunhofer, Jülich

Die Mühlen der Ebene
Wie die Energiewende ausgebremst wird

Klimaneutraler Strom wird dringend gebraucht, und zwar in großen Mengen. Er soll von Tausenden neuen Windrädern kommen – trotz lautem Widerstand in der Bevölkerung.

Der weiße Geländewagen von Jens Funk schlingert über einen ausgewaschenen Feldweg. An einem Graben voll schwarzem Wasser und Schilf biegt er rechts ab. Majestätisch erhebt sich ein Graureiher aus dem Wasser und segelt davon, dann noch einer. Und noch einer. Funk zeigt auf Bussarde, die über dem Auto kreisen, und auf Kormorane, die als schwarze Federklumpen auf Ästen im Wasser hocken. Er parkt seinen Wagen neben dem Weg, steigt in Stiefeln, dicker Hose und Tarnjacke aus und deutet auf eine Gruppe von weißen Punkten am Horizont: »Alles Singschwäne dahinten!«, sagt er mit leicht sächsischem Akzent. »Das ist das reinste Vogelparadies. Und genau hier wollen sie die Riesendinger hinstellen.«

Genau hier: Das ist eine schier endlose Grünfläche an der B109, etwa 25 Kilometer südlich von Anklam in Mecklenburg-Vorpommern. Die Gegend ist flach wie ein Brett, schwarzer Boden, am Horizont Baumreihen. 100 Quadratkilometer groß ist die Friedländer Große Wiese, ein Niedermoor, das ab Ende des 19. Jahrhunderts für die Landwirtschaft trockengelegt wurde, aber immer noch Zehntausenden von Vögeln Unterschlupf bietet. »Manchmal fliegen hier 40 000 Kraniche ein, um sich am Mais satt zu fressen«, erzählt Funk. Er liebt die Natur, beteiligt sich an Vogelzählungen, schwärmt vom seltenen Schreiadler und erzählt von Begegnungen mit Wölfen. Aber sonst ist hier nicht viel los. Das Stettiner Haff mit Peenemündung und polnischer Grenze ist nicht weit, kleine Dörfer ducken sich gegen den Wind. Wer hier wohnt oder herkommt, der will seine Ruhe.

Damit ist es vorbei, seit die Firma Enertrag hier einen Windpark bauen will: zwölf Rotoren mit jeweils fünf Megawatt Leistung, bis zu 230 Meter hoch. Die »Riesendinger« sollen auf zwei Quadratkilometern entlang der B109 entstehen; die Bauanträge sind eingereicht und liegen bei den Behörden. Jens Funk und seine Frau Thea sind die Köpfe der lokalen Bürgerinitiative Freie Friedländer Wiese, die sich dagegen wehrt. Ihr Symbol, ein weißer Zugvogel vor blauem Himmel über grüner Wiese, hängt gleich zweimal am Zaun ihres renovierten und gelb getünchten Hauses im 80-Seelen-Dorf Wilhelmsburg. Die Funks sind rüstige Pensionäre, die in Berlin bei der Polizei gearbeitet haben und 2012 hier mit ihren drei Boxerhunden das ruhige Landleben suchten. Gefunden haben sie jede Menge Gründe, sich aufzuregen. Und Anschluss an eine bundesweite Bewegung, die ernsthaft den Erfolg von Energiewende und klimaneutraler Energieversorgung bedroht.

Denn der Ausbau von grüner Energie in Deutschland stockt gerade zu einem Zeitpunkt, wo er richtig Wind unter den Flügeln bekommen müsste. Seit 2000 hat das Erneuerbare-Energien-Gesetz (EEG) mit sicherer Vergütung und einer Abnahmegarantie den Strom aus Wind, Sonne, Wasser und Biomasse konkurrenzfähig gemacht. In den letzten zwei Jahrzehnten sind überall in Deutschland Wind- und Solarparks zur Normalität geworden, sie drängen Atom und Kohle aus dem Markt. 2020 lieferten die Ökoanlagen (auch wegen des Einbruchs in der Industrieproduktion durch die Corona-Krise) mit 46 Prozent des deutschen Stroms einen neuen Rekordwert.

Flaute in der Windbranche

Doch jetzt weichen die turbulenten Wachstumszeiten den Mühlen der Ebene: Inzwischen müssen sich die Anlagen in Ausschreibungen mit möglichst niedrigen Preisen um die Bauerlaubnis bewerben. Das Wachstum lässt nach: Wurden von 2014

bis 2017 nach Angaben des Bundesverbands WindEnergie
(BWE) in jedem Jahr zwischen 1300 und 1800 Windkraftanlagen gebaut, sackte der Ausbau 2018 auf knapp 750 und 2019 sogar auf nur 325 Rotoren. 2020 stieg er wieder auf 420 Anlagen mit einer Leistung von insgesamt etwa 1400 Megawatt. Dabei wäre »mindestens die dreifache Zubaumenge pro Jahr« nötig, empört sich die Vorsitzende des Bundesverbands der Energie- und Wasserwirtschaft (BDEW), Kerstin Andreae: »In diesem Schneckentempo erreichen wir die Klimaziele nicht.« Wegen der angehobenen EU-Klimaziele müsse sogar noch deutlich mehr gebaut werden als in diesem »zweitschwächsten Ausbaujahr der letzten zwei Jahrzehnte«.

Der Vorwurf der Industrie: Man stehe bereit, um zu investieren, aber die Politik müsse »die richtigen Rahmenbedingungen schaffen, um das Ruder herumzureißen«, so Verbandschefin Andreae, die bis 2019 als grüne Abgeordnete im Bundestag saß. Doch die Regierung lege den Windmühlen immer neue Steine in den Weg: Planungen ziehen sich in die Länge, Behörden scheuen vor Genehmigungen zurück. Und bei vielen neuen Projekten sind die Firmen mit massivem und koordiniertem Gegenwind konfrontiert. 2019 gerieten die Unternehmen in Schwierigkeiten, es gab Insolvenzen und Jobverluste. Der Branchenriese Enercon verkündete den Abbau von 3000 Arbeitsplätzen.

Dabei wird der grüne Strom dringend gebraucht. Alle Prognosen zur Klimaneutralität gehen davon aus, dass die erneuerbaren Energien massiv ausgebaut werden müssen. Ökostrom soll immer mehr E-Autos antreiben, in Elektrolyseuren grünen Wasserstoff herstellen und wird auch sonst überall gebraucht. Je nach Rechnung gehen die Experten davon aus, dass die Nachfrage nach Elektrizität bis 2050 um 50 bis 150 Prozent steigen muss. Von jetzt etwa 55 Gigawatt (GW) Leistung auf 80 GW in 2030 und 120 GW für 2050, rechnen verschiedene Experten. Manche Gutachten rechnen sogar mit mehr als 200 GW. Das aber hieße: Im nächsten Jahrzehnt müssten jedes Jahr mindestens fünf bis sechs GW neu entstehen, auch weil alte Anlagen wegfallen. Das wären etwa 1000 neue große Windmühlen jedes

Jahr. Aber wo sollen die herkommen, wenn bei jedem neuen Windrad der Protest aufflammt? Weil Strom bis dahin vollständig aus erneuerbaren Quellen kommen soll, ist vor allem Elektrizität aus Sonne und Wind gefragt. Und hier, auch da sind sich viele Experten einig, muss der größte Brocken von »Wind onshore« kommen – von den riesigen Windmühlen an Land, von denen sich bereits jetzt knapp 30 000 in Deutschland drehen. Sie gelten als »Arbeitspferde der Energiewende«. Aber die lahmen nun.

Mit dem Reden zwischen Firma und Windgegnern ist es vorbei

Der Weg zu den Funks im kleinen pommerschen Dorf Wilhelmsburg führt über die Bundesstraße, die Bahnlinie nach Berlin und über Kopfsteinpflaster. In der Gegend sieht man praktisch keine Windparks, kein Vergleich zu anderen Regionen voller Rotoren. Am Ende von Funks Straße beginnt die Friedländer Wiese. Links auf einem Feld so groß wie ein Fußballplatz befindet sich eine der zwei Solaranlagen im Dorf. »Da gab es auch Probleme mit dem Artenschutz«, erzählt Funk beim Vorbeifahren und deutet auf die Anlage. »Da habe ich eine Eingabe geschrieben, dann klopfte der Projektierer eines Tages an die Tür und hat sich bedankt.« Sie haben dann den Steinhaufen als Lebensraum für Zauneidechsen und Wildbienen gerettet. »Reden hilft«, sagt Funk. Allerdings nicht beim geplanten Windpark. »Die Leute von Enertrag würde ich nicht ins Haus lassen.« Mit dem Reden ist es hier vorbei.

So berichten es immer wieder die Planer von Windparks und ihre Gegner. Beim zuständigen Bundeswirtschaftsministerium wird das Problem aufmerksam beobachtet. Umweltschützer und Windindustrie werfen dem Ministerium vor, es bremse den Ausbau. In der Tat haben die Berliner Beamten in den letzten Jahren vieles versucht, um allzu hochfliegende Pläne zum Ausbau der Erneuerbaren zu dämpfen. Noch vor Jahren waren es die Kosten, die nicht aus dem Ruder laufen sollten. Der damalige Umweltminister und spätere Wirtschaftsminister Peter Altmaier (CDU) warnte 2013 davor, die Kosten der Energiewende könnten »sich auf eine Billion summieren«.

Als er 2018 Wirtschaftsminister wurde, setzte sein Haus alles daran, den Ausbau der Erneuerbaren nicht ausufern zu lassen. Seine Beamten rechneten etwa den Stromverbrauch in der Zukunft viel geringer ein als unabhängige Gutachter; sie bremsten die Begeisterung für immer höhere Ziele bei den Erneuerbaren und sträubten sich lange dagegen, 65 Prozent Erneuerbaren-Anteil am Strom bis 2030 festzuschreiben. Und obwohl inzwischen viele Unternehmen laut nach mehr Grünstrom im Netz rufen, um ihre eigenen Klimaziele zu erfüllen, blockierte der Wirtschaftsflügel der CDU-Fraktion im Bundestag über lange Jahre bei diesem Thema.

Dahinter steckt auch eine politische Strategie, denn das Gezerre um den Wind reflektiert und befeuert viele Konflikte, unter denen die deutsche Gesellschaft ohnehin leidet: etwa die wachsende Entfremdung zwischen Behörden und Bürgern, die immer weniger bereit sind, Expertengutachten Vertrauen zu schenken; die zunehmende Kluft zwischen den Lebensbedingungen in der Stadt und auf dem Land; der Dissens zwischen reichen Investoren und armen Anrainern, die nur die negativen Seiten der Investitionen sehen. Der Konflikt um die Windkraft vergrößert auch den Riss zwischen Ost und West – denn oft sollen gerade die großen Windparks in den sogenannten strukturschwachen Regionen Nord- und Ostdeutschlands entstehen, um den tendenziell reicheren Süden und Westen der Republik mit Grünstrom und einem guten Gewissen zu versorgen.

Ost gegen West, Stadt gegen Land, Reich gegen Arm – die AfD profitiert

Und bei alldem fürchtet vor allem die CDU/CSU um Wählerstimmen. Denn die rechtspopulistische und in Teilen rechtsextreme AfD nutzt sehr geschickt den Kampf gegen die Windmühlenflügel, um sich zu profilieren. »Die Kritik an der sogenannten Klimaschutzpolitik ist nach dem Euro und der Zuwanderung das dritte große Thema der AfD«, sagte 2019 deren Fraktionsvorsitzender Alexander Gauland. Seine Partei habe da ein »Alleinstellungsmerkmal«, weil alle anderen den »Irrsinn« der Klimapolitik mitmachten. Führende Unionspolitiker haben wiederholt klargemacht, dass sie den Windausbau vor allem in Ostdeutschland nicht forcieren, um nicht von der AfD als Verräter von Volk und Heimat vorgeführt zu werden.

Sitzt man bei Jens und Thea Funk in ihrer gemütlichen Wohnküche bei Kaffee und Tee, hört man viele Klagen. Der Strom aus dem geplanten Windpark solle billig an die Eisengießerei in Torgelow fließen, sie aber als Privatkunden hätten mit 36 Cent pro Kilowattstunde mit die höchsten Strompreise in Deutschland. Dazu komme: »Ihr Städter denkt immer, ihr wärt die Umweltschützer. Aber kommen Sie mal hier aufs Land, wo abends die Lichter ausgehen. Wir leben hier viel nachhaltiger als in der Stadt.« Und Windkraftanlagen so nah an einem großen Vogelschutzgebiet, das gehe einfach nicht, finden die Funks. »Ein Projektierer aus Thüringen war mal hier, der hat gleich abgewinkt: Hier kannst du keine Anlagen hinstellen!«

Noch etwas regt sie auf: Das Vorhaben sei »mit drei Zeilen im Amtsblatt angekündigt worden. Da war von WKA die Rede, das hat niemand verstanden«. Bei einem Erörterungstermin habe es geheißen: »So wie geplant, so wird gebaut. Sie brauchen gar nicht zu klagen, das ist rechtlich sicher.« Jens Funk verschränkt da die muskulösen Arme vor der Brust und empört sich.

Marcus Heinicke seufzt, wenn er das hört. »Ach ja, das Ehepaar Funk, bei denen mussten wir inzwischen teilweise Kontakt über den Anwalt aufnehmen.« Deren Beiträge im Internet hätten sich so radikalisiert, »dass ein normales Gespräch nicht mehr möglich war«. Heinicke ist Regionalleiter Mecklenburg-Vorpommern für Enertrag, ein verbindlicher junger Mann in Hemd und Sakko. Er hört gut zu, wenn man ihm sagt, was die Funks erzählt haben.

Dann rollt er erst mit den Augen und breitet dann große Karten und Pläne auf dem Tisch aus, um seine Sicht dazustellen: »Wir haben die Planungen schon mehrfach verändert. Wir könnten auf dem Gelände, das ja zwischen Bundesstraße und

Bahntrasse am Rand der Wiese liegt, auch 20 Anlagen bauen. Aber wir planen nur 12, um die Abstände zu den Häusern zu vergrößern.« Bei den Strompreisen biete man einen Tarif, der pro Jahr 200 Euro unter dem günstigsten Vergleichswert für die Region liege. Das Gesetz sehe außerdem vor, dass sich die Anwohner bis zu 20 Prozent an der Betriebsgesellschaft beteiligen könnten, um am Gewinn teilzuhaben. Wir geben uns wirklich Mühe – das ist seine Botschaft.

Aber Mühe allein reicht nicht. Tatsächlich hat die Bürgerbeteiligung bei Windanlagen ein großes Manko, finden auch Cornelia Fraune und Michèle Knodt vom Institut für Politikwissenschaft der Technischen Universität Darmstadt im Buch *Akzeptanz und politische Partizipation in der Energietransformation*. Sie schreiben von einem »Beteiligungsparadox«: Einerseits interessieren sich Anwohner erst in den letzten Stadien einer Entscheidung für die Sache, wenn vieles entschieden sei. Andererseits sei das Verfahren aber auch so angelegt: Die wichtigen Grundsatzentscheidungen über Energiewende und Ausbauziele fallen auf der Ebene von EU, Bund und Ländern. Da aber ist eine Mitwirkung von direkt Betroffenen vor Ort kaum vorgesehen. Auf der Regional- und Kommunalebene wiederum, wo die BürgerInnen bei Fragen von Abstand, Naturschutz oder Gesundheit zu Wort kommen, gebe es kaum »Verhandlungsspielräume in der Raumplanung«: Bei den »Wertentscheidungen« würden BürgerInnen kaum gefragt, sie könnten nur noch bei »Interessenkonflikten« mitreden.

Das bestätigt auch eine Anfrage beim zuständigen Amt für Raumordnung in Greifswald. Die Sachbearbeiterin schreibt: Es werde derzeit an der »Abwägung der zahlreichen Stellungnahmen gearbeitet«, die aus fünf Runden der öffentlichen Beteiligung zum Windpark auf der Friedländer Wiese stammten. Man setze »die gesetzlich vorgegebene Aufgabe der Windenergieplanung auf Grundlage des geltenden Rechts um«. Dabei seien »Entscheidungen zu treffen, für die eine einhundertprozentige Zustimmung nicht erwartet werden kann«.

Die Vorbereitung von »konsensualen Lösungen« liege »auf der Ebene der Gesetzgebung«, heißt es in schönstem Behördendeutsch. Konflikte ließen sich »am ehesten durch klare und begründete Entscheidungen bearbeiten, die auch einer verwaltungsgerichtlichen Nachprüfung standhalten.« Und dann folgt noch eine Weisheit aus dem Poesiealbum für Genehmigungsbehörden: »Aber allen Menschen recht getan ist eine Kunst, die niemand kann – auch die Regionalplanung nicht.«

Vorschläge: andere Verfahren, mehr Geld, mehr Mitsprache

Ein möglicher Ausweg aus dieser Praxis wäre für Fraune und Knodt dagegen eine Neuordnung des Verfahrens. Die Wissenschaftlerinnen schlagen vor: BürgerInnen sollten auf allen Ebenen der Entscheidung gehört werden; von unten nach oben sollten so »Zumutungskriterien für Infrastruktur« erarbeitet werden. Im Gegenzug müsse das Verfahren dafür Rechtssicherheit garantieren: Was entschieden wird, wird dann auch gebaut.

Davon ist man in Wilhelmsburg weit entfernt. Dabei ist Funks Gegenüber Enertrag keine Heuschrecke, die von außen in die Region einfällt und nur den Profit sieht. Das Unternehmen mit 630 Mitarbeitern aus dem kleinen Dauerthal in der Uckermark bastelt an der regionalen und nationalen Ökoenergie. Wenn Jens Funk kritisiert: »Das funktioniert alles nicht, es gibt keine Speicher«, dann beweist Enertrag das Gegenteil und schaltet nur ein paar Kilometer südlich der Friedländer Wiese Wind, Sonne, Biomasse und Speicher zum Verbundkraftwerk Uckermark zusammen. Funk sagt auch: »Der Strom wird für viel Geld abgeregelt«, aber Enertrag hat gerade in Nechlin im Norden von Brandenburg die erste Wärmeversorgung Deutschlands in Betrieb genommen, die mit überschüssigem Windstrom arbeitet. Motto: »Nutzen statt abschalten.« Das Unternehmen experimentiert außerdem mit Wasserstoff für eine H_2-Bahnstrecke. »Die meinen das mit der Energiewende wirklich ernst«, sagt ein Brancheninsider über die Tüftler aus der Uckermark.

Aber gerade die Energiewende stößt bei Jens Funk auf Skepsis. Dazu hat ihn keiner gefragt. Muss das alles wirklich sein, fragt er, wenn man mit ihm über die weiten Flächen der Friedländer Wiese fährt, die Moore ansieht und über die überfluteten Flächen mit den abgestorbenen Bäumen am Galenbecker See staunt. »Klimaschutz ist kein Naturschutz«, sagt der Mann mit den kurzen grauen Haaren und der eckigen Metallbrille bestimmt. Die Natur und die Heimat zu erhalten sei wichtiger, als hier Windräder zu bauen. Die Gutachter, die keine große Gefahr für die Vögel sehen, hält er für gekauft, weil der Investor sie bezahlt, wie das Gesetz es vorschreibt. Er glaubt nicht daran, dass eine Energieversorgung ohne Kohle und Atom möglich ist, und beklagt, dass »über diese Fragen nicht offen debattiert wird«. Aber hat Deutschland nicht lange debattiert und dann per Gesetz entschieden: für den Atomausstieg und für Klimaschutz und Erneuerbare mit dem EEG und dem Pariser Abkommen? »Wenn man merkt, es geht nicht, müsste man eben wieder neu debattieren«, fordert Funk.

Die Argumente klingen vertraut. Man findet sie bei dem Verein Vernunftkraft, der deutschlandweit nach eigenen Angaben 800 Bürgerinitiativen gegen Windenergie vernetzt. Auch Funk sagt, er bekomme Beratung und juristische Unterstützung von den Anti-Wind-Aktivisten. Und bei der wöchentlichen Mahnwache, die sie jeden Samstag an der B109 halten, seien bisher nur die AfD, die FDP und die Partei Freier Horizont aufgetaucht. »Die anderen Parteien nie.«

Das kann mit Vernunftkraft zusammenhängen. Die Windgegner gelten als AfD-nah und haben Verbindungen zum Verein EIKE, der seit Jahren den Klimawandel leugnet und aggressiv auf seiner Homepage und Veranstaltungen gegen die deutsche Klimapolitik polemisiert. Der Verein unterstützt Windgegner bundesweit, er vermittelt »Experten« zu Fragen wie angebliche Belastung durch Infraschall und berät im Einmaleins des Widerstands gegen Behörden. Nach einer Untersuchung der Darmstädter Journalistin Stella Lorenz arbeitet Vernunftkraft mit »Polemik, Überspitzung und Anstachelung«, man wolle seriös wirken, betreibe aber Clickbaiting auf der Homepage und verschanze sich hinter Naturschutzanliegen. Die »Anliegen von ›Vernunftkraft‹«, schreibt Lorenz, seien das »Interesse an der Bewahrung des (eigenen) Wohlstands«, »Manipulation durch

Empathie mit ›besorgten BürgerInnen‹« und »Ausnutzen der Unsicherheit«.

Vernunftkraft ist einer der Sammelpunkte für die deutsche Szene von Klimawandel-Leugnern im konservativen Milieu. Auf der Homepage grüßt Fritz Vahrenholt, ehemaliger SPD-Umweltsenator von Hamburg, dann Manager bei Shell und RWE innogy, der in seinem Buch *Die kalte Sonne* die klimawissenschaftlichen Fakten in Zweifel zieht. Als Vorstand der Deutschen Wildtier Stiftung machte er bis Ende 2019 Stimmung gegen die Erneuerbaren. Auf die Unterstützung der Stiftung berufen sich auch die Funks.

Die Zielkonflikte zwischen Erneuerbaren und Natur sind auch ohne politisch motivierten Krawall schon groß genug. Anders als einzelne Atom- oder Kohlekraftwerke greifen dezentrale Energieanlagen viel sichtbarer in das Alltagsleben der Menschen ein. Gerade in unverbauten und »ursprünglichen« Landschaften wie in Norddeutschland, die größtenteils ein horizontales Profil aufweisen, beklagen AnwohnerInnen schon seit 20 Jahren die »Verspargelung« der Landschaft. Die Rotoren der Anlagen töten immer wieder Vögel und Fledermäuse, der Kampf um den geschützten Rotmilan und seine Horste ist inzwischen ein ewiger Streitpunkt zwischen echten und angeblichen Vogelschützern auf der einen und Investoren auf der anderen Seite.

Streit wird von Populisten befeuert und eskaliert schnell ins Grundsätzliche

Der Streit wurde und wird teilweise mit großer Erbitterung und harten Bandagen geführt, schnell geht es ums Grundsätzliche. Auch innerhalb der Ökoverbände und der Umweltbehörden tobt der Kampf zwischen Klima- und Artenschützern: Wie viel Energiewende verträgt die Natur? Welchen Schutz brauchen Rotmilan, Mopsfledermaus und Schweinswal, gegen Windanlagen an Land und auf See – ohne die der Klimawandel noch schneller voranschreitet und auch vor Rotmilan, Mopsfledermaus und Schweinswal nicht haltmacht? Dezentral organisierte

Umweltverbände sind dabei manchmal in einer schwierigen Lage: So begrüßt zwar die Bundesspitze des Naturschutzbunds NABU, immerhin Deutschlands größter Umweltverband, den Ausbau der Erneuerbaren. Gleichzeitig erhoben Landesverbände in den letzten zehn Jahren 45 oft erfolgreiche Klagen gegen Erneuerbaren-Projekte, wenn sie den Naturschutz verletzt sahen.

Der Konflikt muss dabei allerdings nicht immer eskalieren. Häufig arbeiten Verbände und Engagierte an Kompromissen. »Deutschland steht ausreichend Fläche zur Verfügung, um seinen Strom vollständig erneuerbar zu erzeugen und dabei den Naturschutz zu achten«, sagte 2018 Michael Schäfer, der Klimaexperte des Umweltverbands WWF. Die Umweltstiftung hat von Öko-Institut und Prognos die Studie *Zukunft Stromsystem II* schreiben lassen. Fazit: 2,5 Prozent der deutschen Landschaft würden für die Vollversorgung mit Ökostrom gebraucht – bei Konzentration auf Solarstrom und einer PV-Anlage auf jedem Dach reichten sogar zwei Prozent (zum Vergleich: Straßen machen 4,5 Prozent der Fläche Deutschlands aus). Richtig geplant sei der Ökoausbau auch ohne größere Konflikte mit dem Naturschutz vereinbar, auch wenn die Menge der grünen Elektrizität von derzeit 218 Milliarden Kilowattstunden auf 700 Milliarden kWh im Jahr 2050 mehr als verdreifacht würde.

»Fläche ist die neue Währung«, sagt Felix Matthes vom Öko-Institut, einer der Autoren der Studie. Insgesamt stünden 1,7 Prozent Deutschlands »restriktionsfrei« für Windkraft zur Verfügung, auf 0,9 Prozent könne ohne Probleme Solarkraft erzeugt werden. Am größten sei der Anteil an geeigneten Flächen in Schleswig-Holstein, Mecklenburg-Vorpommern und Sachsen-Anhalt, wo zwischen sechs und sieben Prozent für Ökostrom nutzbar seien.

Auch die NABU-Bundesleitung und Bündnis 90/Die Grünen haben sich Anfang 2021 zu einem Kompromiss zusammengefunden: Sie fordern eine bundeseinheitliche Planung für die Windkraft und den Strom, den sie pro Bundesland erzeugen soll – auf insgesamt zwei Prozent der Fläche. Dafür brauche es erleichterte Planungsverfahren, einen Windatlas für ganz

Deutschland und klare Regeln, auf welchen Flächen Windanlagen zu bauen sind und wo nicht. Behörden bräuchten mehr Personal, das Artenschutzrecht soll einheitlich angewendet werden, und Schutzprogramme sollten den Erhalt von Vogelpopulationen garantieren. Wichtig sei die »garantierte Nicht-Verschlechterung der betroffenen Populationen«.

Wie die knappen Flächen für die Rotoren zusammenkommen könnten, hat Anfang 2021 die Stiftung Klimaneutralität mit einem eigenen Vorschlag angeregt. Demnach sollte der Bundestag beschließen, dass landesweit zwei Prozent der Fläche für die Windkraft ausgewiesen werden. Dann sollten Ausnahmen wie Städte oder Naturschutzgebiete definiert werden; schließlich sollte eine klare Planung bei den Kommunen erstellt werden, wie der jeweilige Windenergie-Beitragswert erbracht werden kann – auch unter Berücksichtigung, wie viel Wind dort weht. Dafür gebe es dann ein sicheres Verfahren vor dem Bundesverfassungsgericht als einzige vorgesehene Instanz – und Geld. Das neue EEG sieht vor, dass für jedes Windrad vom Investor 25 000 Euro pro Jahr an die Kommune fließen könne. »Werden wir damit jeden Gegner überzeugen?«, fragte Reiner Baake von der Stiftung rhetorisch. »Sicherlich nicht. Aber 125 000 Euro pro Jahr für fünf Windanlagen, die auf einen Quadratkilometer passen, das wird vielen Kommunen schon helfen.«

Was im Einvernehmen und im Einzelfall manchmal zu lösen ist, wird schnell explosiv, wenn es politisch aufgeladen wird und in Vorwürfen endet. Jens Funk ist zum Beispiel überzeugt, dass die Windfreunde den Horst eines Rotmilans an der Straße zerstört haben; er zeigt anklagend auf die Bäume – Beweise dafür hat er nicht. »Die Menschen hier und viele Besucher stehen hinter uns, die wollen kein Geld, sondern die Natur erhalten«, sagt er.

Ob die Windgegner jedoch eine Mehrheit stellen, ist sehr fraglich. Nach den jährlichen repräsentativen Umfragen der Fachagentur Windenergie an Land sind sie eher eine lautstarke Minderheit, die die Diskussion bestimmt. Die Fachagentur ist ein Verein, in dem Bund, Länder, Kommunen, Wirtschafts- wie Naturschutzverbände und Unternehmen für eine »erfolgreiche Energiewende« arbeiten. Laut ihrer Umfrage aus dem Jahr 2020 ist die Stimmung für die Windkraft deutlich besser als allgemein angenommen. Über 80 Prozent der Befragten sind demnach deutschlandweit für einen weiteren Ausbau dieser Ökoenergie.

Die Gegner: eine kleine, aber laute und gut organisierte Minderheit

Auch in den Gemeinden, wo sich Rotoren drehen, sorgt die Windenergie offenbar für deutlich weniger Unmut als allgemein vermutet: Nur 16 Prozent der Bevölkerung sind mit den bestehenden Anlagen unzufrieden, statt 40 Prozent, wie die befragten Menschen selbst vermuten. Und 26 Prozent und nicht wie gedacht 58 Prozent haben laut diesen repräsentativen Zahlen etwas gegen neue Windparks. »Bei der schweigenden Mehrheit, die sich weder für noch gegen einen Windpark engagiert, ist der Ausbau der Windenergie breit akzeptiert«, heißt es. Das Bild in der Öffentlichkeit und die Schlagzeilen der Medien dominiere aber »der insgesamt relativ kleine Bevölkerungsanteil, der sich gegen Windenergieprojekte engagiert«.

Das passt zu den Beobachtungen von Enertrag-Manager Heinicke: »Der Widerstand ist oft die Angst vor dem Unbekannten«, sagt er. Wo noch keine Rotoren stehen, würden die Pläne misstrauischer beobachtet als da, wo man sich an die Energieerzeugung gewöhnt hat. Es gebe aber auch klar ein Ost-West-Gefälle beim Widerstand: Was in Vorpommern schwierig sei, laufe in Schleswig-Holstein oder Niedersachsen oft einfacher. Ein Grund: Im Westen gehören Grund und Boden oft den Ortsansässigen und auch der Kommune – da ist die Chance auf einen Bürgerwindpark, wo viele mitreden und mitverdienen, größer als in Gegenden, wo weder die Kommune noch die Dorfbewohner übermäßig profitieren, sondern die Pachterlöse an Auswärtige abfließen.

Wie könnten Lösungen aussehen? Marcus Heinicke wünscht sich mehr Unterstützung aus der Politik: »Die Landes- und Bundespolitiker sollten viel mehr Werbung machen, warum wir die Energiewende und besonders den Ausbau des Windes brauchen.« Sein Argument ist auch der Klimaschutz: Aus dem ehemaligen Moor der Friedländer Großen Wiese gasen jedes Jahr 200 000 Tonnen CO_2 aus, die den Klimawandel anheizen. Wenn seine Anlagen laufen, würden sie immerhin 120 000 Tonnen des Gases einsparen. »Beim direkten Kontakt mit den Leuten und sogar bei einigen zuständigen Behörden hören wir Argumente wie von Vernunftkraft«, beklagt er. »Da besteht immenser Aufklärungsbedarf, den auch die Politik leisten muss.« Es müsse klarer werden, dass die Energiewende von der überwiegenden Mehrheit der Gesellschaft gewollt werde.

Frank Sondershaus, bei der Fachagentur Windenergie an Land der »Referent Akzeptanz und Beteiligung«, hat noch eine andere Idee: »So wie die Nutzung von Erdwärme als Bodenschatz geregelt ist, könnte man als Bund oder Land auch für die Windnutzung Konzessionen vergeben, die an Auflagen gekoppelt sind: wo sie genutzt wird, was eine Gemeinde dafür bekommt.« Wenn nicht mehr jeder Eigentümer allein mit einem Investor verhandle, würden die Preise sinken und das Allgemeinwohl gestärkt. Bisher jedenfalls »blinken bei vielen Eigentümern die Eurozeichen in den Augen, wenn ein Investor bei ihnen klingelt« – kein Wunder, wenn manche Firmen den Verpächtern pro Windrad bis zu 80 000 Euro im Jahr zahlen, wie es in der Szene heißt.

Sonderhaus geht noch weiter: »Man könnte den Bau der Anlagen auch so definieren, dass sie im öffentlichen Interesse liegen, wie etwa der Straßenbau«, sagt der Experte für Akzeptanz. Dann wäre die Planung transparent; das Eigentum würde nicht angetastet, aber es könne auch niemand eine Planung verhindern, »weil ein Eigentümer kein Interesse hat oder das Geld nicht braucht«. Das allerdings würde den Ausbau der Windkraft nicht mehr wie bisher allein den Gesetzen des Marktes unterwerfen. Sondershaus sagt deshalb auch lieber, im Zweifel könne es eine »Verpflichtung zur Verfügungstellung« geben, statt die Idee »Enteignung« zu nennen – was etwa beim Bau von Straßen, Bahnlinien oder Braunkohletagebauen gängige Praxis ist und war. Im Entwurf für das neue EEG Ende 2020 jedenfalls war eine Formulierung enthalten, die gleich in Paragraf 1 erklärte, dass der Bau von Ökostromanlagen »im öffentlichen Interesse liegt und der öffentlichen Sicherheit dient«. In der endgültigen Fassung war der Passus dann verschwunden. Kann es für die Friedländer Große Wiese einen Kompromiss geben? Marcus Heinicke packt seine großen Karten auf dem Tisch zusammen. Darunter ist auch eine 180-Grad-Fotoanimation, die zeigt, wie der Bau seiner Windanlagen vom Dorf der Funks aus zu sehen wäre: nämlich gar nicht. Er meint: Man habe das Projekt schon sehr weit reduziert und dafür die Abstände zu den Häusern vergrößert. Bei noch mehr Zugeständnissen ist er skeptisch: »Der Widerstand ist oft nicht mehr mit rationalen Argumenten zu erreichen, dann ist man auf die Entscheidung der Behörden und der Gerichte angewiesen«, sagt Heinicke. »Mir ist es an einem anderen Standort passiert, dass Leute kommen und sagen: ›Ihr seid mit den Anlagen zu nah an unseren Häusern‹«, erzählt er. »Dann vergrößern wir den Abstand. Und dann kommen die gleichen Leute und sagen: ›Jetzt seid ihr zu nah an der Natur.‹«

Jens Funk denkt eine Weile nach, wenn man ihn nach einem möglichen Kompromiss fragt. Dann sagt er: »Ich sehe den nicht. Ein Kompromiss hieße für mich, dass Enertrag sein Vorhaben fallen lässt. Wenn aber die Genehmigung kommt, werden wir im Zweifel bis zum Europäischen Gerichtshof klagen. Und wenn wir verlieren, dann ziehen wir hier weg.«

DER STOFF, AUS DEM DIE TRÄUME SIND

Erzeugung von grünem Wasserstoff in Deutschland

geplant

5000 Megawatt
Kapazitäten Elektrolyse

100 Megawatt
Kapazitäten Elektrolyse

H₂

2020

2030

Quelle: Wasserstoffstrategie der Bundesregierung, Agora

Grün wie Kruppstahl
Die Schwerindustrie sucht ihre Zukunft

Lange galt Umweltschutz in der Stahlwirtschaft als Jobkiller. Rauchende Schlote standen für Wohlstand. Aber plötzlich soll Ökowasserstoff eine angeschlagene Branche in die Zukunft führen.

Aus 30 Metern Höhe bietet sich ein guter Überblick über das Heute und das Morgen: Vom Leitstand Nord des thyssenkrupp-Stahlwerks in Duisburg schweift der Blick durch schlierige Scheiben über die zehn Quadratkilometer Werksgelände am Rheinufer: vorn der riesige Binnenhafen, wo ein Frachter Kohle aus Rotterdam löscht. Der schwarze Brennstoff glänzt nass im Regenwetter, aufgetürmt zu meterhohen Hügeln. Förderbänder schicken ihn in die Kokerei weiter links: ein schwarzes Hochhaus von etwa 20 Stockwerken, aus dem dichter weißer Qualm entweicht, daneben Schornsteine, Silos. Aus dem Dach des langen Quergebäudes, wo die Kohle zu Koks verbacken wird, schießen immer wieder meterhohe Flammen.

Das ist die Stahlerzeugung von heute: laut, rußig und mit einem CO_2-Ausstoß allein hier bei thyssenkrupp halb so groß wie in der gesamten Schweiz. Es ist »die fossile Seite«, und sie soll in den nächsten Jahrzehnten in den Ruhestand gehen – genauso wie die beiden riesigen Hochöfen links davon, die rund um die Uhr mit dem Koks befeuert werden. Aber auf der rechten Seite, hinter dem Hafenbecken und dem Zementwerk, wo der Rhein die nächste Schleife macht, soll die Zukunft der deutschen Stahlproduktion entstehen: eine 150 Meter hohe Anlage zur Direktreduktion, mit der thyssenkrupp die Quadratur des Kreises schaffen will: hochwertiger Stahl zu konkurrenzfähigen Preisen – und dann auch noch ohne Emission von Treibhausgasen.

Wie das gehen soll, zeigt sich nach zehn Minuten Fahrt über das Werksgelände von Deutschlands größtem Stahlwerk, das eigentlich eine Stahlstadt ist. Mit Tempo 20 zuckelt man über die Straßen, deren Wegweiser gelb wie die auf Bundesstraßen sind und wo Schienen ebenso den Weg kreuzen wie staubige Monstertrucks, von denen Kohleruß rieselt. Und hin zu den beiden Hochöfen 8 und 9, die grau in den diesigen Himmel ragen. Kurz vor dem Gewirr aus Pipelines, Rampen, Rohren und Förderbrücken ist ein Parkplatz mit einem Bauzaun abgesperrt. Wenn die Testreihen laufen, halten hier pro Tag zwei Tanklastwagen und bringen den Treibstoff der Zukunft: Wasserstoff, der bereits jetzt in Hochofen 9 eingesetzt wird, um Kohle teilweise zu ersetzen und die Produktion sauberer zu machen.

Vom Parkplatz führt ein armdickes blaues Rohr auf die Kabelbühne Richtung Hochofen. Matthias Weinberg zeigt darauf und schüttelt den Kopf: »Wenn das hier richtig losgeht, bekommen wir eine ordentliche Pipeline. Wir werden so viel Wasserstoff brauchen, dass sonst die Lkws ganz Duisburg verstopfen würden.« Der Leiter des Kompetenzzentrums Metallurgie in blaugrauem Overall und dicken Sicherheitsschuhen, mit einem weißen Helm auf dem Kopf, bittet in sein Büro. Dort zeigt er am Modell, wie die Erben des Hochofens aussehen sollen: 150 Meter hoch, eine schlanke Stahlkonstruktion, wo aus Eisenerz nicht mehr per Kohle und Koks, sondern mit Wasserstoff »Eisenschwamm« entstehen soll, der Grundstoff für den Stahl. »Stahlkochen ist ein bisschen wie Kochen«, sagt Weinberg. »Wir ändern das Rezept, aber das Gericht bleibt gleich und wird sogar besser.«

Bisher kommen aus Duisburg 2,5 Prozent aller deutschen CO_2-Emissionen

Was in Duisburg und an anderen deutschen Stahlstandorten wie Salzgitter, aber auch anderswo in der EU geplant und gebaut wird, ist eine Revolution: weg von Kohle, Koks, Rauch und Gestank, hin zum »grünen Stahl«. Das ist das Schlagwort für die Zukunft einer Industrie, die sonst als großer Klimasünder gilt. Allein am Standort Duisburg entstehen 20 Millionen Tonnen CO_2 –2,5 Prozent der deutschen Emissionen. Dabei braucht der Stahl die Kohleprodukte nicht nur, um die Hochöfen und Walzstraßen auf über 1000 Grad Celsius zu befeuern, sondern auch als chemisches Reduktionsmittel, um dem Eisenerz den Sauerstoff zu entziehen und es für die Stahlproduktion vorzubereiten. In einer klimaneutralen Zukunft aber haben Kohle und Koks keine Chance mehr.

Deshalb sind jetzt plötzlich alle ganz heiß auf den Wasserstoff, aus dem die Träume sind. Da geht es nicht nur um Stahl. Auch die anderen energieintensiven Betriebe wie die Chemiebranche hoffen auf den grünen Wasserstoff – irgendwann hergestellt mit Ökostrom, daher klimaneutral und gut für Image und Gewissen. Die Grundidee ist simpel und in kleinem Maßstab auch gut erprobt: Wasser wird in der Elektrolyse mittels Strom in Wasserstoff und Sauerstoff gespalten. So wird die Energie aus dem Strom gespeichert und ist bereit für viele Anwendungen. Wenn der Strom grün ist, ist auch der Energieträger Wasserstoff klimaneutral.

Darauf setzt seit Juni 2020 auch offiziell die Bundesregierung, als sie endlich ihre groß angekündigte Nationale Wasserstoffstrategie vorstellte. »Erdöl der Zukunft«, Weltmarktführer, Vorreiter – kein Versprechen ist zu klein, wenn es darum geht, wie eine grüne Energieversorgung der Welt aussehen und wer an ihr verdienen könnte. Und H_2, Wasserstoff, soll der Wunderstoff dafür sein. Deutschland als Mutterland der Energiewende will im globalen Poker ein wichtiges Wort mitreden, und die nationale Strategie dazu wird von Industrie, Politik, Wissenschaft und auch Umweltverbänden vorsichtig gelobt. Mit neun Milliarden Euro Regierungshilfen und neuen Regeln und Gesetzen will die Regierung das Vorhaben voranbringen.

Um einen »starken Heimatmarkt« zu schaffen, will die Regierung Produktion und Verbrauch von »grünem« Wasserstoff ankurbeln. Bis 2030 will sie den Bau von großen H_2-Fabriken, den Elektrolyseuren, mit der Kapazität von fünf GW unterstützen, bis 2040 sollen es zehn GW sein. Vorangehen soll es auch beim Aufbau von Zulieferbetrieben, von H_2-Infrastruktur wie Tankstellen, Pipelines und Forschung. Anfang 2021 stellte der Wasserstoff-Koordinator der Bundesregierung drei Konsortien vor, bei denen Industriegiganten wie RWE und thyssenkrupp mit Forschungsinstituten schnell die Schlüsselfragen klären sollen: Wie kann die H_2-Produktion schnell ausgebaut und damit billiger werden? Wie kann der Wasserstoff von Windkraft auf dem Meer effizient in großen Mengen erzeugt und offshore gleich in Produkte wie Methan umgesetzt werden? Und wie soll ein Transportnetz für das »Schlüsselelement der Energiewende« aussehen? Für vier Jahre Forschung lässt die Regierung 700 Millionen Euro springen.

Alle schwärmen vom »grünen Wasserstoff« als Zukunftstechnologie

Politisch ist der Wasserstoff-Boom unumstritten, denn an der Technik finden alle etwas, das sie lieben: Die Union und die FDP sehen die Chancen für Export und Innovation, die SPD und die Gewerkschaften hoffen auf neue saubere Jobs, Umweltschützer und Grüne freuen sich auf Energie ohne schädliche CO_2-Emissionen. Und die Industrie sieht die Chance, einen weltweiten Wachstumsmarkt zu besetzen, den Vorteil von Technologie »Made in Germany« auszuspielen und ansonsten an ihrem Modell von Wachstum und steigendem Gewinn festzuhalten – nur eben mit »grünem« Wasserstoff. Dazu winken stattliche Hilfspakete der Regierungen, die mit Steuergeld einer von der Globalisierung durchgeschüttelten Branche unter die Arme greifen sollen und wollen. Weil billiger Stahl aus Fernost den Weltmarkt überschwemmt – und auch wegen eigener Strategiefehler –, kämpfen die europäischen Stahlkonzerne gegen den Untergang. Helfen soll dabei der grüne Wunderstoff.

Den gibt es in der Ökovariante bisher allerdings praktisch noch nicht. Und auch »grauer« Wasserstoff aus Gas oder Kohle wird bisher in Deutschland nur in homöopathischen Dosen erzeugt. Die Pläne der Regierung würden die Kapazität bis 2030 etwa verfünfzigfachen. Und um bis 2045 praktisch alle Industrieprozesse mit grünem Wasserstoff zu befeuern, müsste sich der Einsatz des Ökospeichermediums von jetzt etwa fünf auf 600 Terrawattstunden steigern, rechnet die Regierung vor.

Diese Dimensionen lassen selbst die Stahlkocher in Duisburg nicht kalt. »Um unsere Produktion von elf Millionen Tonnen Stahl mit grünem Wasserstoff herzustellen, bräuchten wir zusätzlich 3000 große Windräder«, gibt Markus Grolms zu. Der Personalvorstand von thyssenkrupp Steel sitzt in seinem Eckbüro im zwölften Stock des Verwaltungsgebäudes in Duisburg mit exklusivem Blick auf das gleich hohe graue Ungetüm von Stahlwerk auf der anderen Straßenseite. Grolms kommt aus der Gewerkschaft, trägt ein offenes, weißes Hemd und Lederarmbändchen und spricht als Kind des Ruhrpotts auch dessen leicht vernuschelten Slang. Im Vorraum wachen neben Topfpflanzen die Bronzebüsten von Alfred Krupp und August Thyssen über ihr Erbe. Markus Grolms sagt deshalb auch: »Wir brauchen den grünen Wasserstoff für unsere Zukunft. Der Stahl wird grün sein, dazu gibt es keine Alternative.« Die Umstellung auf den grünen Stahl sei im Unternehmen inzwischen akzeptiert, sagt der Vorstand mit dem Ohr an der Basis.

Allerdings betont der Stahlmanager, dass der Konzern für den Umbau schon Hilfe vom Staat bräuchte. Eine Milliarde kostet ein Exemplar des neuen Hochofens 2.0, wie sie den Reaktor für Direktreduktion hier nennen. Insgesamt soll die vollständige Umstellung auf klimaneutrale Stahlproduktion bis 2050 über zehn Milliarden Euro kosten. Das sind große Zahlen für einen Konzern, der um sein Überleben kämpft. thyssenkrupp hatte 2020 seinen größten Ertragsbringer, den Aufzugbau, für 16 Milliarden Euro verkauft. Wie es mit der Stahlsparte weitergehen soll, ist Anfang 2021 immer wieder ungewiss. Bleibt sie bei thyssenkrupp, wo sie für viele das Herz des Unternehmens symbolisiert? Zwischenzeitlich sollte sie mal verkauft werden, jetzt bleibt sie erst mal im Konzern.

Für Grolms und seine Kollegen ist aber auch klar: Die Zukunft ihres Werkstoffs muss öko sein – egal, wem die Stahlproduktion gehört. »Wer langfristig denkt, kommt an grünem Stahl nicht vorbei.« Für sie ist die Umstellung eine gute Investition in die Zukunft, den Klimaschutz und den Erhalt von Arbeitsplätzen und Stabilität hier im Ruhrgebiet. Aber für die Stahlkocher ist auch klar: Kostenlose Zuteilungen im EU-Emissionshandel brauchen sie als Staatshilfen gegen die Konkurrenz aus Übersee weiterhin – und einen Klimazoll an den EU-Grenzen gegen dreckigen Stahl, der nicht mit Ökostrom produziert wird, am besten ebenfalls.

Schließlich will auch die Europäische Union klimaneutral werden und kennt den dringenden Bedarf an Ökoenergie für die Umsetzung ihres Green Deal. Ebenfalls im Sommer 2020, kurz nach den Deutschen, legte dann auch die EU-Kommission ihre Pläne für den Ausbau der Wasserstoffinfrastruktur vor. Seit Monaten hatte der Lobbyverband Hydrogen Europe dafür getrommelt. Auch die Brüsseler Behörde setzt sich große Ziele: Sie spricht von 40 GW Elektrolyseleistung bis 2040 und noch einmal 40 GW Importware. Gebraucht würden dafür schätzungsweise 80 bis 120 GW zusätzliche Wind- und Solarfarmen (derzeit gibt es in der EU davon insgesamt etwa 330 GW), zu Kosten von etwa 20 bis 35 Milliarden Euro jährlich. »Da wird mit sehr großen Zahlen hantiert«, sagt Matthias Deutsch vom Thinktank Agora Energiewende. Dabei sei bei allen diesen Plänen bisher kaum transparent, wohin genau welches Geld fließen oder wie die H_2-Infrastruktur der Zukunft aussehen soll.

Große Pläne, große Fragezeichen

Klar ist bislang in der deutschen Strategie nur, dass der Wasserstoff vor allem die Chemie- und Stahlindustrie dekarbonisieren soll. Aber auch Züge, die bislang mit Dieselloks fahren, Lkws und Flugzeuge brauchen dringend fossilfreien Treibstoff, den

H$_2$-Produkte als Gas oder Flüssigkeit (Power to Gas, Power to Liquid) liefern kann. Für Autos und Heizungen in Gebäuden gelten vielen ExpertInnen dagegen elektrische Lösungen wie Wärmepumpen und E-Autos als effizienter.

Damit beginnen die großen Fragezeichen: Woher soll all der grüne Strom kommen, der ja zusätzlich zu den bisherigen Ausbauzielen für Wind und Sonne gebraucht wird? Weil Wasserstoff gegenüber fossilen Brennstoffen weniger effizient ist, muss sehr viel davon produziert werden. Die Regierungspläne für fünf GW an H$_2$-Leistung würden bedeuten, dass das schon jetzt schwer erreichbare Ausbauziel von 65 Prozent Grünstrom in 2030 auf etwa 68 Prozent anwächst, kalkuliert Jochen Bard, Experte vom Fraunhofer-Institut für Energiewirtschaft und Energiesystemtechnik. Allein bis 2030 müssten dafür etwa 1000 Windräder zusätzlich gebaut werden: »Der entscheidende Hebel ist der zügige Ausbau der Erneuerbaren, da haben wir großen Nachholbedarf.«

Die Strategie sieht auch vor, dass große Mengen – 2045 bis zu 80 Prozent des deutschen Bedarfs – importiert werden müssten. Das könnte entweder aus EU-Staaten kommen, die Wind offshore zu H$_2$ umwandeln oder aus Staaten etwa in Nordafrika. Pilotprojekte mit Marokko und Tunesien sind bereits angeschoben. Skeptiker fühlen sich an die Aufbruchstimmung um 2009 und den Traum von »Desertec« erinnert: Damals wollte die deutsche Industrie in großem Umfang billigen Sonnenstrom in der Sahara erzeugen, mit dem Nordafrika und Europa versorgt werden sollten. Das Projekt verlief im Sand, weil die Technik auch in Deutschland billiger wurde und die Kosten und die sozialen Probleme in Nordafrika explodierten.

Bevor also der große Wasserstoffimport beginnen kann, müssen noch hohe Hürden überwunden werden: Akzeptieren Deutschland und die EU auch Wasserstoff, der nicht mit Grünstrom, sondern mit fossilem Gas (unter Abscheidung und Speicherung des CO$_2$) erzeugt wird – oder mit Atomkraft? Wie sichern riesige H$_2$-Anlagen in Nordafrika oder etwa in Russland die Versorgung Europas und gleichzeitig eine nachhaltige Entwicklung in diesen Staaten? Läuft der Transport über Pipelines oder über Tankschiffe, die es noch kaum gibt? Und auch: Macht sich Europa mit dem Import von Wasserstoff von instabilen Regionen und zwielichtigen Regimes abhängig? Damit würde das »neue Erdöl« ein Problem des alten Öls wiederholen. Schon gibt es Stimmen, die die umstrittene Gas-Pipeline Nord Stream2 zwischen Russland und Deutschland durch die Ostsee damit rechtfertigen, sie könne ja vielleicht auch Wasserstoff transportieren.

Den zentralen Stellenwert der Energie verdeutlicht ein abschließender Besuch im Warmwalzwerk in Duisburg. In der riesigen Halle mit 17 Metern Höhe und 800 Metern Länge wird der Stahl aus dem Hochofen zu großen Trommeln von millimeterdünnem Blech gepresst. Werksleiter Frank Pozun, ein großer, kräftiger Mann, führt mit Schutzbrille, Ohrenschutz und Helm durch sein Reich. Gasbefeuerte Öfen von 60 Meter Länge heizen die zehn mal zwei Meter langen Stahlblöcke auf 1350 Grad Celsius auf, ehe sie gelbglühend auf die Rollen zu den Pressen gleiten. Mit Getöse rumpelt der flüssige Stahl, die sogenannten Brammen, unter die rotierenden Pressen, Wasserdampf zischt in großen Wolken zur Hallendecke. Pozun führt an die Transportstraße, zeigt auf Kollegen, die im Scheinwerferlicht eines Baggers eine Baugrube für einen neuen Ofen ausheben. Der Werksleiter öffnet eine Luke des Ofens, deutet in die Gluthölle, erklärt die Millimeterarbeit der brachialen Maschinen.

Frank Pozun ist Feuer und Flamme für seinen Job. »Ich arbeite hier seit 39 Jahren und liebe einfach diese Arbeit«, sagt der Werksleiter. In fünf Schichten fahren sie hier, über 500 Kollegen, um jeden Monat 450 000 Tonnen Stahl zu walzen und sie am Ende der Halle aufgewickelt in mannshohen Coils zu speichern. Pozun erklärt, wie wichtig Stahl für die grüne Zukunft sei: Kein Elektroauto, kein Windrad werde es ohne Stahl geben, diesen für ihn so herrlichen Werkstoff, der nach Verwendung praktisch vollständig wiederzuverwerten ist. Bisher betreiben die Stahlkocher von Duisburg ihr Werk mit Mischgas, dem Gas aus den Hochöfen, und haben eine Stromrechnung von 1,5 Millionen Euro im Monat.

»Hier bei uns im Walzwerk wird sich auch bei den ganzen

Umstellungen nicht viel ändern«, schreit er gegen das Getöse der Halle und die Ohrstöpsel an. »Was wir hier machen, machen wir genau so weiter. Wir sind alle für den grünen Stahl!«

Mit Volldampf in den Umbau, das ist die offizielle Stimmung bei thyssenkrupp. Um das Bild ganz stimmig zu machen, müsste nur noch der Pressesprecher den Klingelton auf seinem Handy ändern. Bisher erklingt bei Anruf immer noch die Filmmusik von *Mission Impossible*.

AUF DEM TROCKENEN

Landwirtschaft und Klimagase in Deutschland

8%   40%

Anteil der Moorböden an
der landwirtschaftlichen Fläche

Anteil der Moorböden an
Treibhausgasemissionen
der Landwirtschaft

Quelle: Thünen-Institut

Auf schwankendem Boden
Die Landwirtschaft als Klimaretter

Keine andere Branche ist so angewiesen auf eine funktionie-
rende Umwelt. Dürre und Extremwetter machen Bauern das
Leben schwer. Aber ausgerechnet die Agrarwirtschaft sperrt
sich gegen die Grüne Null.

Ein kalter Wind pfeift über den kleinen Deich südlich von
Anklam. Er spielt mit dem zwei Meter hohen Schilfgras, das
sich davor an den Küstensaum drängt, wo die Peene in das Stettiner Haff übergeht. Dahinter reicht die Wasser- und Moor-
landschaft der Fernen Wiesen rund um die Insel Schadefähre
bis zum Horizont. Am Himmel fliehen ein paar Enten in Richtung Polen, in der Ferne muhen Kühe. » Ein Paradies, und dazu
noch ein riesiger Kohlenstoffspeicher «, sagt Franziska Tanneberger und lacht. Die Wissenschaftlerin in braunen Outdoor-
hosen, dunkler Regenjacke und schwarz-weißer Strickmütze
über den dunklen Haaren zieht eine laminierte Grafik unter
dem Arm hervor: Links vom Deich, wo der Morast beginnt, ist
das Gelände hellgrün eingezeichnet – nur wenige CO_2-Emis-
sionen, weil das Land inzwischen wieder dauerhaft hohe Was-
serstände hat. Rechts davon ein tiefes Rot: Klima-Alarm!
Auf dem nahe gelegenen Deich steht neben ein paar zersaus-
ten Birken eine Pumpstation aus rotem Backstein. Davor zieht
sich ein breiter Graben voll Wasser schnurgerade durch das satt-
grüne Land. Zusammen mit den Pumpen hält er den Polder
Bargischow hinterm Deich künstlich trocken. Aber nicht mehr
lange: Auch hier steht die Wiedervernässung auf 440 Hektar an –
das Land bezahlt sie aus den Ausgleichszahlungen der umstrittenen und klimaschädlichen Erdgas-Pipeline Nord Stream 2, die

knapp 100 Kilometer nördlich Gas aus Russland nach Deutschland bringen soll. Wer Moore schützen will, darf bei der Finanzierung nicht wählerisch sein.

Eine stille Problemzone: Emissionen aus Moor, Mägen und Milch

Direkt südlich auf Franziska Tannebergers Karte zeigt sich ein knallroter Fleck von etwa 100 Quadratkilometern: die Friedländer Große Wiese, auch so ein ehemaliges Moor (siehe das Kapitel *Die Mühlen der Ebene*), aus dem jedes Jahr 200 000 Tonnen CO_2 die Atmosphäre aufheizen – und auf dem sich mit knapp 20 000 Rindern der größte Mastviehbetrieb Europas befindet. Wie im Brennglas zeigen sich hier gleich mehrere Ökoprobleme der Landwirtschaft: Viehhaltung und entwässerte Feuchtgebiete. Die stille Gegend in Mecklenburg-Vorpommern ist eine klimapolitische Problemzone, wo die CO_2-Emissionen von überallher kommen: aus Moor, Mägen und Milchwirtschaft. So sei das mit fast allen Moorstandorten in Deutschland, sagt Tanneberger. »Das Problem ist viel zu wenig bekannt, aber es klafft eine Riesenlücke zwischen unseren Klimazielen und unserer Agrarpolitik.«

Diese Lücke ist etwa 120 Millionen Tonnen groß. Knapp 70 Millionen kommen aus der klassischen Landwirtschaft, durch Methan aus dem Darm der Rinder, Stickstoffemissionen beim Einsatz von Mineraldünger oder den Dieselabgasen aus Traktoren. Noch einmal rund 50 Millionen Tonnen CO_2 stammen aus trockengelegten Mooren. Teilweise hat das Problem also mit Biologie zu tun. Aber mehr noch mit den Strukturen der industriellen Landwirtschaft – mit spritfressenden Maschinen, riesigen Mastställen, Überdüngung der Felder, zu hohem Fleischkonsum und intensivem Ackerbau auf Flächen, die lieber in Ruhe gelassen werden sollten.

Zum Beispiel die organischen Böden der Moore. Deren Torf besteht aus abgestorbenen Pflanzen, die im Wasser konserviert werden. Überall auf der Welt, auch in Deutschland, bilden die Moorgebiete riesige Kohlenstoff-Tresore. Werden sie trockengelegt, kommt das Material mit Sauerstoff in Berührung: Der Tresor öffnet sich, es entweicht Kohlendioxid. Die Daten der Experten des Greifswalder Moor Centrums (GMC) sind erschreckend: Früher waren die Moore in Deutschland so groß wie Sachsen, heute nur noch wie Bremen: Über 90 Prozent der feuchten Böden wurden trockengelegt. Damit ist Deutschland weltweit vorn und ein schlechtes Vorbild. Auf nur etwa acht Prozent der Landwirtschaftsfläche entstehen heute etwa 40 Prozent der Treibhausgasemissionen aus Landwirtschaft und Wald. Seit dem 17. und 18. Jahrhundert wurden Moore und Feuchtgebiete entwässert, um sie für Ackerbau und Viehzucht zu »verbessern«. An die Emissionen dachte niemand.

Auch heute ist das noch schwer. In der offiziellen Treibhausgas-Statistik werden die Emissionen der Moorgebiete zum großen Teil nicht der Landwirtschaft zugerechnet, sondern dem Sektor Wald- und Landnutzung (Land Use, Land-Use Change and Forestry; LULUCF im UN-Jargon). Weil der in den offiziellen Statistiken keine Minderungsziele hat, fühlt sich auch kaum jemand zuständig. Dabei machen die CO_2-Emissionen aus dem Moor gemäß den Daten des GMC zum Beispiel in Mecklenburg-Vorpommern mit fast 30 Prozent den größten Brocken bei den Treibhausgasemissionen des Landes aus – noch vor Energie, Landwirtschaft oder Verkehr. Auch international werden diese nassen Emissionen und die Belastungen aus Tierhaltung und Ackerbau gern verdrängt. Auf Klimakonferenzen redet man lieber über mehr erneuerbare Energien als über weniger Kühe.

Klimaneutral heißt: Die Landwirtschaft darf weiter Treibhausgase ausstoßen

Auch auf dem Weg zur Klimaneutralität ist die Landwirtschaft ein Sonderfall. Während es für fast alle anderen Bereiche technische und ökonomische Lösungen für die Grüne Null gibt, kapitulieren die Experten vor dem Agrarbereich. Es gibt auch rechnerisch keinen Plan, um bis 2045 die Landwirtschaft auf null Emissionen zu bekommen. Das Gutachten des Wuppertal Instituts, auf dessen Grundlage die Klimabewegung Fridays for Future im Herbst 2020 eine schnelle Klima-Nulldiät für Deutschland bis 2035 forderte, blendete den Agrarsektor einfach aus. Und selbst in der ehrgeizigen Studie *Klimaneutrales Deutschland* von Agora und der Stiftung Klimaneutralität heißt es: »Eine vollständige Klimaneutralität der Landwirtschaft ist letztlich nicht möglich.« Auch in der bestmöglichen Variante kommen noch zwei Drittel aller unvermeidbaren »Restemissionen« in Höhe von 62 Millionen Tonnen aus der Landwirtschaft.

In der Politik zeigt sich Hilflosigkeit. Anders als in anderen Bereichen gibt es im Frühjahr 2021 beim Bundesministerium für Ernährung und Landwirtschaft (BMEL) keinen Fahrplan, wie der Sektor klimaneutral werden kann. Die Planungen gehen bisher nur bis 2030. Ein 10-Punkte-Programm zum Klimaschutzgesetz sieht vor, dass die Landwirtschaft 14 Millionen Tonnen im Jahr einsparen soll. Dafür soll der Stickstoffüberschuss bei der Düngung reduziert werden, die Gülle soll besser verwertet und gegen Ausgasung geschützt werden, die Landwirtschaft soll energieeffizienter, mehr Ackerland nach Biokriterien bearbeitet und die Verschwendung von Lebensmitteln gestoppt werden. Je nach Maßnahme und Fläche rechnen die Beamten damit, dass die Emissionen um ein paar Hunderttausend bis einige Millionen Tonnen eingeschränkt werden können. Und dafür gibt es viel Geld: Mit 816 Millionen Euro ist das 2020 gestartete Investitionsprogramm Landwirtschaft dotiert, das Hilfen verspricht, wenn Bauern neue Maschinen für »exakte Düngung und Pflanzenschutz« anschaffen oder ihren Dünger besser trennen und vom Ausgasen abhalten. »Klima schützen und Ernten sichern, das sind keine Gegenpole«, sagte 2020 Agrarministerin Julia Klöckner (CDU) dazu. »Beides geht – die Lösung ist hochmoderne Technik.«

Über nicht technische Lösungen für die Probleme mit der Klimaneutralität denken Politik und offizielle Bauernvertreter nur ungern nach. »Keine Produktionsbeschränkung« ist einer der »Grundsätze des Ministeriums bei der Ausarbeitung und Umsetzung der Klimaschutzmaßnahmen«, heißt es aus dem

Ministerium. Es werde »keine gezielte Verringerung der Tierbestände geben«. Auch weniger Rinder auf Moorböden ist nicht Sache der Agrarplaner, im Gegenteil »ist ja gerade die Rinderhaltung ein Grund, das Grünland zu erhalten«, sagt ein zuständiger Beamter.

Weniger wäre mehr – aber das ist ein Tabu

Weniger Rinder oder Schweine, weniger Land für die intensive Nutzung, weniger billige Produktion für heimische und ausländische Märkte – das sind bislang Tabus für die offizielle Politik. Schon eine »Moorstrategie«, bei der sich in der Bundesregierung Umwelt- und Landwirtschaftsbeamte zaghaft auf ein wenig Schutz für die sensiblen Gebiete einigen wollten, trifft auf Gegenwehr. »Was jetzt vom Umweltministerium im Entwurf der Moorschutzstrategie diskutiert wird, ist für uns nicht tragbar«, sagt Eberhard Hartelt, Umweltbeauftragter des Deutschen Bauernverbands (DBV). Zwar stehe im Papier, dass Bauern nur freiwillig an der Vernässung von Standorten beteiligt würden, aber »dann werden beim Pflanzenschutz oder dem Baurecht viele kleine Schrauben angezogen, die den Bauern das Wirtschaften auf diesen Böden schwer machen sollen. Das lehnen wir ab.«

Auch für den DBV ist klar: Über den jetzigen leicht sinkenden Trend hinaus soll es keine Reduzierung der Tierbestände geben. »Ob wir die Treibhausgase etwa durch die Umstellung der Fütterung reduzieren, zeigt sich auch in den Rechenmodellen gar nicht«, kritisiert Hartelt. Und auch bei der Vernässung ihrer Felder bleibt die Bauernvertretung skeptisch, das könne höchstens »auf Marginalstandorten« beginnen. Aber für Produkte der sogenannten Paludikultur, der Kultivierung von Moorflächen, wie beispielsweise Schilfgras, fehle bisher der Markt, »davon kann niemand eine Familie ernähren«. Und die Aufgabe von ehemaligen Moorgebieten müsse wie etwa der Kohleausstieg von der Gesellschaft bezahlt werden – »da reden wir von Milliardenbeträgen«, heißt es. »Meine Großeltern haben noch Geld bekommen, um das Land urbar zu machen«, sagt Hartelt, »es war ein gesellschaftlicher Auftrag, diese Felder zu nutzen.« Wer das ändern wolle, könne es nicht aus Berlin verordnen, sondern müsse das »Stück für Stück mit den Bauern vor Ort verhandeln«.

Da gäbe es viel zu tun. Denn bislang sind in ganz Deutschland in den vergangenen Jahren nur 70 000 Hektar (von 1,8 Millionen Hektar entwässerter Fläche) vernässt worden. Das waren vor allem Naturschutzprojekte. Wenn man es ernst meint mit der Klimaneutralität, hat das Greifwald Moor Centrum errechnet, müssten auch die Äcker und vor allem Kuhweiden wieder nass werden, auf denen jetzt ein Großteil der norddeutschen und bayerischen Milchkühe stehen. »Um die Emissionen aus Mooren in Deutschland weitestgehend zu reduzieren, müssen jährlich 50 000 ha wiedervernässt werden«, heißt es im Positionspapier *Klimaschutz auf Moorböden*. »Das heißt, die Anstrengungen müssten deutlich intensiviert werden. Seit 1980 wurden jährlich etwa 2000 ha wiedervernässt.«

Die Klimastrategie aus dem BMEL hat noch andere Ziele: »Humuserhalt und -aufbau im Ackerland« heißt etwa Punkt 6. Knapp drei Stunden Autofahrt südlich von Anklam sieht das an einem Novembermorgen ein bisschen komisch aus: Auf dem feuchten Boden eines Feldes stehen hüfthoch Sonnenblumen, Rettich, Kohl und Klee, aber alle 36 Meter durchzieht ein seltsames Band den Acker: In ihm wachsen Setzlinge von Pappeln, Erlen, Winterlinde oder Maulbeere, dazu Weißdorn und Schlehenbüsche – insgesamt 15 000 junge Bäume, die auf einem Getreideacker wurzeln sollen. Was haben die da zu suchen?

Äcker der Zukunft: voller Büsche und Bäume?

Für Benedikt Bösel ist das die Landwirtschaft der Zukunft. Der schlanke junge Mann in Jeans und grüner Fleecejacke stapft über die Felder des Schlossguts Alt Madlitz, grüßt die Mitarbeiter, die »dahinten noch schnell ein paar Eichen säen wollen«. Bösel streicht sich durch den Bart und setzt die schwarze Basecap verkehrt herum auf. Er deutet auf die Blühstreifen, die ebenfalls alle 300 Meter das Feld durchziehen, »weil Insekten so weit fliegen«. Er zeigt aber auch Setzlinge, die eingegangen sind, weil es zu trocken war oder der Boden sie nicht annahm. »Am Anfang haben wir alles falsch gemacht, was man falsch machen kann«, sagt Bösel.

Inzwischen lernen sie in Alt Madlitz im östlichen Brandenburg, wie das gehen könnte: Erfolgreiche Landwirtschaft auf einem der schwächsten Böden Deutschlands, in einer Gegend, die von Trockenheit geplagt ist. 2000 Hektar Wald hat Bösel, »eine Katastrophe bei der Dürre« und 1000 Hektar Getreidefelder, »mit denen wir gerade so über die Runden kommen«. Der Druck ist groß, etwas Neues zu probieren. Bösel und andere nennen es »regenerative Landwirtschaft«, und dieser Begriff sagt eigentlich alles darüber, was derzeit in der Landwirtschaft schiefläuft. Der Anbau von Lebensmitteln geschieht auf Kosten der Zukunft. Arten verschwinden, Böden werden ausgelaugt, Wasser wird knapp. Bauern verschulden sich. Und Äcker und Wälder, die bisher einen großen Teil der Treibhausgase im Boden speichern, drohen »umzukippen«, von einem CO_2-Speicher, also einer Senke, zum CO_2-Emittenden, einer »Quelle«, zu werden.

Der Schlüssel für die Zukunft liegt nicht nur für Bösel unter unseren Füßen. Die Böden müssen gesund bleiben, denn Humus lässt nicht nur Pflanzen wachsen, sondern speichert auch Kohlenstoff. Und zwar in schier unglaublichen Mengen. In deutschen Böden lagern laut Thünen-Institut, dem Bundesforschungsinstitut für Ländliche Räume, Wald und Fischerei, bis in einen Meter Tiefe etwa 2,5 Milliarden Tonnen Kohlenstoff (etwa zehn Milliarden Tonnen CO_2, so viel, wie Deutschland zwischen 2010 und 2020 emittiert hat). Allein eine vier Millimeter dickere Humusschicht auf allen Ackerböden weltweit könnte das gesamte CO_2 aus der fossilen Verbrennung puffern, verspricht die Stiftung Lebensraum.

Diese neue Art der Bodenständigkeit probieren sie auf dem Schlossgut Alt Madlitz. Bösels Idee: Statt riesiger weiter Äcker, deren oberste Schicht in der Sommerhitze abstirbt und deren Krume der Wind abträgt, schaffen sie Felder, auf denen zum Beispiel alle 36 Meter Reihen voller Bäume und Büsche stehen. Das stoppt den Wind; es bringt Schatten, der den Tau länger auf dem Feld hält und so das Wasser besser sichert. Die Streifen voller Bäume und Büsche bieten Lebensraum für Insekten und Tiere und außerdem Obst und Mehrwert für die Bauern. Das Konzept der Agroforestry ist auch anderswo bekannt; es entspricht der Landwirtschaft, wie sie über Jahrhunderte auf kleinteiligen Äckern und Gemüsegärten betrieben wurde.

Bösel dreht sich um und steht vor einem Elektrozaun. Etwa 100 rote und schwarze Rinder glotzen ihn an, einige mit beeindruckend langen, spitzen Hörnern. »Die Salers da sind die Bodyguards für die Angus-Rinder«, lacht der Bauer. »Wir haben hier viele Wölfe, aber vor den wehrhaften Rindern haben sie Respekt.« Nein, die Kuh sei kein Klimakiller, wenn sie auf der Weide stehe, sagt er. Ganz im Gegenteil: Er gibt der Herde jeden Tag eine neue Weide, dadurch fressen sie nicht das ganze Gras. Das Gras erholt sich deutlich schneller und speichert mehr Kohlenstoff im Boden. Danach kommen die Hühner, die mit einem Wagen ebenfalls über die Felder rotieren – sie verteilen die Nährstoffe, wenn sie in den Kuhfladen picken. Unter dem Getreide wächst die Untersaat, die nach dem Ernten zum Futter für die Kühe wird.

Wer mehr Nachhaltigkeit will, bekommt Probleme – auch als EU-Kommissar

Bösel liegt mit seinen Ideen quer zum System. Er verzichtet auf Flächenprämien für die Ackerstellen, wo er Bäume pflanzt. Die handelsüblichen Maschinen passen nicht. Er sucht nach alten Pflanzenarten – nach Bäumen und Kräutern, die für den Standort passen. Dafür ist er immer auf der Suche nach Sponsoren für seine Ideen: Die Lebensmittelfirma followfood und der Outdoorkonzern Patagonia sind mit im Boot.

Wer nicht nach Schema F vorgeht und das System in Richtung Nachhaltigkeit drehen will, der bekommt in der Landwirtschaftsbürokratie auf Landes- und EU-Ebene schnell Probleme. Das merkt nicht nur ein Quersäer wie Bösel, sondern auch der Vizechef der EU-Kommission. Mit der Reform der EU-Agrarpolitik (Gemeinsame Agrarpolitik; GAP), die zum Jahresende 2020 verhandelt wurde, war der zweitmächtigste Mann in der EU, der Niederländer Frans Timmermans, nicht zufrieden. »Wenn wir bis 2050 klimaneutral sein wollen, müssen sich viele Bereiche ändern«, sagte Timmermans im Oktober 2020, »auch die Agrarpolitik.« Er stemmte sich gegen eine Vereinbarung der EU-Staaten, die aus seiner Sicht nicht genug Geld für Ökoprogramme und kleine Betriebe vorsah. Für die Kommission geht es um viel, denn sie plant, die EU bis 2050 klimaneutral aufzustellen und das mit Erfolgen beim Artenschutz zu verbinden. Im Green Deal der Kommission, auf den sich die EU 2020 eingeschworen hat, firmiert das unter der Strategie »Farm to Fork«. Sie enthält das Versprechen, den Einsatz von Pestiziden und Antibiotika bis 2030 zu halbieren und die Düngung um 20 Prozent zurückzufahren. Immerhin geht es in der EU-GAP um insgesamt 387 Milliarden Euro für sieben Jahre.

Auch Harald Grethe nimmt kein Blatt vor den Mund. »Die Politik könnte deutlich engagierter sein«, klagt der Professor, der das Fachgebiet Internationaler Agrarhandel und Entwicklung an der Humboldt-Universität in Berlin leitet, und bemängelt fehlenden Klimaschutz auf dem Acker. Der Fleischkonsum müsse zurückgehen, beim Moorschutz müsse man »viel mutiger sein als der politische Mainstream«, und bei der Bekämpfung von zu viel Stickstoff und Düngung »stehen wir vor den Scherben einer jahrzehntelangen politischen Gestaltungsverweigerung«. Grethe ist kein Querulant, sondern Vorsitzender des wissenschaftlichen Beirats zur Agrarpolitik, Ernährung und gesundheitlichen Verbraucherschutz, der das Bundesministerium für Ernährung und Landwirtschaft berät. All diese Vorschläge, versichert der Professor, stünden übrigens bereits in einem Gutachten seines Rates aus dem Jahr 2016, säuberlich auf 482 Seiten aufgeschrieben – passiert ist kaum etwas. Jetzt müsse das »Nachkriegs-Paradigma« abgelöst werden, sagt Grethe. »Früher hieß es: Wir mögen euch und zahlen dafür, dass ihr uns satt macht.« In Europa hat ihm zufolge die Landwirtschaft die Ernährung der Bevölkerung allerdings gut im Griff. Daher plädiert er für ein zeitgemäßes Paradigma: »Wir honorieren Klimaschutz, Artenschutz und Tierwohl.«

Klimaschutz und Tierwohl honorieren statt Massenproduktion

Benedikt Bösel ist Ökobauer, er beackert die Flächen des Schlossguts Alt Madlitz nach seinen neuen Ideen. Aus den Glaubenskämpfen in der Landwirtschaft hält er sich möglichst raus, erzählt Bösel, während er seinen schlammbespritzten roten Geländewagen durch die sandigen Feldwege des Guts steuert. »Das Schöne«, sagt er und weicht einer dicken Wurzel aus, »ist ja, dass es im eigenen Interesse liegt, sich um bessere Böden zu bemühen, egal ob als Ökobauer oder als konventioneller Betrieb. Niemand hat mir je beigebracht, wie ein ordentliches Feld auszusehen hat«, sagt er. »Das ist mein Vorteil.« Seine Familie bewirtschaftete Alt Madlitz über 250 Jahre, erzählt er, floh am Ende des Zweiten Weltkriegs und kaufte nach der Wende die Liegenschaft zurück. Bösel selbst hatte mit Landwirtschaft nicht viel am Hut. Er ist Volkswirt, erlebte bei der Investmentbank Sal. Oppenheim in Frankfurt den Finanzcrash von 2008 mit. »Ich habe von Nahem gesehen, wie ein scheinbar stabiles System von jetzt auf gleich kollabiert«, sagt Bösel. »Beim Artensterben, beim Klimawandel oder in unseren Böden könnte etwas Ähnliches passieren. Die Landwirtschaft von heute ist mit ihren Monokulturen und ihrer Abhängigkeit von Subventionen, Hightech und Pestiziden extrem anfällig für externe Schocks. Das müssen wir verändern.«

Er habe nichts gegen Technik und Digitalisierung, sagt er. »Wir versuchen aber, Probleme, die durch Technologie entstanden sind, durch immer mehr Technologie zu bekämpfen. Dabei müssen wir auf die Kernursachen schauen und dann unser System anpassen.« Man müsse die Landwirtschaft grundsätzlich neu ausrichten. »Das heißt, eigentlich nur das zu machen, was Bauern seit Jahrhunderten tun: die Ressourcen wie den Boden nicht verschlechtern, sondern pflegen.«

Der Jungbauer sitzt in seinem Büro, einem schlichten Raum im alten Backsteingebäude seines Hofs. Vor sich Laptop und weiße Wandtafel, draußen an der Flurwand das Geweih eines kapitalen Vierzehnenders. Volkswirt Bösel sieht seine Chancen ganz nüchtern: »Was wir hier machen, ist eine große Wette auf die Zukunft«, sagt er. Für ihn ist es aber ohne Alternative. »Wenn ich auf meinem Hof gute Böden und viel Wasser hätte, würde ich das wahrscheinlich nicht machen.« Aber für ihn ist deutlich: Der Klimawandel bringt mehr Unvorhersehbarkeit und bedroht die Artenvielfalt; die Banken werden anfangen, bei Krediten nach Zukunftskonzepten zu fragen, die Gesellschaft fordert für Agrarsubventionen Gegenleistungen. »Nur, wenn das hier ökonomisch, ökologisch und sozial funktioniert, wird es sich durchsetzen. Ich bin überzeugt: Unsere beste Investition sind gesunde Ökosysteme.«

Sein Ziel: »Mich in zehn Jahren vom System der EU-Direktzahlungen zu lösen und 500 Euro mehr Ertrag pro Hektar zu verdienen als heute mit ihnen.« Er hofft auf eine Bewertung der wahren Kosten in der Produktion, die die Schäden der Landwirtschaft zurechnen und sich in höheren Preisen ausdrücken: »Günstige« Lebensmittel müssten dadurch teurer werden und gute Lebensmittel im Vergleich günstiger.

Das neue Schlagwort: Carbon Farming

Sehr skeptisch ist Bösel, wenn es um Carbon Farming geht. CO_2-Zertifikate für die Arbeit auf dem Acker, mit denen Landwirte handeln könnten, sind das Versprechen etwa von Indigo, einer amerikanischen Firma mit europäischem Sitz in Basel. Dafür sollten Bauern belohnt werden, die nachweislich Kohlenstoff im Boden binden. Was gut klingt, ist für Bösel »eine Riesengefahr für unsere Branche«. Einerseits seien die CO_2-Zertifikate bisher schlecht, außerdem gehe es nicht nur ums CO_2. »Und an diesem System verdienen wieder alle, nur nicht die Landwirte!«

Im Bundesministerium für Ernährung und Landwirtschaft in Berlin und in der EU-Kommission in Brüssel reden die Beamten immer häufiger vom Carbon Farming. Moderne Landwirtschaft und CO_2-Speicherung müsse »Hand in Hand gehen«; das klingt gut, aber allen ist klar, dass es auch Zielkonflikte gibt. Die Fläche wird knapp, wenn sie die Lebens- und Futtermittel und am besten auch noch Biotreibstoffe produzieren und als Standort für erneuerbare Energien und die Erholung der Menschen dienen soll. Außerdem soll sie CO_2 speichern und mehr Pflanzen, Insekten und anderen Tieren als Lebensraum dienen. Und all das, ohne das jetzige System der intensiven Landwirtschaft zu stören?

Auch Franziska Tanneberger, Leiterin des Greifswald Moor Centrums, runzelt die Stirn, wenn sie das Schlagwort Carbon Farming hört. Der Begriff klinge gut, aber sie fragt sich, was das genau heißen soll. Eine ähnliche Idee gibt es ja bereits, die auch mit Unterstützung des GMC in die Welt gekommen ist: die Moor Futures, Zertifikate über die CO_2-Einsparung durch Moorrettung, die Unternehmen und Privatleute als freiwillige Leistung kaufen können, um damit zu werben und sich klimaneutral zu rechnen. Der Preis liegt Anfang 2021 zwischen 35 und 64 Euro, je nach Bundesland und Projekt. Tanneberger hat ihr persönliches Klimakonto für 2020 mit Moor Futures beglichen. Kosten: 640 Euro für zehn Tonnen.

Aber eine ernsthafte Suche nach klimaneutraler Landwirtschaft muss mehr sein. Das wird klar, wenn man sich nach einem langen Ausflug ins Moor in Tannebergers Büro mit einer Tasse heißem Tee wieder aufwärmt. Ein möglicher Ansatz befindet sich vor der Tür auf dem Uni-Campus. Zwischen zwei Gebäuden stehen Dutzende von schwarzen Plastikbottichen mit braunen, grünen, braungrünen und grünbraunen Torfmoorpflanzen. Was aussieht wie ein überdimensioniertes Kressebeet auf dem Wochenmarkt, ist vielleicht eine klimafreundliche Ausfahrt für die deutsche Torfindustrie: Die nämlich verbraucht für kommerzielle Gemüsezucht ebenso wie für den Hobbygärtner jedes Jahr etwa sieben bis acht Millionen Kubikmeter Torf – wertvoller Boden, der zur Hälfte aus deutschen Mooren stammt und zur Hälfte aus dem Baltikum. Dieser Torf wird aber als Kohlenstoffspeicher gegen den Klimakollaps dringender gebraucht als für die Wurzeln von Balkongeranien.

»Moor muss nass«, lautet das Motto des Zentrums, und passend dazu fällt ein eklig kalter Regen auf die Open-Air-Torfmooszucht. Die Pflanzen schützt ein grünes Netz gegen Vögel, die auch wissen, dass das flauschige Zeug schön zum Nestbau taugt. Das Material saugt Feuchtigkeit auf wie ein Schwamm, es wäre auch für Windeln und Binden zu gebrauchen. Man müsste es nur anbauen und regelmäßig ernten. » Wir haben hier zwölf Arten von 36 Standorten in ganz Europa «, sagt Tannebergers Kollegin Greta Gaudig stolz. » Das ist ein bisschen wie Deutschland sucht das Super-Moos. « Die Idee: Wenn die Industrie das extra gezüchtete Moos nutzt, das sich ernten lässt, ohne das Moor zu gefährden, lässt sie den Torf in Ruhe. Erste vorsichtige Aussagen der Industrie, bis 2030 aus der Nutzung des fossilen Torfs aussteigen zu wollen, gebe es bereits, sagen die Forscherinnen.

Wie der Kohleausstieg: eine » Exitstrategie « für trockenes Moor

Das Greifswald Moor Centrum versammelt seit Jahren zusammen mit der Succow Stiftung die Elite der deutschen Moorforscher. Die roten Backsteingebäude gleich am Bahnhof sind das Zentrum für weltweite Forschung und Hilfe für die letzten Feuchtgebiete. Weltweit speichern die auf nur etwa drei Prozent der Landmasse in arktischen, moderaten und tropischen Böden etwa ein Drittel des terrestrischen Kohlenstoffs, doppelt so viel wie alle Wälder zusammen. Die etwa 50 » Moorkundigen « sichten Daten aus Matschbohrkernen, sie leiten Expeditionen bis nach Sibirien, schreiben Förderanträge für ihre prekären Stellen, beraten die Politik, entwickeln Ideen für die Nutzung durch die Industrie und träumen von einem Berufsbild » Moor-Klimawart «, der es in Ansehen und Stellung mit dem Förster aufnehmen kann.

Ihr Forschungsgebiet ist die Paludikultur; durch Kultivierung verfolgt sie das Ziel, die Moorflächen zu schützen und zu nutzen – etwa durch die Ernte von Schilf, um damit Häuser zu dämmen oder daraus Schilfdächer zu bauen. Aber auch, um Moorpflanzen klimaneutral zu verfeuern oder zu verfüttern. Franziska Tanneberger ärgert sich, dass der Anbau von Schilf in Deutschland nicht als Landwirtschaft ernst genommen wird –

anders als in Polen, woher das Material für das Schilfdach ihres eigenen Hauses kam.

Immerhin: In der neuen EU-Agrarpolitik ist zum ersten Mal vorgesehen, dass es auch Flächenprämien gibt, wenn man eine vernässte Moorfläche bewirtschaftet. Das ist zumindest eine Gleichstellung. Bisher belohnte die EU mit 300 Euro pro Jahr nur jeden entwässerten Hektar Moorland. Jetzt soll es Geld auch für nasse Wiesen geben.

Solche Regeln müssten immer stärker kommen, erklärt die Forscherin. »Wir brauchen eine Exitstrategie für die entwässerten Standorte«, sagt Franziska Tannenberger. »Das ist wie beim Kohleausstieg: Die Gesellschaft hat das über Jahrhunderte betrieben, jetzt muss sie gemeinsam Lösungen finden.«

Immobil heißt unbeweglich
Effiziente Gebäude sind der Schlüssel

Millionen von Häusern brauchen dringend eine Sanierung,
die Geld und Energie spart. Aber dafür müssten die Weichen
anders gestellt werden. Und in den letzten zehn Jahren ist
nur wenig passiert.

Die Fassade leuchtet in hellbraunem Douglasienholz, die weißen Balkone sind mit Gartenmöbeln und Fahrrädern vollge-
stellt, an den Außentreppen hängen selbst gemalte Plakate:
»Grenzenlos solidarisch«. Das neue Wohnhaus in der Lynarstraße im Berliner Innenstadtbezirk Wedding präsentiert sich
ganz anders als die Gebäude auf der anderen Straßenseite,

die mit schmutzig orangefarbenen und braunen Fassaden der Außenwelt trotzen. Und es steht auch an einem einzigartigen Ort: Allein auf dem schmalen Grundstück, mit dem Rücken zur vierspurigen Gleisanlage, wo hinter einer Lärmschutzwand voller bunter Graffiti S-Bahnen und Regionalzüge vorbeirauschen. Hier wollte lange niemand bauen: zu laut, zu aufwendig, zu kompliziert.

Aber wie so häufig ist das Eigentliche unsichtbar. Der wirkliche Unterschied der Lynarstraße 38–39 zu den anderen Häusern in diesem Viertel zwischen dem Areal von Bayer HealthCare Pharmaceuticals und Nordhafen ist seine Klimabilanz. Es wurde errichtet aus massiven Balken aus Tannen- und Fichtenholz, Geschossdecken aus hochfestem Sperrholz und einem Fachwerk, das sich hinter weißem Putz und der Verkleidung aus Douglasie verbirgt. Mitten in Berlin, im Sprengelkiez – einen Steinwurf vom ehemaligen Mauerstreifen entfernt –, steht hier mit 98 Wohnungen und vier Gewerberäumen auf sechs Etagen das bislang größte Holzhaus Deutschlands.

2019 wagte die Wohnungsbaugenossenschaft Am Ostseeplatz den Bau. Als es losging, gab es noch keine Erlaubnis vom Brandschutz. Das hat sich geändert. Jetzt wohnen 160 Menschen ökologisch und genossenschaftlich – mit großen Gemeinschaftsräumen, kleinen Gärten und in einer Hausgemeinschaft, in der man sich kennt. Die Hälfte der Wohnungen sind öffentlich gefördert und kosten 6,50 Euro pro Quadratmeter warm, es gibt eine Demenz-WG und Büroräume der Obdachlosenhilfe. Das alles in einem Haus, das den Berliner Holzbaupreis 2019 gewann und laut Eigenwerbung »in 19 Minuten nachgewachsen ist«.

Klimaneutrale Gebäude: eine riesige Baustelle

Wie wir wohnen, bestimmt zu einem großen Teil darüber, ob ein klimagerechtes Leben möglich ist. In Deutschland stehen 21,7 Millionen Gebäude. Sie zu bauen, zu warten, zu heizen und zu kühlen und irgendwann wieder abzureißen verursacht bisher enorme Mengen von Treibhausgasen. 2016 waren das 125 Millionen Tonnen, knapp 14 Prozent aller Treibhausgase.

Und immerhin 35 Prozent des gesamten Energieverbrauchs Deutschlands entstehen laut Zahlen der staatlichen Deutschen Energieagentur (dena) bei der Heizung von Gebäuden. Die Mietskasernen, Häuschen im Grünen, Plattenbauten, Bürotürme und Fabrikhallen haben ihren CO_2-Fußabdruck seit 1990 immerhin schon um 40 Prozent gesenkt. Es wird kaum noch mit Kohle geheizt, auch Ölheizungen sind out – die Wärme wird viel effizienter erzeugt. 36 Prozent aller Häuser wurden nachträglich wärmegedämmt, und ab und zu wird das Warmwasser schon per Solaranlage erzeugt.

Trotzdem bleibt die Grüne Null bei Gebäuden eine riesige Baustelle. Denn bisher ist neue Infrastruktur fast immer eine Ökosünde, sagt Hans Joachim Schellnhuber, Physiker und bis 2018 Direktor des von ihm mitgegründeten Potsdam-Instituts für Klimafolgenforschung (PIK): »Beton ist eines der schlimmsten Materialien überhaupt, wenn es um Umwelt- und Klimafolgen geht«, sagt der Experte. »Zur Herstellung benötigt man zunächst jede Menge fossile Energien, beispielsweise beim Kalkbrennen. Außerdem gibt es eine chemische Reaktion des Betons, die CO_2 freisetzt. Drittens benötigt man für Beton Sand, der inzwischen ein knappes Gut ist.«

Der Bund der deutschen Architektinnen und Architekten (BDA) hat das erkannt. In einem Positionspapier »für eine klimagerechte Architektur in Stadt und Land« forderte der BDA 2019 unter dem Eindruck von Hitzesommern und hitzigen Demonstrationen von Fridays for Future eine »vollständige Entkarbonisierung« und einen »Paradigmenwechsel im Material- und Energieeinsatz«. Statt die Häuser immer mehr auf Energiesparen zu trimmen, gehe es nun um »Verzicht auf Materialien, die in ihrer Herstellung viel CO_2 emittieren«. Statt auf Beton und Stahl »liegt der Schwerpunkt auf natürlichen Materialien wie Stein, Holz und Lehm«.

Der Holzbau als ökologische Nische

Das klingt gut. Allerdings sei das eher Vision als Wirklichkeit, sagt Jörg Finkbeiner vom Architektenbüro Partner und Partner und einer der Vorreiter beim nachhaltigen Bauen. »Dieser Anspruch entspricht noch nicht der Realität. Aber es gibt ein Umdenken und immer mehr Nachfrage nach Holzbau.« Geholfen hätten Fortschritte beim Material wie etwa beim Sperrholz, die besser dem Brand- und dem Schallschutz entsprechen. Und Beton bekomme zunehmend Probleme mit CO_2-Ausstoß, Sandbeschaffung und Recycling.

Finkbeiners Büro hat mit dem Holzbau seine ökologische Nische gefunden. 2020 bekamen die Planer den Deutschen Nachhaltigkeitspreis Design und 2019 den Bundespreis Ecodesign für ihr Konzept »Woodscraper«. Gefördert von der Deutschen Bundesstiftung Umwelt, planen sie Hochhäuser mit bis zu 20 Stockwerken aus Holz, schadstofffrei und mit geringem Abfallaufkommen. Ganz konkret sollen in Wolfsburg zwei Woodscraper mit jeweils etwa zehn Geschossen gebaut werden, die »ressourcenpositiv sein sollen«, sagt Finkbeiner. Das heißt: Holz und Stroh zum Bauen lagern mehr CO_2 ein, als der Bau verbraucht; serielles Bauen drückt Preise und Bauzeit; beim Abriss wird das Müllproblem deutlich entschärft. Das Konzept sei eine Antwort auf »Ressourcenverknappung, Klimawandel und Raumbedarf«, sagt Finkbeiner. In Zukunft müsse man »ein Gebäude von seinem Nutzungsende her denken«.

Ihren Nachhaltigkeitspreis gewannen Partner und Partner in der Kategorie »Zukunftsvisionen«. Das zeigt schon eines der Probleme mit dem klimaneutralen Bauen in Deutschland: Alle reden davon, aber noch passiert wenig. Von den etwa 100 000 Wohnhäusern, die jedes Jahr genehmigt werden, ist bisher etwa jedes fünfte aus Holz. Anfang 2021 gewann immerhin das norwegische Architekturbüro Mad arkitekter einen Wettbewerb, um am Anhalter Bahnhof in Berlin Deutschlands höchstes Holzwohnhaus zu bauen: 29 Etagen, 98 Meter hoch – und eine bunte Mischung aus Mietwohnungen, Eigentum und Gewerbe soll das WoHo bieten. Auch auf dem ehemaligen Flughafen

Tegel in Berlin und in anderen Städten wie München sind Holz-quartiere in Planung.

Seit Jahren wird gefordert, Gebäude zu dämmen und bei Heizungen, Kühlschränken oder Waschmaschinen »den schlafenden Riesen Effizienz zu wecken«. Doch der Riese schnarcht ruhig weiter. Die dena beklagt ein »verlorenes Jahrzehnt« beim Klimaschutz in Gebäuden, erst 2019 habe es mit dem Klimapaket und Klimaschutzprogramm »dringend erwartete weitere Impulse für wirksamen Klimaschutz« gegeben. Die Emissionen sind seit 2014 praktisch nicht mehr gesunken, der Energieverbrauch »stagniert seit 2010 auf hohem Niveau«. Das Klimaziel, bis 2045 den Gebäudebereich nahezu klimaneutral zu machen, sei »sehr ambitioniert«. Es sei nur noch zu erreichen, wenn deutlich mehr gemacht und jedes Jahr rund fünf Millionen Tonnen CO_2 eingespart würden.

Hinter uns liegt ein verlorenes Jahrzehnt für effiziente Gebäude

Dena-Chef Andreas Kuhlmann sagt: »Nach Jahren der Stagnation werden disruptive Ansätze benötigt, um die Klimaziele 2030 noch zu erreichen.« Die Pläne seiner Agentur klingen aber eher nach verschärftem »Weiter so«: »Mehr Energieeffizienz bei der Gebäudehülle und der Anlagetechnik, mehr erneuerbare Energien in den Gebäuden und gleichzeitig einen höheren Anteil der Erneuerbaren« am Energiemix. Konkret: kontinuierliche Förderprogramme, mehr Beratung und mehr gesetzliche Regeln, dazu einen steigenden CO_2-Preis auch für die Wärme (den es seit 2021 gibt), mehr Sanierungsgebiete und synthetische Brennstoffe in den Heizungen. Vor allem müssten die »Minderungspotenziale eines energetisch veralteten Gebäudebestands genutzt werden«. Außer dem »Energiesprung-Projekt« zum seriellen und damit effizienteren Sanieren ist da wenig dabei, was nicht auch schon vor fünf Jahren auf der Liste stand.

Auch die dena arbeitet inzwischen an einer zweiten groß angelegten Leitstudie *Aufbruch Klimaneutralität,* die im Herbst

2021 erscheinen soll. Dort soll der Pfad zur Grünen Null ebenfalls durch alle Sektoren vorgezeichnet werden, heißt es aus der Agentur. Die Studie geriet im Frühjahr 2021 bei der Vorstellung von Zwischenergebnissen allerdings ins Zwielicht. Denn die staatliche dena ließ etwa 80 Prozent der Projektkosten von Unternehmen aus der Industrie finanzieren, die dann auch beim Inhalt mitreden durften. Während die Agentur das Vorgehen verteidigte, weil es um einen »aktiven und breiten Austausch mit unterschiedlichen Stakeholdern« gehe, kam von der Organisation »Lobbycontrol« scharfe Kritik: Das sei »Bezahlforschung unter dem Deckmantel von wissenschaftlicher Neutralität«, die sich auch in den Ergebnissen zeige: Dem fossilem Gas, Öl und Wasserstoff, den Geschäftsbereichen vieler Sponsoren, werde »übergroße Bedeutung« zugemessen.

Der Gebäudesektor hat es in sich: Ihn zu dekarbonisieren ist schwieriger als in manchen anderen Bereichen. Beim Strom gibt es ein paar große Anbieter und staatliche Vorgaben; im Verkehr bestimmen ein paar wenige Weltkonzerne, welche Autos gebaut werden. Aber bei Immobilien gibt es allein in Deutschland Millionen von Eigentümern, die ihr Häuschen, ihre Eigentumswohnung oder ihr Bürohaus nach ganz verschiedenen Vorgaben und Ideen verwalten. »My home is my castle« gilt auch für die Klimaneutralität: Bislang gibt es kaum rechtliche Vorgaben, die Eigentümer dazu zwingen, Häuser zu sanieren.

Und die Vorschriften für den Neubau sind längst nicht so scharf, wie sie es aus technischen und aus Klimaschutzgründen sein könnten. Manchmal sind die Normen sogar richtige Mogelpackungen: Mit dem 2020 verabschiedeten Gebäudeenergiegesetz (GEG) musste die Bundesregierung den EU-Standard »Nearly Zero Emission Building« definieren. Aber für Niedrigstenergiegebäude wurde nur der bereits seit 2016 geltende Mindeststandard festgeschrieben.

Die Immobilienlobby bremst: fördern ja, fordern nein

Wohneigentum ist ein politisch aufgeladenes Thema. Immobilienfirmen und die Verbände von Hausbesitzern bilden eine schlagkräftige Lobby. Sie sorgten etwa 2018 im Koalitionsvertrag zwischen SPD und CDU/CSU dafür, dass schärfere Regeln für klimaeffiziente Gebäude abgewehrt wurden: »Die aktuellen energetischen Anforderungen für Bestand und Neubau gelten fort«, hieß es im Vertrag. Schon vier Jahre vorher hatte sich die SPD-Umweltministerin Barbara Hendricks an der Betonlobby politisch die Zähne ausgebissen: Obwohl das Bauressort zum Umweltministerium gekommen war, gab es auf diesem Gebiet kaum Fortschritte, gestanden selbst Mitarbeiter von Hendricks ein.

Auch deshalb gilt bisher für eine ökologische Baupolitik: fördern ja, fordern nein. Die Instrumente des Staates beschränken sich zum großen Teil neben den Standards auf Steuervorteile und direkte Hilfen etwa aus der bundeseigenen Bank Kreditanstalt für Wiederaufbau (KfW). Nach dem Klimapaket der Bundesregierung vom Herbst 2019 wurde die Förderung erhöht, um Fenster auszutauschen, Wände zu dämmen oder neue Heizungen zu installieren. Mittlerweile investiert der Bund spürbar mehr in effizientere Gebäude. 2020 wurden von der KfW dafür fast 27 Milliarden bewilligt, mehr als doppelt so viel wie die elf Milliarden in 2019.

Aber es gibt auch ganz schlichte Wissenslücken, die Hindernisse auf dem Weg zu klimaneutralen Häusern sind. »Nichtwohngebäude« wie Turnhallen, Schulen, Kirchen oder Supermärkte gibt es zwar nur 2,7 Millionen in Deutschland – die aber machen 36 Prozent des Energieverbrauchs aus. Darüber, wie alt sie sind, wer sie nutzt und wie sehr sie zum Fenster hinausheizen, gebe es trotz »beträchtlichem Potenzial« fürs Energiesparen nur »weniger gesicherte Erkenntnisse«, beklagt die dena im Gebäudereport 2019.

Auch die oft genannte »Sanierungsquote« ist mehr eine Abschätzung, die auf Sanierungsanfragen beruht. Es gibt keine offizielle Zahl oder Meldepflicht darüber, ob jemand neue Fenster in sein Haus einbauen lässt oder die Heizung auswechselt. Wenn er oder sie dafür keine öffentlichen Mittel beantragt, taucht er in den Statistiken nicht auf.

Ein anderes Problem mit dem ökologischen Bauen in Deutschland: Es wird vergleichsweise wenig gebaut. Anders als in Ländern wie China oder Indien, in denen für eine wachsende Bevölkerung in den nächsten Jahrzehnten Häuser, Straßen, Schulen und Büros entstehen müssen, sind zwischen Flensburg und Garmisch eigentlich alle versorgt. Kohlenstoffarmer Beton ist ein wichtiges Thema für Schwellenländer mit großem Bauhunger; Holz oder Bambus als alternative Materialien können unter diesen Umständen große Entlastung bringen. Dass Holzbau kein Reservat für kleines Denken und arme Länder ist, zeigen die Spitzen des Holzbergs: In Wien eröffnete 2020 das HoHo, das Holzhochhaus mit 24 Stock und 84 Metern, im norwegischen Brumunddal steht ein ähnlich hohes Gebäude. In London wird ein 300 Meter hoher Wolkenkratzer aus Holz geplant – und auf sogar 350 Meter Höhe zielt der japanische Holzkonzern Sumitomo Forestry mit einem Timbertower voller vertikaler Gärten und Luftschneisen mitten in Tokio – allerdings erst gegen 2040.

Das Ziel: doppelt so viel Sanierung bei Altbauten

In Deutschland hingegen nimmt die Bevölkerung trotz Zuwanderung ab, 2050 werden es statt derzeit 83 nur noch 79 Millionen Einwohnerinnen und Einwohner sein. Trotz Wohnungsmangels und hoher Mieten in den Großstädten entstehen jedes Jahr nur knapp 300 000 Wohnungen. Dagegen müssten 200 000 bis 400 000 ganze Gebäude saniert werden, wenn bis 2050 alle Häuser einmal richtig renoviert sein sollen und die Sanierungsquote ein bis zwei Prozent beträgt.

Die große Aufgabe heißt daher: den Bestand sanieren. Deutsche Häuser werden in der Regel für ein langes Leben gebaut. Energetische Bausünden von Gründerzeit, Bauhaus, Wiederaufbau, Plattenbau und Eigenheimwahn machen sich also teilweise noch bemerkbar. Auch hier ist allen klar: Bisher werden pro Jahr weniger als ein Prozent der Altbauten energetisch saniert. Diese Quote muss sich mindestens verdoppeln, wenn bis 2045 die Grüne Null stehen soll; manche Experten sprechen sogar von bis zu vier Prozent. Aber wie das gehen soll, woher die Pläne, die Investitionen, die Handwerker und das Fachwissen dafür kommen sollen, ist völlig unklar.

Die Chance auf tiefgreifende Sanierungen bietet sich da nur alle paar Jahrzehnte, etwa, wenn ein Haus den Eigentümer wechselt. So wie bei Wolfhart Dürrschmidt. Der Pensionär mit weißem Haar und Kinnbart empfängt in seinem kleinen, verwinkelten Haus im Süden von Berlin. In der Nachbarschaft stehen protzige Einfamilienhäuser mit Säulen, riesige Villen, Museen und Botschaften, der Grunewald ist nicht weit. Dürrschmidt hat das Haus aus dem Jahr 1935 zwei Jahre zuvor übernommen, mit verwildertem Garten voller Oleanderbüsche, knarzendem Fischgrätparkett, einer vollgestopften Bibliothek und Ölbildern an den Wänden. Es ist der Gegenentwurf zum neuen Holzbauprojekt im Wedding: Dort wurde alles neu gebaut. Hier wurde alles umgebaut – energetische Sanierung mit Ausbau für eine zweite Familie, alles bezahlbar und fit für eine klimaneutrale Zukunft, wie Dürrschmidt betont. Er sagt aber auch: »Ich habe nicht geahnt, wie schwierig das sein würde.«

An Dürrschmidts Haus musste vieles verändert werden: Die Ölheizung kam raus, eine elektrische Wärmepumpe rein; die Außenwände wurden durch Auffüllen eines Hohlraums gedämmt. Auf das Dach soll eine Solaranlage, und gerade wird der Dachstuhl neu gedämmt. Während des Gesprächs tragen Handwerker Holzbalken über die Treppe, eine jaulende Bohrmaschine schreckt die schlummernde Dackeldame unter dem Tisch auf. Dürrschmidt hat seine Unterlagen rausgesucht. Er spricht von den Förderprogrammen und den Summen für Sanierung und Anbau. Er erzählt aber vor allem, wie schwierig es war, geeignete Handwerker zu bekommen: »Wenn manche gehört haben, dass wir nicht einfach eine neue Gasheizung wollten, haben die sich nie mehr gemeldet.« Er hat sich vieles allein zusammengesucht, mit Handwerkern gesprochen, mit

Firmen telefoniert. Sein Fazit: »So werden wir die Klimaziele nicht erreichen.«

Es fehlen Handwerker und Energieberater

Dürrschmidt weiß, wovon er spricht. Bis zur Pensionierung vor ein paar Jahren war der studierte Physiker Referatsleiter für Umwelt und erneuerbare Energien im Bundesministerium für Umwelt, Naturschutz und nukleare Sicherheit. Er ist ein Überzeugungstäter, der viel Geld und noch mehr Mühe und Zeit investiert hat, damit sein Haus den CO_2-Ausstoß radikal senkt. Bisher hat er zwei Drittel erreicht. Aber »wenn jemand mit Familie und Beruf eingespannt ist, keine Vorkenntnisse hat und auf die Berater hört, sucht er eine einfachere Lösung«. Vor allem hat ihn beeindruckt, wie wenig Zeit und Interesse die Handwerker hatten: »Deren Auftragsbücher sind so voll, dass sie sich mit kleinen und komplizierten Lösungen nicht aufhalten wollen.«

Für ihn ist klar: »Wenn wir nichts gegen den Fachkräftemangel bei Sanierung und Heizungsbau tun, verfehlen wir unsere Klimaziele.« Er schätzt, man bräuchte mindestens doppelt so viele gut ausgebildete Handwerker, dazu Energieberater – oder gleich Gebäude-Energiecoaches –, die den Eigentümern die komplizierten Dinge abnehmen und alles im Blick haben: Auch, dass etwa wie bei Dürrschmidts altem Häuschen die tollste Wärmepumpe mit den besten Werten nichts hilft, wenn man sie nicht über die enge Treppe in den Keller runterbekommt. Seine steht jetzt im Garten, wo der Efeu am Putz hochklettert.

Viele Menschen haben aber ganz andere Sorgen. Sie sind Mieter und können über die energetische Ausstattung ihrer vier Wände nicht entscheiden – im Gegenteil fürchten sie eine Sanierung, die ihre Miete in die Höhe treibt. Der Vermieter wiederum, der für Sanierungen Geld und Arbeit investiert, hat nichts davon, wenn die Heizkosten seiner Mieter sinken. Dieses Mieter-Vermieter-Dilemma hat in den letzten Jahren viele Fortschritte verhindert. Zumindest bei den Mehrausgaben für die Heizung durch den neuen CO_2-Preis hat die Regierungskoalition noch im Mai 2021 beschlossen, die Kosten zwischen Mieter und Vermieter halbe-halbe zu teilen. Dabei sind die Sanierungsprogramme Dopingmittel für die Konjunktur: Sie sichern Jobs, generieren Steuereinnahmen, senken den Energieverbrauch, säubern die Luft und helfen beim Erreichen der Klimaziele.

Einen Ausweg aus dem Dilemma müsste der Gesetzgeber schaffen, fordert Barbara Metz, Stellvertretende Bundesgeschäftsführerin der Deutschen Umwelthilfe (DUH): »Es muss gesetzlich festgelegt werden, in welchen Abständen zu welchem Standard saniert werden muss. Die Kosten dafür sollen sich dann die öffentliche Hand, VermieterInnen und MieterInnen gerecht teilen.« Diese Sanierung müsse den Verbrauch der bereits bestehenden Gebäude auf den KfW-Standard 55 senken. Bis 2045 müsse sich nämlich für die Klimaziele der Energieverbrauch des gesamten Sektors Gebäude praktisch halbieren.

Klimaschutz ohne soziale Rücksicht, Mietendeckel blind für Klimaziele

Barbara Metz beklagt, das riesige Potenzial für Klimaschutz, soziales Wohnen und Jobs werde in der Politik nicht zusammengedacht: »Es gibt ein Gebäudeenergiegesetz, das kümmert sich nicht um soziale Fragen. Und es gibt die Debatte um den Mietendeckel, die nicht auf den Klimaschutz schaut. Das muss sich ändern.« Bisher habe die Politik das Thema vernachlässigt, denn es sei »zu komplex für den Wahlkampf«. Die bisherigen Erfolge bei den Gebäuden gingen vor allem auf »niedrig hängende Früchte zurück, wie die Umstellung der Heiztechnik von Öl auf Gas – das ist aber langfristig nicht nachhaltig«.

Dazu gebe der Staat sein Geld auch noch falsch aus: Nach einer DUH-Studie, die offizielle Zahlen der Regierung ausgewertet hat, fließen 60 Prozent der Steuermittel im CO_2-Sanierungsprogramm in Hilfen für Neubauten. Und dabei gingen auch noch 40 Prozent der Hilfen, 2,2 Milliarden Euro, an Gebäude mit vergleichsweise laschen Energiestandards, die nicht dem Ziel eines klimaneutralen Gebäudebestands entsprechen. »Die

Bundesregierung finanziert mit ihrem CO_2-Gebäudesanierungsprogramm am Klimaschutz vorbei«, ärgert sich Metz. »Anstatt mit dem Geld den Energieverbrauch von Gebäuden zu senken und damit auch die Heizkosten für Mieterinnen und Mieter zu reduzieren, werden Neubauten mit veralteten Effizienzstandards großzügig bezuschusst.«

Für Barbara Metz ist klar, dass Klimaschutz in Gebäuden Investitionen erfordert. Bisher werden etwa sechs Milliarden Euro an öffentlichem Geld dafür aufgewendet. Die DUH fordert, diesen Betrag auf 25 Milliarden pro Jahr anzuheben – so viel, wie die Stromkunden über die EEG-Umlage zahlen. »Die klimagerechte Sanierung von Gebäuden wird nicht zu machen sein, ohne dass die Mieten steigen«, ist Metz realistisch. »Aber das muss dann sozial abgefedert werden.«

Ohnehin wehren sich Experten gegen das Vorurteil, dass die Energiewende das Wohnen zu teuer mache. Die Mehrpreise für effizientes Bauen beliefen sich »auf nur drei bis fünf Prozent«, sagt etwa Andreas Holm vom Forschungsinstitut für Wärmeschutz München (FIW). »Anforderungen an Brandschutz, Schallschutz, Stellplätze und Barrierefreiheit schlagen viel stärker zu Buche.«

Lange galt vor allem das Dämmen von Häusern als die Ultima Ratio: Die Förderprogramme der staatlichen KfW-Bank wurden danach ausgerichtet, den Wärmeverbrauch einer Immobilie zu drücken – vor allem durch sanierte Fassaden, Fenster und neue Heizungen. Inzwischen ist vielen Experten klar: Für die Grüne Null im Gebäudebereich werden alle Hilfsmittel gebraucht, die sich finden lassen – eine Kombination aus besserer Dämmung, um den Energiebedarf zu senken, eine massive Ausweitung von erneuerbaren Techniken, aber auch einfach mehr Grünstrom. Denn Gebäude sind wie etwa auch der elektrische Verkehr ein Beispiel für die sogenannte Sektorkopplung; nach den bisherigen Bilanzregeln wird der Stromverbrauch, den etwa ökologisch sinnvolle elektrische Wärmepumpen erzeugen, nicht beim Gebäudesektor, sondern bei der Elektrizitätswirtschaft verbucht. Das heißt: Gibt es nicht deutlich mehr grünen Strom, könnten immer mehr Wärmepumpen insgesamt für mehr Emissionen sorgen, wenn der Strom fossil erzeugt oder aus fossiler Produktion importiert würde.

Große Hoffnung für den Klimaschutz im Heizungskeller setzen Experten auf die Wärmepumpe. Dabei wird eine Heizung betrieben, indem flüssiges Propan in einem System verdichtet und damit erhitzt wird und seine Wärmeenergie an ein Heizsystem abgibt. Das abgekühlte Propan wird dann durch eine Schleife im Grundwasser oder im Boden wieder vorgewärmt, sodass die nächste Erwärmung weniger Energie verbraucht. So können 30 bis 50 Prozent der Energie gespart werden. Wird die Pumpe mit erneuerbarem Strom betrieben, entsteht ein klimaneutrales effizientes Wärmesystem.

Der kommende Boom für Wärmepumpen

Das Problem dabei: Bisher sind Wärmepumpen noch Exoten. Während sie schon in 30 Prozent der Neubauten für Klimaschutz und warme Fußböden sorgen, machen sie nach dena-Zahlen im Bestand bisher nur vier Prozent aus. Die Fahrpläne für Klimaneutralität setzen aber einen Boom der Anlagen voraus: Bis 2045 müssten statt bisher 1,2 Millionen Wärmepumpen etwa 14 Millionen der Energiepakete in deutschen Kellern brummen – auch die dena rechnet je nach Szenario mit zehn- oder 20-mal so vielen dieser Anlagen wie bisher. Statt der 14 Millionen sieht sie aber eher eine Zahl wie sechs oder sieben Millionen als realistisch. Das hängt jeweils von den Szenarien ab, die gerechnet werden.

»Ehrgeizig, aber machbar« sei der klimaneutrale Gebäudesektor, heißt es von der Stiftung Klimaneutralität. Dazu aber bräuchte es eine Kombination aus vielen Aspekten: politische Vorgaben für ein Ende der fossilen Heizsysteme; gesetzliche Regelungen für die Sanierung von Altbauten; eine Einigung, wie die Kosten zwischen Mietern und Vermietern verteilt werden; eine politische Offensive der Bauverwaltung auf Bundes- und Länderebene.

Vielen Experten ist aber auch klar: Ohne Ordnungsrecht wird das nichts. »Manches muss man eben auch verbieten«, sagte die Grünen-Vorsitzende Annalena Baerbock Ende 2020 und meinte damit auch explizit neue Ölheizungen. Es würde auch helfen, wenn alle Häuser an die öffentliche Fernwärme angeschlossen wären oder auf jedem Neubau eine Solaranlage verpflichtend wäre, wie es Ende 2020 die SPD-Umweltministerin Svenja Schulze vorgeschlagen hatte. Nötig für all das: politische Mehrheiten für Gesetzesänderungen auf Bundes- und Landesebene. Sollte sich dagegen die Union auch in der nächsten Bundesregierung weiter mit ihrer Einstellung durchsetzen, das Privateigentum an Immobilien stehe über dem Ziel der Klimaneutralität, wird es schwierig mit den ehrgeizigen Zielen.

Eine solche Entscheidung bräuchte Mut. Vielleicht so wie beim Gemeinderat von Tübingen Ende 2020. Er beschloss, im Ortsteil Lustnau einen zentralen kommunalen Neubau aus Holz zu bauen: ausgerechnet die Zentrale der Feuerwehr.

Der Sprung ins Nichts
Ehrgeizige Vorreiter-Kommunen machen Mut

Tübingen hat per Gemeinderatsbeschluss die Revolution beschlossen: klimaneutral zu werden in nur zehn Jahren. Oberbürgermeister Boris Palmer mutet sich und der Stadt eine Menge zu. Der Wettlauf um die beste Klima-Kommune hat begonnen.

Die Baumleiche vor dem Rathaus sieht jämmerlich aus: die Rinde fleckig, die Blätter trocken. Keile halten die Buche aus dem Stadtwald im Pflaster des Marktplatzes von Tübingen fest. Am Stamm warnt ein Schild vor dem »Beginn eines neuen Waldsterbens als Folge des menschengemachten Klimawandels«. Hinter dem toten Baum erhebt sich das historische Rathaus aus dem 15. Jahrhundert: bemalte Fassade, Butzenscheibenfenster, astronomische Uhr, Balkon mit Baldachin. Und trotzdem ökologisch saniert: neue Fenster, Lüftung, Lichtanlage, CO_2-Ausstoß halbiert.

Oben links geht ein Fenster auf: grauer Igelschnitt, Dreitage-bart, schwarz-rote Regenjacke. »Ich komme runter!« Kurz darauf steht Tübingens Oberbürgermeister Boris Palmer vor seinem Rathaus, grüßt; dann stürmt er mit langen Schritten zur Garage mit den Fahrrädern. »Das hat uns alle schon über-rascht«, sagt Palmer und blickt kurz zurück zum toten Baum vor dem Rathaus, »wie schnell das jetzt geht mit dem Klima-wandel und wie wir das im eigenen Wald sehen.«

Tübingen im Herbst 2020. Auch in der schwäbischen Uni-versitätsstadt hat die Corona-Pandemie das Leben verlangsamt. Aber genauso wie die Stadt sich mit dem »Tübinger Weg« zum flächendeckenden Virus-Testen einen Namen macht, will sie auch beim Klimaschutz nicht mehr warten. Nach Dürresom-mern und großen Demonstrationen von Fridays for Future will sich Tübingen an die Spitze der deutschen Kommunen setzen. Das Ziel: Schon in zehn Jahren, 2030, will die 90 000-Einwoh-ner-Stadt »klimaneutral« sein – nicht mehr Treibhausgase aus-stoßen, als sie binden kann.

38 Jastimmen, eine Enthaltung für die radikale Ansage

Seit dem 26. November 2020, 19:45 Uhr, ist das offiziell. An die-sem Donnerstagabend votiert der Gemeinderat mit 38 Jastim-men und einer Enthaltung für den Beschlussantrag 11f/2020 + 11ee/2020 und für das Klimaschutzprogramm 2020–2030. Eine radikale Ansage, die sich kaum eine andere Stadt in Deutsch-land traut: Die Versorgung mit Strom, Wärme und Mobilität auf null CO_2 zu fahren und dafür »die gesamte Stadt radikal umzu-bauen«, wie ein Ratsmitglied sagt. Es ist ein gewagter Schritt. Ein Sprung ins CO_2-Nichts.

Der ist dringend nötig, denn die Städte stehen beim Klima-wandel an vorderster Front. Nach Schätzungen des UN-Umwelt-programms UNEP entstehen etwa 75 Prozent aller Treibhaus-gase in Städten, vor allem in den Sektoren Verkehr, Industrie und Gebäude. Gleichzeitig sind urbane Zentren von den Folgen der Erderwärmung am meisten bedroht, sie leiden mehr als länd-liche Räume unter steigendem Meeresspiegel, Hitzewellen, Stürmen; die Ausbreitung von Krankheiten bedroht die Ballungszentren, in denen Menschen eng aufeinander wohnen, wie die Corona-Pandemie wieder gezeigt hat.

Auf der anderen Seite bringen die Städte auch den Kampf gegen die Krise voran. In den Zentren bündeln Universitäten und Hochschulen die Forschung an Ursachen und Gegenstrategien, entwickeln Unternehmen neue Produkte und Ideen. Eine tendenziell reichere und liberalere Einwohnerschaft ist offener für soziale und technologische Experimente als das »flache Land«. Nicht umsonst gehört weltweit die C40 Cities Climate Leadership Group zu den ehrgeizigsten Klima-Vorreitern. In der 2005 gegründeten Organisation treiben inzwischen etwa 100 Städte, die ein Zwölftel der Weltbevölkerung und ein Viertel der globalen Wirtschaftskraft repräsentieren, den Klimaschutz voran – unter ihnen Megacitys wie Los Angeles, Dhaka, Buenos Aires und Hongkong. Und der US-Politologe und ehemalige Regierungsberater Benjamin Barber vertritt in seinem Buch *If Mayors Ruled the World* (Wenn Bürgermeister die Welt regierten) die These, Tausende Städte würden international besser zusammenarbeiten als Hunderte Staaten – weil alle Kommunen vor den gleichen Aufgaben stehen.

Das zeigt sich auch am 26. November 2020 in Tübingen. Boris Palmer schaltet vor der Abstimmung die OB-Kollegen aus Konstanz und Münster dazu, beide von der CDU. Sie preisen Tübingen als »Klima-Pionier«. Beide Amtskollegen wissen, wovon sie sprechen, denn auch sie setzen verstärkt auf Klimaschutz: Konstanz hat 2019 als erste deutsche Stadt den »Klimanotstand« ausgerufen; Münster in Westfalen strebt ebenfalls an, »möglichst bis 2030« klimaneutral zu sein. OB Ulrich Burchardt aus Konstanz sagt: »Wir Städte sind die Hauptverursacher und die Hauptleidtragenden des Klimawandels. Wir müssen die Zukunft in unsere eigenen Hände nehmen.«

Tübingen ist unter den deutschen Kommunen dann auch nur die Spitze des Eisbergs. Marburg etwa hatte bereits im Sommer 2020 beschlossen, ebenfalls bis 2030 bei null zu sein. In dem für die hessische Universitätsstadt erarbeiteten 130 Seiten dicken *Klima-Aktionsplan 2030* stehen mehr als 100 Maßnahmen, vom forcierten Ausbau beim Ökostrom bis zu besserem Rad- und Nahverkehr, sanierten Gebäuden und Klimabildung an der Uni. Bundesweit gibt es allerdings weder offizielle Zahlen noch ein Ranking, welche Stadt am klimafreundlichsten ist. Aber in vielen Gemeinden ist Klimaschutz ein großes Thema. Im »Klimabündnis« von europäischen Städten mit den indigenen Völkern des Regenwaldes etwa haben sich Hunderte der über 10 000 deutschen Kommunen verpflichtet, ihre Treibhausgasemissionen bis 2030 mindestens zu halbieren. Der Bund unterstützt mit der »nationalen Klimaschutzinitiative« Gemeinden bei Schutz und Anpassung an die Erderwärmung. 2020 wurden zehn Gemeinden ausgezeichnet, unter ihnen München, Osnabrück, der Rems-Murr-Kreis, Geisa in Thüringen oder Sankt Wendel im Saarland. Die Förderung von jeweils 25 000 Euro gab es zum Beispiel für Null-Energie-Schulgebäude, begrünte Fassaden, innovativen Umgang mit überschüssigem Ökostrom oder den Anbau von Energiepflanzen.

Eine Tradition in den Kommunen: Klimaschutz und Nachhaltigkeit

Klimaschutz ist auch für Stadträte kein neues Thema. Seit Anfang der Neunzigerjahre hat die Agenda 21 nach der UN-Konferenz für Umwelt und Entwicklung in Rio de Janeiro 1992 die »nachhaltige Entwicklung« bei Verkehr, Energie und Bauen vorbereitet. Als mit den Hitzesommern, den Fridays for Future und der Debatte um neue Klimaziele das Thema »Klimaneutralität« aufkam, waren viele Fundamente schon gelegt.

Auch Boris Palmer ist nicht erst gestern auf die Idee mit der Klimakommune Tübingen gekommen. Für die Ratssitzung via Zoom-Konferenz im November 2020 hat er sich noch etwas anderes einfallen lassen: eine Zeitreise. Die Technik spielt seine Rede ein, die er 2007 bei seiner ersten Vereidigung gehalten hatte – deutlich jünger, ohne graue Haare und mit schwerer Amtskette. Schon damals plädierte er für ein ehrgeiziges Klimaziel der Stadt, die er nun leiten sollte. Seine Botschaft heute: Ich habe Wort gehalten.

Dann schaltet der OB die Webcam vom Marktplatz vor dem Rathaus auf den Bildschirm: Im Dunkeln sitzt eine Gruppe von Fridays for Future, sie lobt den »bundesweit einzigartigen Weg« der Stadt als »ehrgeiziges Vorhaben«, das FFF-Anregungen aufnehme.

Die Hölderlin-Stadt hängt allerdings noch zwischen Dichtung und Wahrheit. Im Herbst 2020 gibt es nur einen politischen Beschluss und ein Konzept. Die konkrete Umsetzung des großen Ziels beginnt erst, es fehlen zusätzliche Stellen in der Verwaltung. Es gibt nicht alle nötigen Gesetze, und es gibt vor allem nicht die Milliarde Euro, die der Umbau kosten soll. Aber es gibt Boris Palmer.

Der Oberbürgermeister steht bei einem Treffen im Oktober 2020 in der Innenstadt auf der Steinlachbrücke und zeigt ans andere Ufer. Dort reißt ein gelber Bagger den Boden auf, dahinter ein großes Schild »Blaue Brücke«. Über ihm graue Wolken, unter ihm werkeln zwei Arbeiter am Betonfundament des neuen Bauwerks. »Nächstes Frühjahr steht hier die erste von drei Fahrradbrücken«, sagt Palmer.

»Dann ist das hier vorbei!«, meint er und deutet auf die Straße hinter sich: Ein Radfahrer balanciert auf einem schmalen Radstreifen am Rand einer Autoschlange entlang. »Und das hier auch!«, und deutet auf eine junge Frau, die ihm als Geisterfahrerin mit dem Rad auf dem Bürgersteig entgegenkommt. »Ist natürlich nicht erlaubt«, meint Palmer mit Blick auf die junge Frau, die zwischen den Fußgängern Slalom fährt, »aber total verständlich.«

Noch fehlen Stellen, Gesetze und eine Milliarde Euro

Es klingt ein bisschen so, als spräche Palmer über sich selbst. Nicht immer an alle Regeln halten, aber das Ziel vor Augen. In diesem Sinn hat der Grünen-Politiker seiner Stadt eine Ökoradikalkur verordnet und sie damit bundesweit in die Champions League der Klimaschützer gebracht: »Tübingen macht blau«, heißt die Initiative, die Palmer seit 2008 vorantreibt. Seitdem sind die Emissionen um 36 Prozent gesunken, pro Kopf liegen sie bei fünf Tonnen im Jahr deutlich besser als der deutsche Durchschnitt von acht Tonnen.

Unter Palmer macht die Gemeinde beim Klimaschutz ernst. Oder versucht es zumindest. So detailliert und ehrgeizig wie keine andere große Kommune in Deutschland sollen die CO_2-Emissionen von heute etwa 600 000 Tonnen CO_2 bis 2030 auf 100 000 Tonnen sinken. Dieser Rest soll durch erneuerbare Energien und die CO_2-Aufnahme von Wäldern ausgeglichen werden. Das sieht das Klimaschutzprogramm 2020–2030 vor. Alle Maßnahmen sollen daraufhin geprüft werden, ob sie sozial abgefedert werden können und wie sie knappe Freiflächen trotz einer wachsenden Stadt erhalten.

Das Konzept sieht Maßnahmen vor allem in den Bereichen Wärme, Strom und Mobilität vor. Grundsätzlich gilt: Erst einmal soll gespart werden. Energie und Kilometer, den Rest sollen die Erneuerbaren erbringen. Gebäude werden gedämmt und bekommen effiziente Anlagen, Ölheizungen sollen verboten werden, der Anschluss ans Fernwärmenetz wird obligatorisch, und die bisherigen Gasnetze der Stadtwerke sollen auf Ökoenergien (Biomasse, Solarthermie, Biomethan) umgestellt werden.

Der Stromverbrauch wird sich durch zusätzliche Nutzung wohl verdoppeln – und soll trotzdem bis 2030 zu 100 Prozent aus Ökostromanlagen kommen. Die Stadtwerke investieren in Windparks außerhalb der Stadtgrenzen. Dazu soll die Ernte beim Solarstrom von Dächern, Fassaden und anderen Flächen mehr als verzehnfacht werden.

Auch beim Verkehr will Tübingen klotzen: Eine »Regionalstadtbahn« soll von außen in die Innenstadt fahren. Busse und Bahnen sollen kostenlos werden, die dafür nötigen etwa 15 Millionen Euro soll eine drastische Ausweitung und Erhöhung der Parkgebühren einbringen. Die Busflotte soll ausgebaut und auf Batterie- oder Wasserstoffantriebe umschwenken, die Innenstadt Vorrangzone für Rad und Fußgänger werden. 1000 elektrische Carsharing-Autos sollen in der City 15 000 Privat-Pkws ersetzen.

Das Bemerkenswerte an dieser Radikalkur: Die Stadt zieht erst mal mit. In der entscheidenden Ratssitzung gab es zwar

Gegenstimmen bei einzelnen Punkten – vor allem beim Reiz-
thema Parkplätze. Aber grundsätzlich waren alle dafür. In
Tübingen gibt es keine AfD-Fraktion, das hilft.

»Mit dem Ziel sind wir alle einverstanden«, sagt Ernst Gumrich, der Fraktionsführer der oppositionellen Tübinger Liste
in einem Telefongespräch. »Aber wir wissen auch, dass das
Programm nirgendwo nahe an der Umsetzung ist.« Gumrich
beklagt fehlende Projektsteuerung und Koordinierung; er sieht
nicht, wo das Geld herkommen soll, wer das alles planen kann.
Und er befürchtet das Chaos.

Alle sind begeistert, bis es das eigene Auto und den Geldbeutel trifft

Gumrich sagt, er sei keinesfalls gegen Umweltschutz. »Tübingen ist so ökologisch aufgestellt, und wir können uns diesen
Luxus leisten.« Der freundliche Mann mit der hohen Stirn und
den grauen Haaren hat lange und weltweit als Manager beim
Chemiekonzern Degussa gearbeitet und dort die erste deutsche Brennstoffzelle entwickelt. Die wurde erst begeistert auf-
genommen, dann aber von den deutschen Autobauern wieder
in die Schublade gepackt – als klar wurde, was es kostet und wie
schwierig es wird. Gumrich fürchtet, mit dem Crashkurs zur
Klimaneutralität in Tübingen könne es ähnlich enden. »Alle
schreien jetzt Hurra. Aber wenn wir das Geld bei den Kitas sparen oder die Grundsteuer erhöhen müssen, zeigt sich, dass das
Ziel läppisch überhöht ist.«

Die Verwaltung hat den Klimaplan öffentlich zur Diskussion
gestellt und Umfragen gemacht. Der Tenor: große Zustimmung
im Allgemeinen, Vorsicht, wenn es konkret wird – etwa beim
Parken. Populär sind viele dieser Maßnahmen nicht, über die
»Regionalstadtbahn« soll es einen Bürgerentscheid geben.
»Akzeptanz gering bis mittel« steht bei manchen Vorschlägen;
die Verwaltungsbeamten warnen vor »erheblichem Aufwand
und Konfliktpotenzial«, wenn es darum geht, Haushalte zur
Fernwärme zu zwingen oder die Stellplätze für Autos vier- bis
zehnmal so teuer zu machen wie bisher.

Boris Palmer kennt die Ängste und reagiert auf seine Art. Mit Attacke. »Wer sein Auto in der Stadt parken will, kann das gern auf seinem Grundstück tun. Auf öffentlichem Straßenland wollen wir da aber eine Radspur haben.« Er will nicht kleckern, sondern klotzen. Viel zu lange habe man sich mit kleinen Veränderungen zufriedengegeben. Jetzt müsse man die »großen Hebel« bewegen: langfristig die Haushalte verpflichten, Ökofernwärme zu beziehen. Kann man machen, wird gemacht, sagt Palmer, ist abgehakt. Mehr Geld für öffentliche Parkplätze kassieren und Anwohnerparkscheine von 2,47 im Monat am liebsten auf 30 Euro verteuern. Der Gemeinderat sagt: erst mal zehn Euro. Abgehakt.

Palmer und seine Verwaltung gehen dahin, wo es wehtut. Für den Klimaschutz kann das ein großer Gewinn sein, finden Experten, die das Experiment Tübingen von außen mit großem Interesse begleiten. Denn ohne die Gemeinden und Städte klappt das nicht mit der Zukunftsfähigkeit, hier fallen wichtige Entscheidungen. »Wir brauchen die Macher, die mit einer schlagkräftigen Verwaltung solche Probleme angehen«, sagt Björn Weber, Klimaexperte vom Deutschen Institut für Urbanistik. Allerdings seien viele Gemeinden, vor allem die armen, mit ihren Pflichtaufgaben bei Bauen, Sozialem und Gesundheit so ausgelastet, dass Klima kein Schwerpunkt sei – weil keine Pflichtaufgabe.

OB Palmer wagt sich mit Tübingen in juristische Grauzonen

Björn Webers Kollege Hans Hertle vom Institut für Energie- und Umweltforschung Heidelberg betont: »Kommunen haben starke Wirkung nach oben«: Einspeisevergütung für Fotovoltaik, Passivhäuser, Radwege – viele Instrumente der Umweltpolitik wurden in Gemeinden erprobt. »Und Kommunen können auch mal etwas riskieren und in juristische Grauzonen vorstoßen.«

Von denen gibt es mehr als genug, das wissen auch die Planer rund um Boris Palmer. Darf eine Kommune ihren BürgerInnen

PV-Dächer und Ökofernwärme aufzwingen? Alles nicht geklärt. Das müssten Bund oder Land regeln oder es als Pilotprojekt in einer »Klimaschutz-Modellkommune« erlauben. Aber: »Es passiert nur, wenn es einer vorantreibt«, sagt Hertle.

Das klingt nach einer Beschreibung von Palmers Stil. In seiner Stadt und seiner Partei sagen viele über ihn: hochintelligent, aber manchmal schwierig im Umgang. »Er geht mit dem Kopf durch die Wand, auch wenn daneben die Tür offen steht«, sagte ein Journalist, der ihn lange beobachtet hat. Die Fähigkeit des OB, viele Leute vor den Kopf zu stoßen, könnte auf dem Kurs zur schnellen Klimaneutralität noch ein Problem werden. Denn die Kommune ist auf Hilfe vom Land und vom Bund angewiesen: Die Unistadt wäre gern »Klimaschutz-Modellkommune« (ein Konzept, das es noch nicht gibt, als er es fordert) mit viel Geld und juristischem Spielraum. Pro Jahr braucht es Investitionen von etwa 100 Millionen Euro (bei einem kommunalen Haushalt von 285 Millionen). Außerdem benötigt Tübingen juristische Schützenhilfe etwa beim Verbot von Ölheizungen oder der Solarpflicht. Da ist die Stadt auf guten Willen in Stuttgart und Berlin angewiesen.

Ist für Klima-Neutralität ein OB mit der Brechstange erforderlich? Wenn schon, dann richtig, den Eindruck vermitteln Tübingen und der OB. Die Stadtverwaltung hat nicht wie andere Kommunen den Klimanotstand ausgerufen. »Katastrophismus entmutigt«, findet Palmer. Seine Verwaltung schrieb lieber das Klimakonzept, als im Hitzesommer 2019 Tausende Schülerinnen und Schüler auf der Straße waren. Als Deutschland und die EU dann tatsächlich die Klimaneutralität beschlossen, da habe er, sagt Palmer, zum ersten Mal den Mut gehabt zu denken: Meinen wir das jetzt ernst?

Palmer setzt an der Brücken-Baustelle den Fahrradhelm auf. Weiter geht's. Gleich wieder ein Stopp über den Bahngleisen: Der Blick auf neue Wohnblocks, wo früher der Güterbahnhof war: 500 Wohnungen, knapp die Hälfte mit Preisbindung von acht Euro pro Quadratmeter. Lange und hart habe man mit dem Entwickler verhandelt, sagt er. »Die Bauerlaubnis bekamen sie nur, weil sie unsere Bedingungen akzeptiert haben: Fernwärme,

Solaranlagen, Dämmung, einen großen Teil Sozialmieten.« So müsse man mit Investoren reden, findet Palmer.

Er kann aber auch anders. Zehn Minuten später klingelt der OB unangemeldet im Gewerbegebiet am Flussufer bei der Chefin einer Textilfirma. Ein Flachbau, silberne Tanks, ein Blockheizkraftwerk: »Kann ich eure neue Anlage mal einem Journalisten zeigen?« Kann er: Die Wärme aus der neuen Abgasreinigungsanlage – ein Kasten von der Größe eines Lkw – speist die Heizung von 5000 Wohnungen, ein Glücksfall für die Stadtwerke und den Klimakurs des Bürgermeisters. Dann kommen Chef und Chefin raus, der Unternehmer sagt: »Ich hätte besser verhandeln sollen«, er mache bei dem Deal kaum Geld. Beim Abschied fragt der OB nach der Auftragslage und den Corona-Problemen. Grüße an die Familie, dann wieder aufs Rad. Es beginnt zu nieseln, egal.

Am Bahnhof ist der Wandel schon zu sehen und zu hören: Parkplätze verschwinden, Straßen schrumpfen, ein Busbahnhof wird gebaut, eine unterirdische Radgarage mit Servicestation entsteht, dazu wird ein Haus als Stellplatz für Räder umgebaut. Direkt am Gleis 1 stehen brusthohe Metallboxen, wo man für 60 Euro im Jahr einen sicheren, sauberen Parkplatz für sein Rad findet. »Da kann ich um 14:12 Uhr kommen und um 14:13 Uhr den Zug nehmen«, sagt Boris Palmer. Er hat sich schon eine Box reserviert. Die Nummer 1.

»Das Kopenhagen des Südens« will er aus der Hölderlin-Stadt machen, sagt Palmer, während man ihn drei Stunden durch seine Stadt begleitet: Man muss Tempo halten mit den langen Schritten des schlaksigen Mannes. Auch auf dem Fahrrad ist die Zeit knapp, da geht es schon mal gegen die Einbahnstraße – »wenn einer kommt, fahren wir hier am Rand«.

Boris Palmer ist umstritten, seine Politik mehrheitsfähig

Am Rand fahren, sich raushalten, das ist sonst nicht Palmers Art. Berlin und die Grünen – zwei schwierige Themen. Immer wieder schimpft der Tübinger über die Hauptstadt, wo »nichts funktioniert« und die Politik sich hilflos zeige. Da ist er der

Macher aus der kleinen Stadt im reichen Südwesten gegen die Unfähigkeit der Metropole, die mit Armut und Schlendrian zu kämpfen hat. Fragt man nach, räumt er allerdings auch ein, dass »Städte wie Oberhausen oder Stuttgart« mit dreckiger und Energie fressender Industrie vor ganz anderen Problemen stehen. Er sieht schon, wie privilegiert sein Tübingen ist, aus dem er eine »Blaupause machen will, wie lebenswert emissionsfreier Wohlstand sein kann«.

Das klingt nach Wahlkampf. Kein Zufall. 2022 wird gewählt, und Boris Palmer muss kämpfen. Zu vielen geht seine Art manchmal auf den Geist. Der OB muss den BürgerInnen allein beweisen, dass sie ihn brauchen – auch wenn sie ihr Tübingen als weltweites Vorbild einer klimaneutralen Industriestadt sehen wollen. Auf der Tour durch die Stadt jedenfalls sprechen dauernd Bürgerinnen und Bürger ihren OB an: der Radfahrer an der Ampel, die Frau im Vorübergehen, die Cafébesitzerin. Seit 2007 ist Palmer im Amt. Wenn er noch eine Amtszeit bekommt, können die TübingerInnen zum Ende erleben, ob das Versprechen wahr wird, bis 2030 die Klimagase auf null zu fahren. »Es wäre schön, das umzusetzen«, meint der Politiker.

Und seine Partei? »Mir liegen Demutsgesten nicht«, sagt er, als man ihn zum Abschluss der Tour kurz für ein Gespräch beim Cappuccino ruhigstellen kann. Gerade hat er wieder Ärger mit dem Datenschutzbeauftragten im grün regierten Baden-Württemberg. Der hatte Palmers Forderung kritisiert, Sozialarbeiter müssten Bescheid wissen, wenn sie mit kriminellen Schützlingen arbeiten sollen. Palmer schlägt sich vor den Kopf, wenn er daran denkt. Es nervt ihn, dass die Grünen sich eher über »Nebenwidersprüche wie das Gendersternchen« aufregen, als den Weg zu radikalem Klimaschutz einzuschlagen. Für Lösungen in der Klimafrage seien nur noch zehn Jahre Zeit, andere Fragen müssten da eben aus Zeitmangel zurückstehen. Ein halbes Jahr nach diesem Gespräch hat Boris Palmer dann tatsächlich ein Verfahren zum Parteiausschluss am Hals. Im Frühjahr 2021 brachte er das Fass durch Bemerkungen zum Überlaufen, die von vielen Grünen als rassistisch gewertet wurden. Wie immer das Verfahren ausgeht:

Die Grünen trauern um »ein großes politisches Talent«, das mal als Nachfolger von Baden-Württembergs grünem Ministerpräsidenten Winfried Kretschmann gehandelt wurde. Palmer sei kein Teamplayer, heißt es; seine unkontrollierbaren Äußerungen schadeten ihm selbst und der Partei. »Wenn wir mal auf der Suche nach einem Ökodiktator sein sollten, dann haben wir da ja schon einen«, sagt ein Berliner Parteistratege im Herbst 2020 nur halb im Scherz.

Denkt Boris Palmer bei all diesen Vorwürfen: Die anderen quatschen, Palmer handelt? Er äußert das nicht selbst, findet es aber nicht falsch. Demgegenüber sagt er: »Niemand in der Partei macht so erfolgreich Klimaschutz wie ich.«

Auch das werden sie bei der selbst ernannten Klimaschutzpartei Bündnis 90/Die Grünen nicht gern hören. Wenn er in Tübingen Erfolg hat, könnte es aber stimmen.

Teil 3

Rezepte für die Nulldiät: Was tun?

Der Weg zur Grünen Null

Seit über 30 Jahren leidet die Klima- und Umweltpolitik weltweit an einer bösartigen Krankheit: der Zieleritis. Gleichzeitig zeigt sie schwere Mangelerscheinungen: eine deutliche Maßnahmenphobie.

Was ein wenig zynisch klingen mag, ist die Erkenntnis aus Jahrzehnten der Beobachtung von Umweltpolitik in Deutschland und international: Es gibt keinen Mangel an ehrgeizigen Zielen, oft eher eine Inflation von vielversprechenden Willenserklärungen. Was hingegen häufig fehlt, sind klare Maßnahmen, konsequente Zeitpläne, ausreichende Finanzierung, ökonomische Anreize und ein klarer Wille, um diese Ziele zu erreichen.

Beispiele dafür finden sich überall. Ob es Versprechen sind, den Ausstoß von Treibhausgasen zu reduzieren, die Artenvielfalt zu bewahren, den Regenwald zu retten oder den Flächenverbrauch zu stoppen: Die Ökobilanz in Deutschland und international ist voller langfristiger Ziele, die erst groß verkündet und dann kleinlaut kassiert – oder um ein weiteres Jahrzehnt gestreckt wurden. Je größer das Ziel und je weiter die Zielmarke entfernt ist, desto besser für die Regierungen, Parlamente, Verbände und Unternehmen, die sie verkünden. Die Wahrscheinlichkeit, bei der Abrechnung noch in der Verantwortung zu stehen, ist eher gering. Kaum eine Regierungschefin bleibt wie Angela Merkel 16 Jahre im Amt, sodass auch ihre langfristigen Versprechen sie noch einholen. 2007 hatte die Bundeskanzlerin das Ziel von minus 40 Prozent Treibhausgasen bis 2020 ausgegeben – und musste 13 Jahre später plötzlich hart um seine Umsetzung kämpfen.

Umso verführerischer sind die Zielmarken 2045 und 2050 für die deutsche und europäische Klimaneutralität. Zu diesem Zeitpunkt werden die meisten der derzeit handelnden Personen vielleicht noch am Leben, aber kaum noch in politischer Verantwortung sein. Das mag für viele ein Grund gewesen sein, das Ziel zu beschließen. Aber es birgt eine große Gefahr: die Dringlichkeit der Klimakrise zu verschleiern. Denn anders als bei anderen Problemen im politischen Betrieb wird die Krise aus Treibhausgas-Ausstoß und Erderhitzung durch eine erbarmungslose zeitliche Dynamik befeuert. Jeder Monat, in dem die Emissionen nicht sinken, erhöht die CO_2-Last in der Atmosphäre und verringert damit die Spielräume für Veränderungen. Die Zeit bis zum Erreichen des 1,5-Grad-Ziels im globalen Mittel läuft ab, und zwar schnell. Anfang März 2021 zeigte der CO_2-Rechner des Mercator Research Institute on Global Commons and Climate Change (MCC), der die in Deutschland noch erlaubten Emissionen für die Vorgabe 1,5 Grad rückwärts zählt: sechs Jahre, neun Monate und 27 Tage. Für die Vorgabe zwei Grad blieben noch 24 Jahre und acht Monate. Die Uhr tickt. Schnell und laut.

Deshalb stellt sich die Frage: Was tun? Das Ziel der Klimaneutralität ist klar. Der Weg dahin aber bleibt bisher völlig offen. Es gibt keinen offiziellen Masterplan für das Projekt »Netto-Null«, und das ist vielleicht auch gut so. Schließlich wissen wir nicht, welche möglichen technologischen Sprünge oder gesellschaftlichen Brüche uns erwarten. Aber an welchen Stellschrauben können und müssen Politik, Unternehmen, die Zivilgesellschaft und wir alle drehen, um auf einen Pfad einzuschwenken, der Deutschland tatsächlich in die Nähe der Grünen Null bringt? Und das innerhalb nur einer Generation – oder am besten noch früher, wie es eigentlich die globale Verantwortung von einem reichen, stabilen und innovativen Industrieland fordert.

Um diese Frage drehen sich die folgenden Kapitel. Worauf müssen wir uns konzentrieren? Was sollten wir anders angehen? Welche Gewohnheiten sollten wir besser aufgeben? Welche neuen Ideen brauchen wir? Wo betrügen wir uns selbst – und worauf können wir hoffen?

Richtig viel Geld ausgeben
Finanzen als Ökohebel

Seit der Corona-Krise fällt der öffentlichen Hand das Investieren plötzlich leicht. Das ist eine riesige Chance für den nötigen Umbau der Industriegesellschaft. Das Kapital darf nur nicht in die falschen Projekte fließen.

Die frisch gebackene EU-Kommissionschefin hatte im Dezember 2019 große Worte gewählt: Einen »Fahrplan zum Handeln« nannte Ursula von der Leyen ihren Green Deal, mit dem »wir unsere Wirtschaft mit unserem Planeten versöhnen«. Zwei Monate später präsentierte sie die Rechnung für die große Versöhnung, und es wurde klar: Neues Geld hatten Kommission und EU-Länder kaum im Angebot. Von den insgesamt 1000 Milliarden Euro, die die Kommission bis 2030 ausgeben wollte, waren gerade einmal 7,5 Milliarden »frisches« Geld.

Die Mittel sollten hauptsächlich umbenannt und anders

genutzt werden oder als »Hebel« private Investitionen in weit größerem Umfang auslösen, so die Hoffnung. Die *Neue Zürcher Zeitung* spottete, man fühle sich »unwillkürlich an die wundersame Brotvermehrung aus dem Neuen Testament erinnert«. Mit dem Unterschied, dass »von der Leyen nicht aus fünf Broten und zwei Fischen ein Abendessen für 5000 Personen auftischen will, sondern, grob vereinfacht gesagt, mit zusätzlichen 7,5 Milliarden Euro der EU-Mitgliedsstaaten 1000 Milliarden Euro an Investitionen auslösen will«. Die neue Kommissionschefin und ihr ehrgeiziger Plan, so sah es aus, würden am knappen Geld scheitern.

Dann kam Corona.

Plötzlich war Geld kein Problem mehr. Die EU-Staaten einigten sich 2020 auf das Hilfsprogramm »Next Generation EU«, mit dem praktisch unbegrenzt Geld für Digitalisierung, Klimaschutz, Bildung, Gesundheitsversorgung und öffentliche Verwaltung fließen sollte: »neues« Geld, zum großen Teil über neue Staatsschulden finanziert, insgesamt 750 Milliarden Euro. Mit dem größten Anteil daran, der Aufbau- und Resilienzfazilität (ARF), wurden 672,5 Milliarden freigegeben, um »gestärkt aus der Krise hervorzugehen«, wie es das Bundesfinanzministerium bezeichnete.

Die Erwartungen waren groß: Die Corona-Krise könne als Wendepunkt nicht nur in der Gesundheitspolitik, sondern auch auf dem Weg zur Klimaneutralität und zu den Zielen für nachhaltige Entwicklung der UNO wirken. Der tragische Tod von Millionen Menschen und der weltweite Lockdown von Wirtschaft und Gesellschaft könnten ein Umdenken fördern und den dringend nötigen Wandel hin zu weniger Konsum, Entschleunigung, mehr Nachhaltigkeit und mehr Achtsamkeit einläuten. »Wir müssen besser wiederaufbauen«, sagte UN-Generalsekretär António Guterres. Und er meinte damit, die Billionen Dollars, Euros und Yuans, die weltweit für den Wiederaufbau ausgegeben werden, für nachhaltige und ökologisch vertretbare Systeme von Energieversorgung, Landwirtschaft, Mobilität und Städtebau zu verwenden.

Die Hoffnung auf die grüne Bazooka täuscht

In Deutschland erklärte Bundesfinanzminister Olaf Scholz, er werde die »Bazooka« auspacken, um die wirtschaftlichen Schäden durch Krankheit, Lockdown und Wirtschaftskrise mit einem Hilfsprogramm von Hunderten von Milliarden Euro zu meistern. Und die Umweltszene hoffte auf eine grüne Corona-Dividende: Hatte der wirtschaftliche Einbruch schon weltweit die CO_2-Emissionen 2020 um etwa sieben Prozent reduziert und in Deutschland sogar das lange unerreichbare Klimaziel von minus 40 Prozent realistisch gemacht, sahen sie nun die Chance auf den großen Wurf: Der BUND forderte ein »weitsichtiges Konjunkturprogramm, das akutes Krisenmanagement mit Investitionen in die sozialökologische Transformation verbindet«, Greenpeace einen »grünen Marshallplan«. Andere warnten, es dürfe vor allem kein Geld geben für fossile Techniken. Und der Präsident des Umweltbundesamts, Dirk Messner, forderte: »Konjunkturpakete müssen grün aufgelegt werden und neben Beschäftigung und Wirtschaft auch den Green Deal und den Klimaschutz voranbringen.« Erreichen könne man das zum Beispiel mit Investitionen in die Infrastruktur für E-Autos, in die Sanierung von Gebäuden oder in mehr Energieeffizienz für die Industrie.

Eine erste Zwischenbilanz des großen grünen Geldsegens zeigte Anfang 2021: Es wurde viel Geld ausgegeben, aber den Weg Deutschlands in die Klimaneutralität haben die Milliarden kaum geebnet. Die Grüne Null lässt sich nicht so einfach einkaufen.

Die Bundesregierung allerdings meldete Vollzug, was die Summen angeht: Ende Januar 2021 erklärte sie im Deutschen Aufbau- und Resilienzplan, den sie wie alle EU-Staaten über die Verwendung der Corona-Hilfen nach Brüssel melden musste, Klimaschutz sei eine zentrale Säule der Corona-Hilfen: für die Dekarbonisierung über grünen Wasserstoff, im Verkehr bis hin zum ökologischen Bauen und Sanieren von Gebäuden. Insgesamt, so der Bericht des Finanzministeriums, seien »knapp 40 Prozent« der Gelder in den Klimaschutz geflossen – die

Umweltorganisation E3G konnte allerdings nur 34 statt der von Brüssel geforderten 37 Prozent erkennen.

Auf ihrem »Green Recovery Tracker« errechnete E3G zusammen mit den Experten des Wuppertal Instituts einen Überblick über das gesamte Hilfspaket, das die Bundesregierung geschnürt hat. Das ist demnach deutlich weniger grün als der »Aufbauplan«, der nach Brüssel gemeldet wurde. Von den etwa 140 Milliarden Euro waren demnach nur 22 Prozent für ökologisch »positive« oder »sehr positive« Sektoren vorgesehen – insgesamt etwa 40 Milliarden für grünen Wasserstoff, Gebäudesanierung oder Busse und Bahnen. Deutlich mehr allerdings, nämlich 51 Milliarden oder 36 Prozent, gingen an Sektoren, die »negative Auswirkungen« auf die Umwelt hatten oder wo dafür ein hohes Risiko bestand. Positiv vermerkt der Tracker, der fortlaufend im Internet aktualisiert wird, dass es »wenig direkte Hilfen für die fossilen Industrien« gegeben habe. Allerdings kritisiert er auch, dass die Ausgaben »nicht an eine langfristige Strategie gebunden« seien, die auf Dekarbonisierung ziele, und wundert sich, dass fünfmal so viel Geld in die wolkige Wasserstofftechnik gesteckt werde wie in die bewährte Energieeffizienz.

Auch das Expertengremium Wissenschaftsplattform Klimaschutz (WPKS) lobte die Regierung dafür, im Konjunkturpaket den Klimaschutz als Ziel zu formulieren. Weniger gut gefiel den acht Experten, die die Regierung in der Klimafrage beraten, die konkrete Umsetzung der Maßnahmen. Es fehle eine konsequente Überprüfung auf »Vereinbarkeit mit deutschen und europäischen Klimazielen«, hieß es; die Maßnahmen könnten sogar nach hinten losgehen und mehr Emissionen auslösen. Das Programm brauche einen »Klima-Schnelltest«, ob es zum damals noch geltenden Ziel von minus 55 Prozent bis 2030 beitrage, und die einzelnen Maßnahmen müssten vor ihrem Start bewertet werden und während des Laufs genau beobachtet werden.

Diese Abschätzungen schauten aber nur darauf, in welche Sektoren das Hilfsgeld fließt. Konkreter wollte es das Bundesumweltministerium wissen. Es beauftragte ein Konsortium von

Thinktanks wie Öko-Institut, Fraunhofer-Institut für System- und Innovationsforschung, Prognos und anderen mit einer Studie zur »Abschätzung der Treibhausgas-Minderungswirkungen des Konjunkturpakets«. Das Ergebnis war ernüchternd: Die 40 Milliarden Euro trügen laut einer internen Bewertung des Ministeriums zwar dazu bei, dass »trotz der Pandemie der klimapolitische Kurs der Bundesregierung bestätigt wird«. So würden die frischen Hilfsgelder zum Beispiel zu ein bis zwei Millionen Tonnen weniger CO_2 im Jahr 2030 führen, weil mehr grüner Wasserstoff eingesetzt werde. Auch würden bei der Deutschen Bahn und anderen Verkehrsunternehmen »Einbußen der Krise abgefedert« und damit etwa Streckenschließungen verhindert. Das Papier verweist auch auf geringe CO_2-Einsparungen etwa in der Holzwirtschaft, Gebäudedämmung und beim Flug- und Schiffsverkehr.

40 Milliarden ausgegeben, kaum CO_2 gespart

Doch für viele Bereiche ließen sich nach der Studie keine Einsparungen belegen oder keine Aussagen machen, wie sehr mit den 40 Milliarden »zusätzliche Wirkungen« jenseits des schon beschlossenen Klimaschutzprogramms 2030 zu erwarten sind. Vor allem bei den dicken Brocken steht eine Null oder ein »n. a.« für »nicht abschätzbar«: etwa bei der Steuerfinanzierung der EEG-Umlage (11 Milliarden), mehr Regionalmitteln für den ÖPNV (2,5 Milliarden), neuen E-Ladesäulen (2,5 Milliarden) oder der Kapitalerhöhung bei der Bahn (5 Milliarden). Bei der Kfz-Steuer führen die Corona-Hilfen demnach sogar zu 50 Millionen Tonnen mehr Emissionen, als im Klimaschutzprogramm 2030 geplant, weil die Steuererhöhung nun geringer ausfällt.

Die Studie, die nur als »Entwurf« existierte, hatte dann auch keine eigene Zusammenfassung oder Bewertung der Ergebnisse und wurde nicht veröffentlicht. Offiziell hieß es von den Wissenschaftlern und vom Ministerium, die Daten gäben belastbare Aussagen nicht her, das Material werde überarbeitet und im Zuge eines späteren Monitoring-Berichts veröffentlicht. Aber das Umweltministerium hatte sich eine klare Meinung gebildet:

Zwar gebe es »geringfügige, zusätzliche Minderungswirkungen in den Sektoren Gebäude, Verkehr und Industrie«, hieß es in einer internen Zusammenfassung. Aber insgesamt »ist nicht von einer großen, zusätzlichen Minderung der THG-Emissionen gegenüber dem Klimaschutzprogramm 2030 durch das Konjunkturprogramm auszugehen«.

Viel Geld eingesetzt und wenig erreicht? In der Debatte ist allen klar: Die Grüne Null gibt es nicht zum Nulltarif. Die deutsche Volkswirtschaft von ihrer kurzfristigen Fixierung auf fossile Rohstoffe in eine saubere und klimaneutrale Funktionsweise zu überführen wird große Anstrengungen und tiefe Taschen erfordern. Aber es werde sich lohnen, ist sich die weltweite Ökonomiezunft sicher. In einer Studie hat das Umweltbundesamt im Herbst 2020 etwa 130 Studien und Erklärungen zu den Konjunkturprogrammen durchforstet. Ergebnis: ein »breiter Konsens«, dass grüne Hilfsprogramme nötig und nützlich seien, und weitgehende Einigkeit darüber, wofür das Geld auszugeben sei – Erneuerbare, Gebäudesanierung, öffentlicher Verkehr, grüner Wasserstoff und Anpassung an den Klimawandel. Dafür brauche es einen stabilen CO_2-Preis, weniger Hindernisse für Ökoinvestitionen, einen besseren Marktzugang für grüne Produkte und eine bessere Ausbildung für grüne Jobs. Dann, so der Überblick, sei klar, dass grüne Konjunkturmaßnahmen mehr Nachfrage und Arbeitsplätze schaffen würden als die Förderung von fossilen Strukturen, sie brächten »mehr Produktivität und langfristige Wettbewerbsfähigkeit, neue Märkte und exzellente Jobangebote, geringere Umweltkosten, eine widerstandsfähigere Wirtschaft und eine bessere Lebensqualität«.

Jedes Jahr zusätzlich 70 Milliarden an Ökoinvestitionen

Das Preisschild dafür ist erst mal groß. Die Studie des BDI *Klimapfade für Deutschland* rechnet bis 2050 mit Mehrinvestitionen von insgesamt 2300 Milliarden Euro, also 2,3 Billionen, um eine Reduktion von 95 Prozent zu erreichen. Jährlich wären das etwa 70 Milliarden Euro. Das Agora-Gutachten nennt diese Zahl zwar hochgegriffen, rechnet aber dennoch mit ihr – und weist darauf hin, dass sie nur etwa zehn Prozent von dem ausmacht, was in Deutschland ohnehin jedes Jahr an Kapital in die Wirtschaft fließt. Das sei daher »eine Investitionssteigerung, die angesichts der momentanen Niedrigzinsphase machbar erscheint«.

In welchen Technologien das Geld am besten angelegt ist, hat die BDI-Studie ebenfalls untersucht. Fast eine ganze Seite nimmt die Grafik mit den bunten Balken ein, die über 40 Maßnahmen zu »sektorübergreifenden Vermeidungskosten im 95 %-Klimapfad« beschreibt. Wenn man mit Investitionen da beginnt, wo Klimaschutz am billigsten zu haben ist, sollte man demnach damit anfangen, Verkehr von der Straße auf Bahn, Schiff, Bus, Fahrrad und die Füße zu verlagern. Das würde nicht nur nichts kosten, sondern noch volkswirtschaftliche Gewinne von etwa 150 Euro pro vermiedener Tonne CO_2 abwerfen – etwa durch weniger Schadstoffe, Staus oder Unfälle. Ebenfalls bezahlt machen sich nach der Rechnung andere CO_2-Vermeidungsstrategien: Sparsamere Motoren und Geräte zu entwickeln und mit solarer Wärme Gebäude und Industrieprozesse zu versorgen. Man spart Geld und Kohlendioxid.

Dann beginnen Maßnahmen, bei denen es Geld kostet, CO_2 einzusparen. Die sind am geringsten, bei unter 20 Euro pro vermiedener Tonne CO_2, beim Ausbau von Windenergie an Land und auf See. Dann folgen auf der Preisliste sparsame Autos, andere Wärm- und Kühlsysteme, Wärmepumpen, der Ersatz von Kohlestrom durch Gas oder die schnellere Sanierung von Gebäuden. Am oberen Ende – und damit am teuersten – findet das BDI-Gutachten zum Beispiel den Einsatz von synthetischen Kraftstoffen im Verkehr oder bei der Wärmeversorgung. Da klettert der Preis dann auch schon mal auf 300 Euro, um eine Tonne CO_2 zu sparen – also das Zehnfache dessen, was Anfang 2021 im EU-Emissionshandel bezahlt wird. Die Idee, mit synthetischen Kraftstoffen für Autos das Klimaproblem zu lösen, wie es immer wieder von der Autoindustrie und manchen Politikern angepriesen wird, zeigt sich damit als eine der teuersten Varianten, um Klimaschutz zu betreiben – von anderen Problemen wie der Landnutzung für Biokraftstoffe ganz abgesehen.

Vorschläge für 1000 konkrete Projekte in Europa machte im Herbst 2020 die European Climate Foundation (ECF) auf der Grundlage einer Untersuchung der Unternehmensberatung EY. Demnach könnten mit 200 Milliarden Euro an öffentlichen und privaten Investitionen innerhalb von zwei Jahren Projekte realisiert werden, die 2,8 Millionen Jobs schaffen, über ihre Lebensdauer 2,3 Milliarden Tonnen CO_2 einsparen und die Wirtschaft in allen 27 EU-Staaten ankurbeln. Für Deutschland sieht das Konzept etwa den Bau einer Solarzellen-Fabrik vor, einen schwimmenden Solarpark auf einem Braunkohle-Tagebausee und ein effizientes Energiemanagement für Lagerhäuser.

Die Industrie muss ohnehin investieren – warum nicht öko?

Bei der Frage, wann und wo in der Industrie neue Maschinen und Verfahren zum Einsatz kommen, öffnet sich gerade ein Fenster der Möglichkeit. Denn bis 2030 steht etwa die Hälfte aller Industrieanlagen der Grundstoffwirtschaft in Deutschland aus Altersgründen zur Reinvestition an. Die Entscheidungen darüber, welche Art von Hochofen, Chemieanlage oder Heizsystem installiert werden, treffen die Unternehmen in der nahen Zukunft. Wie da die Preise für Rohstoffe und CO_2 sich entwickeln und behördliche Genehmigungen aussehen, wird eine wichtige Rolle spielen.

Den grünen Investments spielt derzeit noch etwas anderes in die Karten: die Niedrig- bzw. Nullzinspolitik der Europäischen Zentralbank. Kredite sind derzeit praktisch zum Nulltarif zu bekommen. Ein Ende der lockeren Geldpolitik ist erst einmal nicht abzusehen. Wer sich also Geld leiht, um eine Windanlage zu bauen oder eine neue Fabrik für Elektroautos, muss sich um die Finanzierungskosten kaum Sorgen machen. Allerdings gilt das natürlich auch für klimaschädliche Projekte mit hohem CO_2-Ausstoß wie etwa neue Pipelines.

Und Geld ist reichlich vorhanden: Anleger suchen verzweifelt nach Investments, auch ökologischen. Banken und Finanzdienstleister sammeln Kapital ein, das an der Rettung der Welt mitverdienen will. Im Herbst 2020 legte die Bundesrepublik Deutschland die erste »grüne« Bundesanleihe auf, um für null Prozent Zinsen Kapital für nachhaltige Projekte einzusammeln. Mit vier Milliarden Einnahmen hatte der Finanzminister gerechnet, insgesamt gab es eine Nachfrage von 33 Milliarden. Die Europäische Investitionsbank (EIB) bezeichnet sich inzwischen als »Klima-Bank«, die EZB will unter ihrer Chefin Christine Lagarde die Geldpolitik für den Kampf gegen den Klimawandel nutzen.

Allerdings stellt der Weg zur Grünen Null die Finanzbranche vor ganz neue Herausforderungen, heißt es in einem Strategiepapier der Wissenschaftsplattform Sustainable Finance, zu der sich Universitäten und Wirtschaftsforschungsinstitute zusammengeschlossen haben. Es warnt davor, dass die Investitionen nicht nur in grünen Sektoren getätigt werden müssten, sondern gerade auch in die CO_2-intensiven Sektoren fließen sollten – um dort den grünen Umbau zu beschleunigen. »Eine grundlegende Transformation ist gerade nicht durch Verlagerung von Investitionen in andere, emissionsarme Sektoren möglich, sondern braucht Innovation und damit Investition innerhalb der heute CO_2-intensiven Branche und Unternehmen.«

Auch die Finanzbranche benötigt diesem Strategiepapier zufolge dringend Instrumente, um Klimawirkungen auf ihr eigenes Geschäftsmodell abzuschätzen. Ein »Klima-Stresstest« könne Banken und auch die Behörden der Finanzaufsicht warnen, wenn Geldanlagen höheren Risiken ausgesetzt sind – weil sie entweder selbst unter dem Klimawandel leiden oder in Konflikt mit Klimaschutzgesetzen kommen könnten. Außerdem brauchten Banken zur Einschätzung ihrer Kunden Informationen zu Unternehmen »zu deren Positionierung im transformatorischen Kontext« – also zur Frage, ob sie zu den Vorreitern oder den Bremsern ihrer Branche gehörten.

Ein großer Schritt: Die EU definiert Kriterien für grüne Geldanlagen

Für Christian Klein hat die EU-Kommission 2020 einen riesengroßen Schritt zu einer grünen Ausrichtung der Finanzmärkte gemacht – mit einem bis dahin kaum bekannten bürokratischen Instrument, der » Taxonomie «. » Da hat sich in zwei Jahren unglaublich viel bewegt, das könnte dazu führen, dass wirklich der Kapitalfluss in eine ökologischere Richtung gelenkt wird «, sagt der Professor für nachhaltige Finanzen an der Uni Kassel, der bei der Wissenschaftsplattform Sustainable Finance mitarbeitet. Bisher definiert die » Taxonomie « nur die Kriterien dafür, was als » grüne Anlage « gilt – und bisher bewegen sich diese Gelder in einer Nische von fünf Prozent des Marktes. » Aber stellen Sie sich vor, wenn die Kommission eines Tages festlegt, dass zum Beispiel die riesigen Pensionsfonds 20 Prozent ihrer Anlagen gemäß der Taxonomie anlegen müssen: Die Nachfrage nach grünen Projekten würde explodieren. « Ein solches Umdenken komme jetzt gerade in der Realwirtschaft an, sagt Klein.

Wie ernst diese Entwicklung genommen wird, zeigt sich auch beim Druck, den EU-Staaten machen, wenn es um die konkreten Details geht. Im Frühjahr 2021 tobte in Brüssel noch der Kampf um die etwa 800 Seiten lange Liste der Aktivitäten, die in der » Taxonomie « als klimafreundlich definiert werden sollen: Eine Allianz aus zehn südosteuropäischen Ländern stritt dafür, auch Gaskraftwerke und ihre Infrastruktur so zu definieren. Und der traditionell atomfreundliche wissenschaftliche Dienst der EU-Kommission (JRC) wollte auch für die Atomkraft ein grünes Etikett bei Investitionen. In einem Gutachten hieß es, es gebe » keinen wissenschaftlich fundierten Beweis, dass die Nuklearenergie der menschlichen Gesundheit oder der Umwelt mehr Schaden verursacht als andere Technologien der Elektrizitätsproduktion, die in der Taxonomie bereits eingeschlossen sind, weil sie helfen, den Klimawandel zu bekämpfen «. Damit sind erneuerbare Energien und hocheffiziente Gaskraftwerke gemeint.

Der Eindruck des Experten Klein ist jedenfalls: »Die EU-Kommission meint es ernst damit, die Ziele des Pariser Abkommens zu erreichen. Und das geht nur mit einer solchen Regulierung der Finanzmärkte.« Immerhin müssen dafür riesige Summen bewegt werden. Die EU selbst geht davon aus, dass für »Paris« jedes Jahr in Europa mindestens 180 Milliarden Euro in nachhaltige Projekte wie Windräder, Gebäudesanierungen, effiziente Industrieanlagen oder Forschung und Entwicklung fließen müssen. 2019 waren das allerdings nach einem Bericht des britischen Thinktanks Carbon Disclosure Project (CDP) bei 882 großen EU-Unternehmen erst 124 Milliarden. »Um bis 2050 das EU-Ziel von Null-Emissionen zu erreichen, sollten die Unternehmen den Anteil von CO_2-armen Projekten an ihren Ausgaben von zwölf auf 25 Prozent verdoppeln«, heißt es.

Sparsamkeit ist also nicht die richtige Strategie. Die »schwarze Null« bei den Staatsausgaben und die »Schuldenbremse«, die 2011 ins Grundgesetz geschrieben wurde und als Ausdruck der finanzpolitischen Nachhaltigkeit und der konservativen Solidität gilt, sind nach Auffassung vieler Ökonomen Gift für die anstehenden Investitionen in eine klimagerechte Zukunft. Neben der Privatwirtschaft müsse auch der Staat massiv investieren, vor allem, wenn er bei Negativzinsen damit sogar noch Geld verdiene, heißt es. Selbst aus den Schulden nach der Finanzkrise 2008/09 sei man »herausgewachsen«, weil das Wirtschaftswachstum den Anteil der Schulden am Sozialprodukt gedrückt hat.

Für Andreas Jung, Umwelt- und Finanzpolitiker der CDU im Bundestag, ist dagegen das Schuldenmachen für die Grüne Null keine Perspektive. »Wir ermöglichen ja Investitionen, sie müssen nur durch Einnahmen gedeckt sein«, so Jung. An der Schuldenbremse sei mit der Union nicht zu rütteln. Dann zitiert er den Koalitionsvertrag der grün-schwarzen Regierung Kretschmann II aus seinem Heimatland Baden-Württemberg: »Wir wollen weder in finanzieller noch in ökologischer Hinsicht auf Kosten unserer Kinder leben.«

Gerhard Schick war 13 Jahre lang ein Kollege von Andreas Jung. Für die Grünen saß er als Finanzpolitiker im Bundestag. Den verließ er 2018 mitten in der Legislaturperiode, um mit der von ihm gegründeten Bürgerbewegung Finanzwende mehr Hebel für ein gerechtes und nachhaltiges Finanzsystem in Bewegung zu setzen. Für ihn kommt es darauf an, dass Investitionen »nicht in solche Bereiche fließen, die den Klimawandel weiter befeuern. Am wichtigsten ist, dass wir Finanzflüsse jetzt umlenken«, schreibt er in einer Mail. »Öffentliche Investitionen, Subventionen, aber auch Staatshilfen wie im Rahmen der Corona-Krise sollten konsequent auf ihre Vereinbarkeit mit dem 1,5°-Ziel geprüft werden. Der Staat darf keine Unternehmen fördern, die unsere gemeinsame Zukunft gefährden. Die aktuelle Krise mit ihren großen Konjunkturprogrammen ist eine große Chance, die öffentliche Mittelverwendung nachhaltig auszurichten.«

Wie es nicht laufen sollte, hat Schick in seinem Buch *Die Bank gewinnt immer* dokumentiert – am Beispiel der Versorgungsanstalt des Bundes und der Länder (VBL), bei der die Pensionen von fast fünf Millionen öffentlichen Angestellten verwaltet werden. Der gewaltige Player am Finanzmarkt mit etwa 40 Milliarden Euro Kapital stellte lange nach eigenen Angaben »größtmögliche Sicherheit und Rentabilität und jederzeitige Liquidität« in den Vordergrund. Seit zehn Jahren schließt der Fonds jetzt zumindest Anlagen in Streumunition aus, ebenso bei Unternehmen, die gegen die Menschenrechte verstoßen. Bei Anlagen, die aus Umweltsicht kritisch sind, wolle man »den Einfluss als Aktionär nutzen«, um die Firmen zu einer »nachhaltigen und verantwortlichen Wirtschaftsweise zu bringen«, heißt es auf Anfrage von der VBL. Für Schick hingegen sind diese erst spät eingeführten Nachhaltigkeitskriterien »völlig unzureichend, und der Vorwurf des Greenwashing liegt nahe«.

Einen wirklich großen Hebel, um der Grünen Null schnell und entschlossen mit den Mitteln der Finanzpolitik näherzukommen, hat der Deutsche Bundestag jedes Jahr in der Hand: den Bundeshaushalt. Bisher stehen in der Finanzplanung immer noch Dutzende von Milliarden Euro als Ausgaben, die das Ziel der Klimaneutralität torpedieren. Da gibt es direkte und indirekte Hilfen, Steuererleichterungen oder Ausnahmeregeln für

energieintensive Industrien, für PendlerInnen, für Dieselkraft-
stoffe oder Flugbenzin. Zuletzt bezifferte das Umweltbundesamt
diese »umweltschädlichen Subventionen« auf über 50 Milliarden Euro; eine Neuauflage dieser kritischen Übersicht war noch
für 2021 geplant. Auch in ihr wird sich eine Liste mit milliardenschweren Subventionen finden. Wenn das Parlament dort
den Rotstift ansetzt, kann es zwei große Ziele gleichzeitig ver-
wirklichen: Steuergeld und Emissionen sparen. Und es könnte
noch etwas bewirken: das Steuersystem gerechter zu machen.
Denn nach einer Studie der Forums Ökologisch-Soziale Marktwirtschaft im Auftrag von Greenpeace von Anfang 2021 könnten diese Staatshilfen am effektivsten »sozial gerecht« abgebaut
werden: So träfen die wichtigsten vier Maßnahmen deutlich
weniger die Geringverdiener als die Bessergestellten: Ändere
der Staat etwas am Dienstwagenprivileg, der Strompreisaus-
nahme für die Industrie, der Dieselvergünstigung und dem Verzicht auf die Mehrwertsteuer bei internationalen Flügen, dann
beschneide er vor allem Privilegien der Reichen.

Weniger ist also mehr? Das wollen wir uns genauer ansehen.

GELD GEGEN DIE ZUKUNFT

Jährliche private und öffentliche Ausgaben in Deutschland,
die die Umweltkrise verschärfen

53 Mrd €
umweltschädliche
Subventionen

20 Mrd €
Gasimporte

24 Mrd €
Ölimporte

8,4 Mrd €
Straßenbau
des Bundes

2020

Quelle: Statista

Aufhören
Schluss mit dem »Weiter so«

Die Frage heißt: Was tun? Aber sie sollte auch lauten: Was nicht? Vielleicht ist dies die schwierigste Aufgabe unterwegs zur Grünen Null: weniger, kleiner, langsamer werden.

Am Nachmittag des 8. Dezember 2020 endete mehr als ein Jahr Widerstand: »Die letzte Person ist sicher aus der Höhe auf den Boden zurückgebracht worden«, meldete die Polizei im Dannenröder Wald in Hessen. Fast einen Monat lange hatten die Beamten in martialischer Ausrüstung und mit schwerem Gerät die Camps von UmweltschützerInnen geräumt, die ihren »Danni« getauften Mischwald aus alten Eichen und Kiefern vor der Zerstörung bewahren wollten. Sie hatten sich in luftiger Höhe angeseilt, Barrikaden gebaut und das Land in Atem gehalten. Ihr Ziel: den Lückenschluss für die Autobahn A 49 zwischen Gießen und Kassel zu verhindern. Zwei Aktivistinnen wurden bei der Räumung schwer verletzt, die Rodungen begannen direkt nach der Räumung.

Die schwarz-grüne Landesregierung hatte das Projekt, das der Bundestag beschlossen hatte, gegen alle Widerstände durchgesetzt. Hessens Vizeministerpräsident Tarek Al-Wazir (Grüne) verteidigte das gegenüber der *tageszeitung* so: »Der Weiterbau der Bundesautobahn 49 ist eine falsche Entscheidung. Aber sie ist demokratisch durch die Große Koalition im Bundestag zustande gekommen, durch die Bundesregierung in Auftrag gegeben und höchstrichterlich bestätigt.« Und: »Ob es mir passt oder nicht: Die Rechtslage ist eindeutig, und ich muss mich an sie halten.« Alles andere wäre Willkür. »Ich bin nicht Donald Trump, ich halte mich an Gesetze und akzeptiere Gerichtsentscheidungen.«

Welche Verträge müssen wir brechen?

Gerade diese Haltung hatten kurz zuvor zwei Frauen infrage gestellt, die gegen die Räumung protestierten: Luisa Neubauer, die bekannteste deutsche Aktivistin von Fridays for Future, und Carola Rackete, die als Kapitänin des Rettungsschiffs *Sea-Watch 3* für Flüchtlinge im Mittelmeer zur linken Symbolfigur wurde. In einem Essay im *Spiegel* forderten sie eine grundsätzliche Neubewertung von Recht und Gesetz, das die Zerstörung der Lebensgrundlagen ermöglicht und absichert. Sie wandten sich gegen private und öffentliche Verträge, die etwa den Abbau von Kohle regeln oder den Bau von Straßen – und die höher bewertet würden als Verträge zum Schutz von Menschen und Umwelt. Diese Vereinbarungen aber würden gebrochen, »weil einige die Macht haben zu entscheiden, dass es in Ordnung ist, das Pariser Abkommen zu brechen, nicht aber einen Straßenbauvertrag. Weil es für Entscheider okay ist, die Einhaltung von Biodiversitätsabkommen zu gefährden, nicht aber einen Koalitionsbeschluss. Die entscheidende Feststellung vom Dannenröder Wald ist die: Wir werden in den nächsten Jahren immer weiter, immer mehr Verträge brechen müssen. Die Frage ist nur, welche das sein werden – und wer die Macht hat zu entscheiden, welche. Systemfragen halt.«

Tatsächlich fehlt in praktisch allen Studien, Prognosen und Berechnungen zur Klimaneutralität ein wichtiger Punkt: Was müssen wir für die Grüne Null *nicht* (mehr) tun? Wovon muss sich die Gesellschaft verabschieden? Aus welchen Verträgen und Gewohnheiten müssen wir aussteigen?

»Vor allem müssen wir uns von der falschen Auffassung verabschieden, Dekarbonisierung könne stattfinden, ohne dass wir es merken oder sich etwas verändert«, sagt Harald Welzer. Der Soziologe und Bestsellerautor plädiert schon seit Jahren mit seiner Organisation FUTURZWEI. Stiftung Zukunftsfähigkeit dafür, mögliche gute Zukünfte zu denken und zu planen. »Wir müssen uns von vielem verabschieden, was uns selbstverständlich geworden ist. Die Kreuzfahrten, die E-Mountainbikes in der Natur, überhaupt das ganze System Auto«, fordert Welzer.

Für ihn muss auch Schluss sein mit der »Propaganda, man könne mit grünem Einsatz schwarze Zahlen schreiben« – für einen Ökokapitalismus gebe es keine Belege. »Und dann sollten wir aufhören, davon zu reden, man könne alle mitnehmen. Es wird Verlierer geben und Verteilungskämpfe. Auch der Kolonialismus oder die Unterdrückung der Frauen sind nicht ohne Opfer beendet worden.«

Was »Aufhören« auf der technischen Seite bedeutet, zeigen die Studien zumindest indirekt: Wer bis 2045 bei 100 Prozent Erneuerbaren sein will, muss aus den fossilen Energien aussteigen. Wer auf E-Mobilität umsteigen will, muss die Verbrennung von Benzin und Diesel hinter sich lassen. Wer mit sinkendem Fleischkonsum rechnet, muss weniger Fleisch essen. Aber es soll hier nicht um persönliche Verhaltensänderungen gehen (siehe das Kapitel *Sein Leben ändern*), sondern um die politischen Entscheidungen, eingeschlagene Entwicklungspfade zu verlassen – und wie das organisiert und durchgesetzt werden kann. Die meisten Studien scheuen davor zurück, einen Rückbau von Wachstum oder Mobilität zu fordern. Das Konzept des BDI *Klimapfade für Deutschland* setzt auf weiteres Wachstum, die Pläne zur Wasserstoff-Zukunft sehen riesige Investitionspotenziale, die Studie *Klimaneutrales Deutschland* von Agora und der Stiftung Klimaneutralität erklärt gleich am Anfang, der »in dieser Studie vorgestellte Pfad in Richtung Klimaneutralität baut explizit nicht auf Verzicht oder Postwachstumsszenarien als notwendige Voraussetzung für Klimaneutralität«.

Aber auch diese Szenarien beruhen auf einer massiven Einschränkung des Energieverbrauchs: Von 2018 bis 2050 »halbiert sich der Energiegehalt aller in Deutschland direkt oder zur Umwandlung in Sekundärenergieträger genutzten Energieträger. Der Primärenergieverbrauch geht von heute ungefähr 13 000 Petajoule (PJ) auf etwa 6600 PJ zurück«, heißt es in der Studie *Klimaneutrales Deutschland*, die Ende 2020 noch das Zieljahr 2050 vor Augen hatte. Nach einer Neuauflage des Gutachtens, die im April 2021 das neue Ziel 2045 für die Klimaneutralität untersuchte, kann Deutschland einen ganz ähnlichen Pfad mit verschärften Maßnahmen verfolgen. Möglich werden soll es vor allem durch eine massive Steigerung der Effizienz beim Verbrauch und die Reduzierung der fossilen Brennstoffe mit hoher Energiedichte.

Schrumpfung und Verbote sind keine beliebten Begriffe

Über Reduktion, Rückbau oder gar Schrumpfung wird in Chefetagen und Ministerialbüros nicht gern geredet. Zu sehr widersprechen diese Begriffe dem Wachstumsgedanken, schnell werden solche Überlegungen von politischen Gegnern als »Verzicht« und »Verbot« stigmatisiert. Besonders die Grünen haben leidvoll erfahren, wie gerade ökologische Forderungen (fünf Mark für den Liter Benzin, Veggie Day in öffentlichen Kantinen) von anderen Parteien lustvoll als Anfänge der Ökodiktatur gebrandmarkt werden. Wenn umgekehrt Großprojekte mit massiven Umweltauswirkungen durchgezogen werden, auch wenn sie bei Kosten und Sinnhaftigkeit alle Maßstäbe sprengen, wird das gern mit Sachzwängen und möglichen Schadensersatzforderungen begründet. Ob der Bahnhofsbau Stuttgart 21, das Kohlekraftwerk Datteln 4 oder Staatshilfen für unrentable Flughäfen: Von einer Öko(nomie)-Diktatur ist nicht die Rede – sondern davon, brav Verträge zu erfüllen.

Es gibt Ausnahmen. Ende 2020 erklärte Grünen-Chefin Annalena Baerbock im *taz*-Interview: »Der Vorwurf der Verbotspartei hat mich nie getroffen.« Überall brauche es klare Regeln, »ob in der Familie, im Fußballverein oder in der Gesellschaft insgesamt. Manches muss man auch verbieten. Und Verbote können sehr positive Folgen haben: Das Aus für Ölheizungen wird zu einem Technologieschub bei erneuerbaren Heizsystemen führen«. Damit nicht genug: Um auf den Weg zur Klimaneutralität zu kommen, soll nach dem Willen der Grünen noch mehr beendet werden: das unbegrenzte Rasen auf der Autobahn etwa durch ein Tempolimit mit 130 km/h; der Verkauf von Verbrennungsmotoren ab 2030; neue Ölheizungen ab sofort; ein schnelleres Ende der Kohle, nämlich bis 2030. Bei anderen Themen scheut die Grünen-Chefin das direkte Verbot, will aber Reduzierungen erreichen: beim Ausbau der Autobahnen, bei der Menge von Kühen und Schweinen in deutschen Ställen, bei Inlandsflügen. »Die gesamte Politik der nächsten Bundesregierung muss sich auf Klimaneutralität ausrichten«, sagt die Politikerin, die sich ein Jahr vor der Bundestagswahl Hoffnungen macht, in der nächsten Regierung zu sitzen, »in allen Ressorts, zentral von der nächsten Kanzlerin oder dem nächsten Kanzler gesteuert«.

Ob das »Weniger« zur zentralen Maxime einer Bundesregierung wird, wird die Zukunft zeigen. In der Vergangenheit hat die Politik mit dem »Aufhören« oft nicht einmal ernsthaft angefangen. In der nationalen Biodiversitätsstrategie (NBS) hat die Regierung selbst ihr Scheitern eingestanden: 100 Prozent aller Flüsse und Seen sollten 2015 in »gutem oder sehr gutem ökologischen Zustand« sein, aber es waren nur ganze acht Prozent. Und bis 2030 soll die Artenvielfalt, gemessen am Bestand von 51 heimischen Vogelarten, auf einem definierten Stand erreicht werden. Bei der letzten Zählung 2013 erreichte die Vielfalt aber nur 68 Prozent des geplanten Werts.

Auch mit der Axt im Walde sollte Schluss sein. Schon 2007 hatte die Strategie zur biologischen Vielfalt gefordert, bis 2020 insgesamt fünf Prozent der Waldfläche als »Naturwald« frei von menschlichen Einflüssen zu sichern. 2019 wurden nur drei Prozent erreicht. Außerdem ist bei der Belastung des Grundwassers mit Nitrat kein Ende in Sicht. Bereits seit 2008 schreibt eine EU-Regelung vor, dass Grundwasser nicht mit mehr als 50 Milligramm pro Liter belastet sein darf. Mehr als ein Jahrzehnt später zeigen sich trotzdem an jeder fünften Messstelle in Deutschland Überschreitungen, die die Gesundheit gefährden können.

Wir verzichten bereits: auf Natur, leise Städte, saubere Luft

Auch in der Deutschen Nachhaltigkeitsstrategie werden Bremsen für die Belastung der Natur aufgestellt – und regelmäßig versagen sie. Noch 2002 sollte bis 2020 die Bebauung von freiem Land mit neuen Häusern, Gewerben oder Straßen drastisch reduziert werden: Von knapp 130 Hektar am Tag – eine Fläche, die 180 Fußballfeldern entspricht – auf nur noch 30 Hektar in 2020. Tatsächlich ist es gelungen, den Flächenverbrauch von damals auf etwa 58 Hektar zu halbieren. Aber das ursprüngliche Ziel der Regierung wurde verfehlt – es gilt nun einfach für 2030.

2018 erklärte die Bundesregierung, mit der neuen Nachhaltigkeitsstrategie zeige sie, » dass es ihr wichtig ist, den Nachhaltigkeitsgedanken in allen Politikfeldern weiter zu stärken «. Zwei Jahre zuvor hatte die offizielle Bilanz dieser Strategie allerdings gezeigt, dass vor allem bei vielen Ökoindikatoren wie Meeresschutz, Energieverbrauch, Verkehr oder Nitrat die Trends in die falsche Richtung gehen oder weit entfernt vom Ziel liegen. Deutschland verzichtet also regelmäßig und zunehmend auf wilde Natur, saubere Gewässer, gesunde Weiden, ruhige Städte oder saubere Luft – ohne dass dieser tägliche Verlust und diese persönlichen Einschränkungen als Skandal empfunden werden.

Die blamable Bilanz der Bundesrepublik bei der Erfüllung ihrer eigenen Ökoversprechen bestätigt auch, was Luisa Neubauer kritisiert. In einem Essay für *taz.FUTURZWEI* hat sie bereits im Sommer 2020 beschrieben, wie schwer es uns fällt, aufzuhören: » Exnovation ist das Gegenteil von Innovation. Man kennt es nicht, denn wir machen es nicht. « Ihre These: » Man begrüßt Neues, ohne Altes konsequent zu verabschieden. « Erneuerbare ja, aber die Kohle bleibt noch lange am Leben; Subventionen für E-Autos, aber die Verbrenner dieseln weiter. » Weil sich niemand traut, mal einen Schlussstrich zu ziehen, wird eine Energiewende zu einem großen Chaos. « Auch sonst: vegetarische Angebote statt fleischfreier Tage in der Kantine, Friedensbemühungen und trotzdem Waffenexport. » Um nicht endgültig mit irgendwas aufzuhören, sind wir bereit, (fast) alles zu tun «, schreibt Neubauer.

Allerdings hat Deutschland sehr wohl Abschiede organisiert. Das Land beendet spätestens 2038 die Kohleverbrennung, so wie es den Steinkohlebergbau auf null gefahren hat. Ende 2022 geht laut Atomausstieg der letzte Meiler vom Netz. Deutschland hat seine Klimagase seit 1990 um 40 Prozent verringert, die EU bis 2016 um 23 Prozent, wobei allerdings ein Teil davon in Schwellenländer verlagert wurde. Der Hebel dafür ist in Europa der Emissionshandel: das organisierte und bürokratisierte Aufhören. Mit dem Fracken von Erdgas hat Deutschland gar nicht erst richtig begonnen. Carbon Capture and Storage (CCS), die umstrittene unterirdische Speicherung von CO_2, wurde flächendeckend verboten. Die grüne Gentechnik hat nach zarten Anfängen auf deutschen Äckern keine Chance. Auch bei Techniken, die schon erprobt und eingeführt waren, hat Deutschland ab und zu tatsächlich »Nein danke!« gesagt: beim Schwefeldioxid aus Kohlekraft (Waldsterben!), beim Blei im Benzin (Katalysator!), beim FCKW in der Spraydose (Ozonschicht!) oder bei der grausamen Jagd auf Wale. Und auch gesamtgesellschaftlich können wir durchaus verzichten: auf das Rauchen, auf einen machohaften Familienbegriff bei immer mehr Männern, in manchen Milieus sogar auf Fleisch und Autofahren.

Allerdings wird lieber in das schöne Neue viel Zeit und Liebe investiert, statt das hässliche Alte auf den Müllhaufen zu werfen: Das Erneuerbare-Energien-Gesetz honoriert den Aufbau von grüner Stromerzeugung – aber lange kümmerte sich niemand darum, auf die Kohle als Energieträger zu verzichten, bis es mit Milliardensummen in einem gesellschaftlichen Kraftakt endete. Kein Politiker hat sich bisher getraut, den Bundesverkehrswegeplan zu entrümpeln und ihn an die Erfordernisse der Grünen Null anzupassen. Zuletzt wurden aus ihm 200 Kilometer neue Straßen, aber nur sechs Kilometer neue Schienen finanziert.

Der Staat: Vorbild oder Organisator beim Schrumpfen?

Der Umweltverband BUND etwa hat zwölf Straßenbauprojekte zusammengestellt, bei denen »Kosten deutlich zu niedrig angesetzt, europäisches Umweltrecht ausgehebelt sowie faire Öffentlichkeitsbeteiligung und Alternativenprüfung verweigert werden«. In all diesen Fällen, monieren die Umweltschützer, »sind kostengünstige, umweltschonende und schnell umzusetzende Alternativen zum Bau dieser Fernstraßenprojekte möglich«. Alle diese Planungen stammen noch aus einer Zeit, als von Klimaneutralität keine Rede war. Zum »Desaster im Dutzend« gehören für den BUND Projekte wie die A 20 von Bad

Segeberg nach Westerstede, die A 39 von Lüneburg nach Wolfsburg, die Stadtautobahn A 100 in Berlin, der achtspurige Ausbau der A 3 im Ruhrgebiet oder die B 10 durch das Biosphären-
reservat Pfälzer Wald.

Interessant könnte in diesen Fällen vielleicht die Auslegung
von Paragraf 13 (2) des Bundes-Klimaschutzgesetzes werden.
Der schreibt unter dem Titel »Vorbildfunktion der öffentlichen
Hand« vor: »Der Bund prüft bei der Planung, Auswahl und
Durchführung von Investitionen und bei der Beschaffung, wie
damit jeweils zum Erreichen der Klimaschutzziele [...] beige-
tragen werden kann.« AnwältInnen sehen hier schon Ansätze,
um die Bundesregierung in Verlegenheit zu bringen: Müsste
sie wirklich bei jedem größeren öffentlichen Projekt wie einer
Autobahn oder eines Flughafens darlegen, wie sie damit ihren
eigenen CO_2-Minderungszielen näherkommt? Und würde sie
das nicht bei vielen emissionsintensiven Projekten am besten
dadurch beweisen, dass sie die Planung einstellt?

Mit einem grundsätzlichen Ansatz will dagegen die Stiftung Klimaneutralität das Problem an der Wurzel packen: Alle
behördlichen Genehmigungen für das Verbrennen von Öl, Gas
oder Kohle in Kraftwerken oder Maschinen sollten demnach
befristet werden – und keine neuen Betriebserlaubnisse mehr
erteilt werden. »Wir brauchen eine politische Grundsatzentscheidung darüber, dass der Betrieb dieser Anlagen nicht mehr
genehmigungsfähig ist«, sagt Stiftungsdirektor Rainer Baake.

Die Idee dahinter: Für jeden Hochofen, jedes Auto, jedes
Kraftwerk, jede Gasleitung muss für den Betrieb gemäß den
Gesetzen zum Immissionsschutz, zur Energiewirtschaft, zum
Bergrecht oder anderen Normen eine Genehmigung bean-
tragt werden. Einmal erteilt, gelten diese Genehmigungen in
Deutschland unbefristet – und damit verbrennen Hochöfen,
Autos und Kraftwerke völlig legal und bis sie auseinanderfallen
fossile Brennstoffe, die die Klimakrise befeuern. Das soll nach
Baakes Vorstellung vorbei sein: »Wir müssen diese Geneh-
migungen rückwirkend befristen und keine neuen mehr ertei-
len.« Denn immer noch, erinnert Baake, basieren 80 Prozent
des gesamten Energieverbrauchs auf Kohle, Öl und Gas.

Die Stiftung hat ihre Forderungen auch darauf abgeklopft, ob sie juristisch wasserdicht sind oder zu Schadensersatz für den Steuerzahler führen könnten. Baake macht so etwas nicht zum ersten Mal. Als Staatssekretär im Bundesumweltministerium war er die treibende Kraft hinter dem rot-grünen Atomausstieg 2000. Auch der ging über die Betriebserlaubnis der Atomkraftwerke, und zwar ohne Entschädigung für die Kraftwerksbetreiber. Denn, so der Gedanke, wenn ein Unternehmen auf eine Betriebserlaubnis vertraut und eine Anlage baut, ist diese Investition geschützt, bis das investierte Geld zurückverdient wurde – danach aber kann der Gesetzgeber die Anlage stilllegen, wenn es dafür gewichtige Gründe des Gemeinwohls gibt, auch ohne zahlen zu müssen. »Es gibt kein Recht auf unbegrenzten Gewinn«, sagt Baake. Das habe das Bundesverfassungsgericht im Atomurteil vom 6. Dezember 2016 auch bestätigt. Für den Ausstieg aus den Fossilen heißt das: Nach 20 bis 30 Jahren Lebensdauer geht das Feuer aus – selbst für die neuesten Anlagen zwischen 2040 und 2050. Und alle bestehenden Anlagen bekommen eine Restlaufzeit.

Eine andere Leitplanke für das »Aufhören« wäre es, die über 50 Milliarden Euro an umweltschädlichen Subventionen zu streichen, sagt Kai Niebert, Präsident des Deutschen Naturschutzrings (DNR), dem Dachverband von über 100 Umwelt- und Naturschutzverbänden. »Wenn wir nach den teuren Covid-Hilfsprogrammen über die Entlastung der Staatsfinanzen reden, sollten wir da ansetzen, wo mit Steuergeld der Konsum in die falsche Richtung gelenkt wird«, sagt Niebert. Er schlägt vor, zuerst bei den Zuschüssen zum Dieselkraftstoff, zu Flugtickets und bei der Pendlerpauschale den Rotstift anzusetzen. »Bisher machen wir Energie- und Landverbrauch dadurch künstlich billiger, das muss aufhören.«

Schluss machen würde Niebert aber in seiner eigenen Szene auch gern mit einem »konservativen Verständnis von einem Naturschutz, der nur Schaden verhindern will«. Diese Ansicht findet der DNR-Präsident überholt. »Es muss doch darum gehen, für ein besseres Klima zu kämpfen, nicht nur gegen ein schlechtes. Wir müssen die Naturflächen ausdehnen, statt sie nur zu konservieren.« Aber auch unter Umweltschützern müsse neu gedacht werden: »Solarenergie ist 50- bis 100-mal effizienter als Bioenergie. Wir könnten auf zehn Prozent der Fläche von Mais und Raps statt der Bioenergie Wind- und Solarenergie ernten und hätten eine höhere Energieausbeute – gleichzeitig könnten wir die frei werdenden 90 Prozent der Flächen dem Naturschutz widmen.«

Eine überhaupt nicht repräsentative Umfrage bei Twitter erbringt zumindest ein paar bedenkenswerte Hinweise: Worauf können wir verzichten beim Weg zur Klimaneutralität? Die Filterblase kocht über: Kohle, Verbrennerautos, aber auch alles, was nicht vegane Ernährung ist; selbstverständlich wird das Fliegen genannt, aber auch »der Homo sapiens«, die Fünftagewoche und »Reiche« – weil Studien zeigen, dass reiche Menschen durch mehr Möglichkeiten zum Konsum einen größeren ökologischen Fußabdruck haben.

Ökologische und tatsächliche Fußabdrücke machen wiederum ein Projekt aus, das sehr zwiespältig die Vor- und Nachteile beschreibt, die ein historisch ganz besonders großes Aufhören hatte: das Grüne Band auf dem ehemaligen Grenzstreifen zwischen Bundesrepublik und DDR, der fast 40 Jahre lang Deutschlands Mitte durchschnitt und lahmlegte. Was einmal verbotene Zone und Todesstreifen war, schlängelt sich 30 Jahre nach dem Fall der Mauer auf fast 1400 Kilometern als Biotopverbund mit 1200 seltenen Arten von Tieren und Pflanzen durchs Land. Vor allem die Aktivisten vom BUND und lokale UmweltschützerInnen haben hier Wiesen, Wälder, Flüsse, Moore und Äcker gesichert, auf denen 30 Jahre lang Friedhofsruhe herrschte und die Natur ein paar ungestörte Ecken fand. In vielen Teilen ist die Abgeschiedenheit und Einsamkeit geblieben. Sie liefern ein Beispiel dafür, welche Vorteile es für die Menschen manchmal hat, die Natur an manchen Stellen einfach in Ruhe zu lassen.

Den Naturschutz am Grünen Band gab es nicht geschenkt. Dafür mussten viele Leute an den richtigen Stellen zur richtigen Zeit das Richtige tun. Und zwar mit Macht.

GELD UND GELTUNG
Wirtschaftskraft und Lobbymacht (Euro)

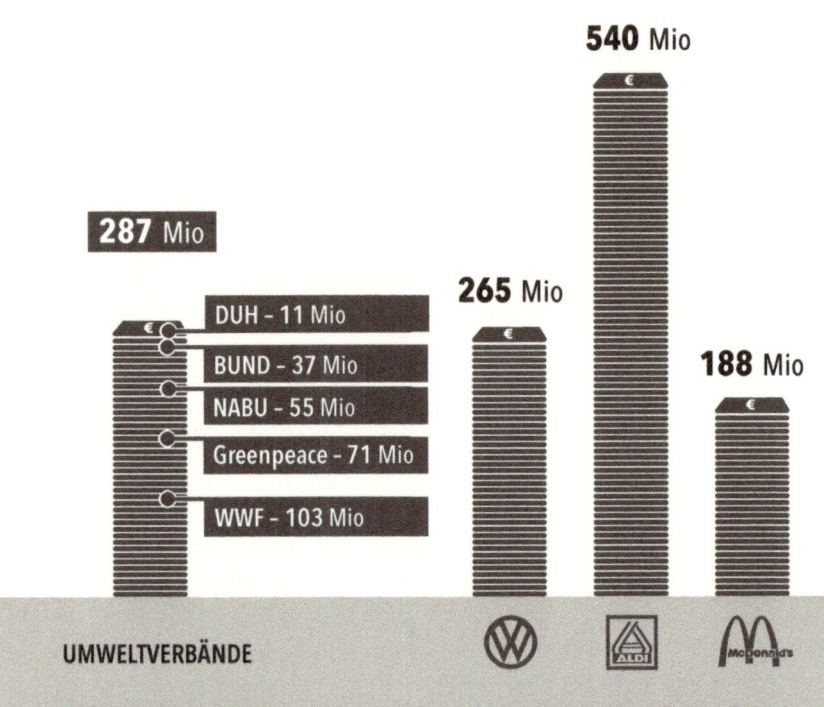

287 Mio

DUH – 11 Mio

BUND – 37 Mio

NABU – 55 Mio

Greenpeace – 71 Mio

WWF – 103 Mio

265 Mio

540 Mio

188 Mio

UMWELTVERBÄNDE

Gesamtbudget für Deutschland
2019

nur Marketingbudget für Deutschland
2019

Quelle: Geschäftsberichte für Deutschland, Nielsen Media Deutschland

Druck machen
Neue Fronten in der Lobbyschlacht

Das Tauziehen um die Details der Dekarbonisierung hat
begonnen. Gewinner und Verlierer des Wandels streiten
um Einfluss und Geld. Aber die Machtverhältnisse in der
Deutschland AG ändern sich.

Der Weg zum Klimaschutz ist in Essen ein Slalom durch Kohle,
Chemie und Stahl: Vor dem Hauptbahnhof zeigt eine steil auf-
ragende Bronzeskulptur Bergleute im engen Schacht unter
Tage. Daneben knattern im Wind die Fahnen des zweitgrößten
deutschen Chemiekonzerns Evonik, gleich dahinter residiert
thyssenkrupp. Von links oben überwacht die Glasfassade des
RWE-Turms den Stadtgarten, an dem auch die Philharmonie
liegt – mit RWE-Pavillon und Alfried-Krupp-Saal. Und das in
einer Stadt, wo selbst der Fußballklub die Initialen des Energie-
riesen trägt: Rot-Weiß Essen, RWE.

Wer jetzt noch heil die sechsspurige Huyssenallee überquert –
benannt nach einem Bürgermeister und Kohlezechenbesitzer –,
steht vor einem unscheinbaren fünfstöckigen Bürohaus. In den
hellen Räumen hängt an einem trüben Tag im Januar eine Aus-
stellung großformatiger Fotos von Grenzen und Mauern – in
Mexiko, Palästina, Nordirland, Berlin. Von der Wand im Eingang
grüßt Artikel eins des Grundgesetzes: »Die Würde des Menschen ist unantastbar.« Ausgelegt sind Broschüren, die für das
Bürgerbegehren »Klimaneutral in Essen 2030« werben. Und
draußen an der Wand verkündet eine leuchtend blaue Neon-
schrift: Stiftung Mercator. Ein dezentes Ausrufezeichen gegen
die geballte Macht von Kohle und Kapital.

Mit der Kohle hat es Lars Grotewold nicht so. Mit dem Kapital dagegen kann er ganz gut. Der aufmerksame Mann mit Bart, kurzen braunen Haaren und Rollkragenpulli unter dem Sakko ist Leiter des Bereichs Klimaschutz bei der Stiftung Mercator. Anders als etwa die Stiftungen von Bertelsmann, Volkswagen oder Bosch kennen nur Insider die Mäzene aus dem Herzen des Ruhrgebiets. Dabei ist Mercator der wichtigste Geldgeber für Energiewende und Klimaneutralität in Deutschland. Das stille Kapital aus Essen hat während des letzten Jahrzehnts sehr effektiv dabei geholfen, Energie- und Verkehrswende in die Mitte der Gesellschaft zu bringen, die Debatte über Klimaneutralität bis weit in konservative Kreise und die Industrie zu tragen – und nebenbei die Lobbyfront der fossilen Deutschland AG zu zersplittern.

»Themenanwaltschaft« statt »Lobbyismus«

Das Wort »Lobby« für seine Arbeit hört Grotewold nicht so gern. »Wir sagen lieber: Themenanwaltschaft«, korrigiert der Stiftungsmanager, wenn man ihm an einem riesigen Holztisch auf Corona-Abstand gegenübersitzt. »Klassischer Lobbyismus hat das wirtschaftliche Eigeninteresse von Unternehmen oder Menschen im Fokus, bei uns ist es das Allgemeinwohl.« Aber dass seine Stiftung einer der wichtigsten philanthropischen Geldgeber der Energiewende ist, weist er nicht zurück: »Wir sind in diesem Bereich für Deutschland sicher der größte Gorilla im Zoo.«

Ein Gorilla mit beeindruckenden Muskeln. Jährlich fördert die Stiftung mit etwa zwölf Millionen Euro Klimaprojekte. Für alle Förderzwecke zusammen (die Schwerpunkte liegen ansonsten auf Kultur im Ruhrgebiet, Europa und dem sozialen Zusammenhalt) flossen 2019 mehr als 63 Millionen. Bei den Klimathemen investieren die Essener vor allem in Forschung, Aufklärung und die Bildung von Netzwerken. Mit ihrem Geld sind die Denkfabriken Agora Energiewende und Agora Verkehrswende entstanden, sie finanzieren das Mercator Research Institute on Global Commons and Climate Change (MCC), ein Ableger des Potsdam-Instituts für Klimafolgenforschung (PIK).

Mit Mercator-Geld arbeiten außerdem Projekte wie Klimafakten, das gegen Fake News der Klimawandel-Leugner anschreibt, und Clean Energy Wire (CLEW), das mit englischen Texten der Welt die deutsche Energiewende erklärt. Dazu fließt Unterstützung für die Renewables Grid Initiative (RGI), bei der europaweit Netzbetreiber und Umweltgruppen an neuen Stromnetzen arbeiten, und das Projekt KlimaDiskurs.NRW, bei dem Industrie und Zivilgesellschaft in Nordrhein-Westfalen den Klimaschutz diskutieren. Dazu kommen noch Mercator-Geld für die Deutsche Allianz Klimawandel und Gesundheit und mehrere Millionen für die Wissenschaftsplattform Sustainable Finance, um das Finanzsystem ergrünen zu lassen. Der Rechenschaftsbericht für 2020 weist Zuwendungen für 38 kleinere und größere Institute und Projekte in diesem Bereich aus.

» Es ist kaum zu überschätzen, wie wichtig und positiv die Förderung durch die Stiftung Mercator für die Klimadebatte ist «, sagt DNR-Präsident Kai Niebert. Anders als bei Mitteln aus dem Bundesministerium für Bildung und Forschung oder der Deutschen Forschungsgemeinschaft (DFG) habe Mercator explizit einen politischen Ansatz, der die Zivilgesellschaft als wichtigen Akteur unterstütze. » Sie wollen durch ihre Unterstützung gesellschaftlichen Mehrwert generieren und arbeiten mit der Zivilgesellschaft daran, wie eine Transformation zur Klimaneutralität aussehen kann. Das ist wirklich relevant. «

Die Lobbymacht der Deutschland AG in der Krise

Anders als die eher unpolitischen Stiftungen, die sich in Deutschland um Umweltschutz bemühen, setzt Mercator bewusst auf eine eher amerikanisch geprägte Philosophie, die Gesellschaft zu verändern. » Wir wollen durch fundierte Analyse und undogmatische Gesprächsrunden über ideologische und politische Grenzen hinweg Veränderungen anstoßen «, sagt Grotewold. Vor allem bei den Agora-Projekten hat das gut funktioniert – wie der Name schon fordert, das griechische Wort für » Marktplatz «. Viermal jährlich treffen sich die jeweils etwa 30 TeilnehmerInnen beim vertraulichen » Rat der Agora «, um Analysen auszutauschen, sich kennenzulernen, Vertrauen aufzubauen. Im geschützten Raum sollen EntscheiderInnen hier Kompromisse ausloten können.

Tatsächlich haben sich die Fronten im Klima-Lobbyismus in nur einem Jahrzehnt deutlich verschoben. Die heilige deutsche Dreifaltigkeit von Energiekonzernen, Schwerindustrie und Autoherstellern blockierte und bremste seit den 1970er-Jahren auch über ihre Dachverbände BDEW, BDI, VCI oder VDA jeden Fortschritt. Diese Front hat versucht, erst die Energiewende, dann die Verkehrswende und echte Schritte zum Klimaschutz zu verhindern. Sie hat es oft geschafft, zu verzögern und für ihre Mitglieder Vorteile, Subventionen oder Ausnahmen zu erreichen, etwa im Europäischen Emissionshandel oder bei Regeln zu CO_2-Grenzwerten oder einer Entschädigung beim Kohleausstieg.

Doch unter dem Druck des Fukushima-Schocks und des Dieselskandals, des Pariser Abkommens, des fortschreitenden Klimawandels, des Green Deal auf EU-Ebene und vor allem durch die Demonstrationen von Fridays for Future ist diese Gegnerschaft geschwächt worden. Der BDEW wird inzwischen von der ehemaligen Grünen-Abgeordneten Kerstin Andreae als Geschäftsführerin geleitet und fordert bei jeder Gelegenheit mehr erneuerbare Energien; beim Bundesverband der Deutschen Industrie (BDI) wird nach der 2018 vorgelegten Studie *Klimapfade für Deutschland* intensiv über die nächste Studie zur Klimaneutralität nachgedacht.

Den VDA schwächen seine internen Widersprüche. Im September 2020 scheiterte die Autolobby daran, eine staatliche Kaufprämie für Autos mit Verbrennungsmotor in die Corona-Konjunkturhilfen des Bundes aufzunehmen. Zwar forderte CSU-Verkehrsminister Andreas Scheuer, »es stehen viele moderne Fahrzeuge auf Halde. Die müssen vom Hof«, aber die SPD blieb hart. Das Zugeständnis: Bei den Hilfen für E-Mobile werden weiterhin auch Plug-in-Hybride bezuschusst, Wagen mit Elektro- und Verbrennungsmotor, die aber sehr selten elektrisch fahren. Aber noch im Konjunkturpaket 2008/09 war die »Abwrackprämie« für Altautos verankert worden, die der damalige SPD-Umweltminister Sigmar Gabriel mit fünf Milliarden Euro durchboxte. Gut für die Umwelt war diese Maßnahme nicht, gut für die Autohersteller auf lange Sicht allerdings auch kaum, weil oft nur Autokäufe vorgezogen wurden. Durchgezogen wurde sie trotzdem.

Auffallend leise ist die sonst lautstarke Initiative Neue Soziale Marktwirtschaft (INSM) zur Klimaneutralität. Der Thinktank macht seit 2000 mit dem Geld der Arbeitgeberverbände aggressiv und manchmal hart an der Grenze zu Fake News Stimmung gegen die Energiewende und hohe Strompreise. So hat er 2017 zur Bundestagswahl die vermeintlichen »Fehler der Energiewende« aufgeschrieben. 2019 warnte die INSM wieder vor dem Klimapaket der Regierung. Manche Zahlen waren fragwürdig (das Konzept sprach etwa vom Pariser Klimaziel von zwei Grad, wenn es dort heißt, »deutlich unter zwei Grad«). Aber außer einem grundsätzlichen Bekenntnis zum Klimaschutz (»eine unserer größten Herausforderungen«) gibt es von den Marktliberalen der INSM bislang keine explizite Haltung zur Grünen Null.

Auch Konservative und Konzerne lassen grün denken

Eine neue Stimme aus Politik und Wirtschaft gibt es seit Februar 2021: Die politiknahe Denkfabrik Epico KlimaInnovation will »den Weg zur Klimaneutralität aus einer markt- und innovationsorientierten Perspektive vorantreiben«. Gegründet von Bernd Weber, einem ehemaligen Mitarbeiter des CDU-Wirtschafsrats, und mit Geldern der European Climate Foundation, der Konrad-Adenauer-Stiftung und des Breakthrough Institute von Bill Gates ausgestattet, soll die Denkfabrik Ideen für den marktwirtschaftlichen Weg zur Grünen Null formulieren. Der Beirat weist ein gut vernetztes Spektrum von Abgeordneten aus CDU, CSU, FDP und Grünen auf, aber auch die Spitzen von VDA, RWE, Germanwatch und der Energiegewerkschaft IGBCE, dem Naturschutzbund Deutschland und dem Leibniz-Institut für Wirtschaftsforschung (RWI), dem ifo Institut und dem Mercator Research Institute mit dem Berliner Klimaökonomen Ottmar Edenhofer. Eine bunte Mischung, die auf eine starke Stimme von klimabewussten Unternehmen und technologiebasierten Lösungen zielt, die sich in einer möglichen schwarz-grünen Zukunft Gehör verschaffen wollen.

Denn die klassische Lobbyfront bekommt zusehends Risse: Auf vertraulicher Ebene fragen große Autobauer an, ob sie nicht in Hintergrundkreise zur Verkehrswende einsteigen könnten; als das Bundeswirtschaftsministerium Ende 2020 die Einbindung neuer Nachfrage ins Stromnetz regeln wollte, zog der Minister nach nur vier Wochen diesen Vorschlag wieder zurück – die Autoindustrie hatte moniert, das gefährde ja auch die Rund-um-die-Uhr-Versorgung von E-Autos. Als Ende 2020 eine Änderung des Erneuerbare-Energien-Gesetzes den kleinen Anbietern das Leben schwer machen sollte, wehrte das eine Koalition auch von Unionsabgeordneten ab. Und die Union stimmte für die Erhöhung des CO_2-Preises im innerdeutschen Emissionshandel, auch wenn sie Steuererhöhungen vor der Wahl ausgeschlossen hatte.

Selbst bei den ChristdemokratInnen, für die Umweltschutz lange als wirtschaftsfeindlich galt, ist das Klimathema inzwischen angekommen. Im Frühjahr 2021 gründete sich die »KlimaUnion« aus CDU- und CSU-Mitgliedern, die ihrer Partei beim Weg zur grünen Null auf die Sprünge helfen wollen. Rund um den als Berliner Fahrradaktivist bekannt gewordenen Heinrich Strößenreuther und die Bremer JU-Chefin Wiebke Winter sammeln sich UnternehmerInnen, AktivistInnen und besorgte ChristdemokratInnen, die den Klimawandel und den Bedeutungsverlust ihrer Partei bekämpfen wollen. Mit einer »Plattform für glaubwürdige Politik für die bürgerliche Mitte« sollen Wahlen gewonnen werden und Wählerstimmen von den Grünen zurückgeholt werden, so ist zu hören.

Die Ziele sind ehrgeizig: Ein »klimaneutrales Deutschland in 10 bis 20 Jahren« will Winter im Partei- und Wahlprogramm der Union verankern. Die Grünen setzen für die CDU-Ökos zu sehr auf Angst und Besserwisserei, die »KlimaUnion« will wirtschaftliche Lösungen anbieten, einen höheren CO_2-Preis, ein Ende der fossilen Subventionen, einen schnellen Ausbau der Erneuerbaren. »Wenn wir die bürgerliche Mitte nicht für die Klimaneutralität gewinnen, scheitern wir in der operativen Umsetzung«, heißt es.

Die Unionsfraktion im Bundestag wird »grüner«, auch durch den Verlust von profilierten Bremsern: Der CSU-Abgeordnete Georg Nüsslein stolperte im Frühjahr 2021 über Honorare für die Vermittlung von Covid-Masken und verließ seine Partei; Joachim Pfeiffer, energie- und wirtschaftspolitischer Sprecher der Fraktion, verkündete im April seinen Rückzug aus dem Bundestag, weil seine umstrittenen Nebentätigkeiten als Wirtschaftsberater angeblich Ziel eines illegalen Hackerangriffs geworden waren. Auch die neuen Transparenzregeln der Unionsfraktion nach dem Skandal um die Bereicherung an Corona-Masken schreckten Pfeiffer ab, der lange und vehement gegen Energiewende und aus seiner Sicht übertriebenen Klimaschutz Front gemacht hatte.

Auch in der Arbeitsgruppe für Wirtschaft der Unionsfraktion seien inzwischen Abgeordnete in der Mehrheit, die die Energiewende vorantreiben wollen, schwört die Union. »Lange und hart« sei intern um den Ausstieg aus Atom und Kohle gerungen worden, sagt Andreas Jung, Stellvertretender Vorsitzender der CDU/CSU-Fraktion für die Bereiche Haushalt, Finanzen und Kommunalpolitik. »Beides ist jetzt aber entschieden. Jetzt bleibt die Frage, wie schnell und wie konsequent Klimaschutz umgesetzt wird.« Gerade im Sommer 2019 habe sich eine völlig neue Situation gezeigt. »In den Beratungen meldeten sich nicht nur die ›üblichen Verdächtigen‹ und drängten auf konsequente Maßnahmen, sondern viele Abgeordnete aus allen Fachbereichen, die sich zuvor nicht dezidiert zu Umweltthemen geäußert hatten«, so Jung. Beeindruckt hätten die Abgeordneten in den Hitzesommern die Protestaktionen von Fridays for Future, aber auch die Mahnungen von den Eltern und Großeltern der jugendlichen DemonstrantInnen, aus den Kirchen und von den Förstern und schließlich die schlechten Ergebnisse bei der Europawahl. Die vernichtende Kritik des Influencers Rezo kam da noch obendrauf.

»Wir konnten damals einfach schlecht erklären, wie wir unsere

Klimaziele erreichen wollen«, sagt Jung rückblickend. Musste die damalige CDU-Vorsitzende Annegret Kramp-Karrenbauer in dieser Zeit noch zugeben, die Union sei bei Umweltfragen nicht sprechfähig, veröffentlichte sie mit Jung im Sommer 2019 einen Aufruf, solide Finanz- und Klimapolitik zusammenzuführen. Seine Partei habe »große Schritte nach vorn gemacht«, sagt Andreas Jung. Ein später Erfolg für den Abgeordneten aus Konstanz, der schon lange als einer der wenigen Rufer in der Wüste für die »Aufforstung der CDU« geworben hatte.

Andererseits sei die Front der Bremser in der Union aber einfach nur geschmeidiger geworden, warnt der Politikwissenschaftler Arne Jungjohann, der als Berater vor allem für Umweltverbände die Hintergründe der Politik analysiert. »In der Fraktion gibt es immer noch eine starke Strömung gegen eine ambitionierte Klimapolitik«, sagt er. Der Wirtschaftsflügel um Abgeordnete wie Thomas Bareiß und Carsten Linnemann definiere eine »konservative Klimapolitik, die vor allem auf Hochglanz-Technologien wie Wasserstoff, synthetische Kraftstoffe und Flugtaxis setzt. Mit den Stichworten von marktwirtschaftlichen Ansätzen und europäischen Lösungen versucht man einen modernen Konservatismus zu inszenieren, der in Wirklichkeit aber darauf abzielt, eine wirksame nationale Klimapolitik auf die lange Bank zu schieben«, so Jungjohann. Der Wirtschaftsflügel rufe nur dann nach dem Markt, wenn strengere Grenzwerte oder die Förderung der erneuerbaren Energien verhindert werden soll. Ginge es um Investitionen in Wasserstoff oder den Aufbau von Elektroladesäulen, fordern sie vom Staat, mit Milliardenprogrammen einzuspringen. Jungjohann nennt das »eine prinzipienlose Klientelpolitik, die dem Klimaschutz kaum nützt«.

Aus eigenem Interesse: Unternehmen für Klimaschutz

Das Problem der klassischen fossilen Lobbys: Die Veränderungen in der deutschen und europäischen Klimapolitik zersplittern ihre Basis. Schon BDEW und BDI waren lange zur Energiewende nicht sprechbereit, weil ihre Mitgliedsunternehmen sich in Verlierer (Kohle- und Atomkonzerne) und Gewinner (Erneuerbare) aufspalteten. Ähnliches geschieht gerade in der Autoindustrie, wo Hersteller wie VW all ihre Lobbymacht für E-Autos, neue Mobilität und digitales Fahren einsetzen – und viele Zulieferer bei einem Ende des Verbrennungsmotors ihre Geschäftsmodelle verlieren. Zufall oder nicht: Als der BDEW seine Dominanz verlor, wurde er von der CDU-Politikerin und Merkel-Vertrauten Hildegard Müller geleitet. Heute, wo der VDA ins Schleudern gerät, sitzt am Steuer – Hildegard Müller.

Auch in der energieintensiven Industrie, bei Stahl und Chemie, ist inzwischen angekommen, dass sich etwas Grundlegendes verändern muss. Viele dieser Unternehmen versammelt schon seit 2012 die Stiftung 2° – ein ehemals kleiner, exklusiver Club, in dem sich ökobewusste Unternehmer rund um den Hamburger Versandhauskönig Otto scharten, um Klimaschutz von einem Unwort in der deutschen Industrie zu einer Zukunftsvision zu machen. Von Beginn an hatte die Stiftung das Wohlwollen von Angela Merkel, die sich eine Stimme aus der Wirtschaft erhoffte, um gegen die Bremser beim CDU-Wirtschaftsflügel zu argumentieren. Die Vorständin dieser unternehmerischen Ökolobby ist Sabine Nallinger, ehemalige grüne Bewerberin um das OB-Amt in München. Sie hat mit Geschick und Geduld immer mehr Firmen zusammengebracht, die aus Eigeninteresse mehr Klimaschutz fordern.

Inzwischen liest sich die Liste der Stiftungsmitglieder wie das Who is Who der deutschen Wirtschaft. 2020 brachten die Unternehmer eine Liste mit 70 großen deutschen Firmen dazu, von der Bundesregierung für die EU-Ratspräsidentschaft mehr Mumm einzufordern. Im März 2021 folgte der nächste Paukenschlag. In einer Erklärung »Was die Industrie jetzt von der Politik braucht« formulierten Schwergewichte der Deutschland AG ihre Forderungen für die Klimaneutralität: schnelleren Ausbau der Erneuerbaren, Schutz gegen Billigkonkurrenz und Abwanderung, niedrige Strompreise, schärferen Emissionshandel, Hilfen bei sauberen Technologien wie Wasserstoff – und vor allem: eine verlässliche Politik, um langfristige Investitionen zu planen.

»Fehlende Klimapolitik schadet dem Standort Deutschland, denn sie führt zu Investitionszurückhaltung«, heißt es in diesem Forderungskatalog der Wirtschaft zu den Bedingungen der Klimaneutralität. Nötig sei eine Welle von privaten und öffentlichen Investitionen, Subventionen für neue Techniken und Garantien für alte Anlagen, dazu schnellere Entscheidungen in der Politik. Und dann fordern Konzerne wie Bayer, BASF, BP, Siemens Energy, HeidelbergCement, Salzgitter, thyssenkrupp Steel, Covestro und Wacker Chemie: »Nur eine Politik, die sich konsequent daran ausrichtet, die Erderhitzung auf deutlich unter zwei Grad zu begrenzen, schafft Investitionssicherheit«, weil sie verhindere, dass sie dauernd nachgeschärft werden müsse. »Klimaschutz muss deshalb als zentrale Aufgabe der Modernisierung unserer Volkswirtschaft begriffen und viel stärker als heute ressortübergreifend etabliert werden.« Man muss sich erinnern: Das kommt von Unternehmen, die vor ein paar Jahren noch vor zu viel Klimaschutz gewarnt haben.

Die wichtigste Lobby für Klimaschutz war in den letzten Jahren aber die Jugendbewegung Fridays for Future. Die lose Gruppe, die praktisch aus dem Nichts entstand, brachte ab Frühjahr 2019 regelmäßig Hunderttausende vor allem junge Menschen auf die Straße. Sie formierte weltweiten Protest nach dem Vorbild der schwedischen Aktivistin Greta Thunberg, sie verbündete sich mit WissenschaftlerInnen, sie prägte die Debatte. Die Köpfe der Bewegung waren 2020 bei einer Zwischenbilanz zwar eher pessimistisch. »Wir haben viel bewegt und die Öffentlichkeit sensibilisiert«, sagte Greta Thunberg, »aber wir wollen richtige Taten sehen. Und richtige Taten gab es nicht. Also haben wir von einem anderen Standpunkt aus nichts erreicht.« Aber je mehr man sich von der Klimabewegung entfernt, desto erfolgreicher wird sie.

Die »Fridays« fühlen sich machtlos – ihre Gegner auch

Sympathisanten und Förderer – und erst recht die Gegenspieler – von Fridays vor Future betonen, wie viel Macht die Jugendlichen auf der Straße entfaltet haben. Bundeskanzlerin

Merkel ging nach kurzer Fehleinschätzung (»hybride Kriegs-
führung«) dazu über, die streikenden Kids zu umarmen und
zu loben. Wirtschaftsminister Peter Altmaier hatte erst gewarnt,
Klimaschutz dürfe die Wirtschaft nicht überfordern – und legte
im Sommer 2020 einen Plan für eine »Charta zum Klimaschutz« vor, der 20 Schritte vorschlägt. Altmaier, der noch im
Frühjahr 2019 vor seinem eigenen Ministerium nicht vor den
FFF-DemonstrantInnen sprechen durfte, begründete das ausdrücklich auch damit, wie die jungen Menschen ihn beeindruckt hätten.

Kohle-Aus, Klimaschutzgesetz, CO_2-Preis und vor allem
das epochale Klima-Urteil des Bundesverfassungsgerichts vom
29. April 2021, das auch auf Klagen von »FFF«-AktivistInnen
zurückging. Schon in den ersten zwei Jahren seit Anfang der
FFF-Demos passierte in Deutschland so viel für den Klimaschutz wie in Jahrzehnten vorher nicht. Allerdings gab es keine
schnell wirkenden Maßnahmen, ein deutliches strukturelles
Sinken der Emissionen. »Den Frust über das deutsche Klimapaket kann ich gut nachvollziehen«, sagt Patrick Graichen,
Chef von Agora Energiewende, »aber die Fridays hatten bisher schon einen Wahnsinnserfolg. Ohne sie gäbe es den Green
Deal der EU-Kommission nicht.« Für ihn ist klar: Die junge
Klimabewegung hat – neben den Hitzesommern und neuen
Warnungen aus der Wissenschaft – in ganz Europa entscheidend zur »Grünen Welle« bei den EU-Wahlen 2019 beigetra-
gen. Das Thema sei deshalb bei der umstrittenen Bildung der
EU-Kommission für Ursula von der Leyen so wichtig geworden, dass sie es ganz nach vorn gestellt habe. »Das hätte von der
Leyen von sich aus nie gemacht«, ist Graichen sicher. Auch die
höheren Preise im EU-Emissionshandel seien indirekt Fridays
for Future zu verdanken.

»Das politische System hat die Klimafrage durch die Fridays jetzt viel mehr verinnerlicht«, sagt Jochen Flasbarth, SPD-
Staatssekretär im Bundesumweltministerium. Die Bewegung sei
»sehr stark und sehr regierungskritisch, und sie bringen eine
Respektlosigkeit in die Debatte, die wir von den Umweltverbänden nicht mehr gewohnt sind«, sagt Flasbarth, der selbst

Präsident des Umweltverbands NABU war. Politik und Wirtschaft hätten außerdem »Angst vor der Mobilisierungskraft der FFF«.

Eine Schwächung der fossilen Lobby in Deutschland kann dagegen Martin Kaiser nicht erkennen. »Wir beißen uns an denen weiter die Zähne aus«, sagt der geschäftsführende Vorstand von Greenpeace Deutschland. »Vor dem Klimapaket der Bundesregierung 2019 gab es immensen Druck auf der Straße und klare Forderungen durch die Fridays for Future und die Klimabewegung, aber kaum etwas davon wurde von den PolitikerInnen umgesetzt.« Auch in der Landwirtschaft würden zentrale Forderungen nach ökologischen Leitplanken weiter durch eine historische Allianz von Abgeordneten, Unternehmen und Behörden ausgehebelt, »da hat sich im Lobbyismus kaum was geändert«.

Kaiser sieht auch, dass manche Unternehmen wie VW vor strategischen Fragen zur Klimapolitik stehen. »Wenn VW tatsächlich ein Teil der Lösung sein will, darf der Konzern nicht weiter Verbrenner entwickeln und bis 2040 verkaufen. Schon auf die nächste Entwicklungsplattform für Verbrenner zu verzichten würde in der Branche viel ändern. Aber noch ist nichts passiert«, zeigt sich Kaiser skeptisch. Auch mit der CDU/CSU lasse sich inzwischen besser reden. Aber: »Wenn es ans Eingemachte geht, um eine gerechtere Globalisierung, mehr Menschenrechte in den Handelsketten oder die Akzeptanz, dass das Wachstum auf unserem Planeten endlich ist, dann ist das für die Union immer noch ein absolutes No-Go.« Ein wirklicher Umbau des Wirtschaftssystems zu mehr Orientierung aufs Gemeinwohl sei weiterhin für Konservative und Liberale kaum denkbar.

Beim Kohleausstieg habe sich »die Industrie das Ende eines alten Systems mit 4,5 Milliarden Euro für die Unternehmen vergolden lassen«, sagt Kaiser. »Da kann man nicht von schwacher Lobbyarbeit sprechen.« Und wie mächtig die Industrie noch sei, zeige sich auch indirekt: »Wenn der Wirtschaftsminister sagt, er sei jetzt auch für höhere Klimaziele, weil die Stahlindustrie ihm vorgerechnet habe, dass das möglich sei.« Stärkster

Bremsklotz für Kaiser nach wie vor: die Öl-, Braunkohle- und Gaslobby.

Die Gasindustrie zumindest preist sich gern als »Brücke ins Erneuerbaren-Zeitalter« an. Lange hat die Industrie argumentiert, Gas sei ein Klimaschützer, weil es bei der Verbrennung weniger CO_2 erzeugt als Kohle. Doch für viele Experten ist Gas kaum weniger klimaschädlich als das »schwarze Gold« – das Methan, aus dem Erdgas vor allem besteht, heizt die Atmosphäre etwa 25-mal so stark auf wie Kohlendioxid und gefährdet über Leckagen bei Produktion und Transport das Klima mehr als lange angenommen.

Gas als Brücke in die Zukunft – oder als Klimakiller

Auch bei den Fans der Klimaneutralität sind die Meinungen gespalten. Die einen erklären, man brauche mittelfristig auch neue Gaskraftwerke, um den schwankenden Strom aus Erneuerbaren auszugleichen, wenn ab 2022 die letzten deutschen Atomkraftwerke und früher als geplant die Kohlekraftwerke abgeschaltet werden. Für die anderen gibt es bereits jetzt genug Gas im System und auf dem Markt, neue Kraftwerke oder Pipelines seien überflüssig und bremsten nur den Ausbau von 100 Prozent erneuerbaren Energien.

Die Gaslobby hat ihre Strategie angepasst. Im Frühjahr 2021 änderte sie ihren Namen von »Zukunft Erdgas« in »Zukunft Gas« – um neben dem fossilen Brennstoff auch »grüne Gase« ins Portfolio zu nehmen. Man wolle »Mut und Ambitionen« zeigen, um »mit innovativen Techniken die Dekarbonisierung des Energiesystems zum Erfolg zu führen«. Das neue Credo: Gas könne ja auch als »Power-to-X« aus Ökostrom erzeugt werden und das fossile Erdgas ersetzen oder ergänzen.

»Es gibt sehr enge Netze zwischen der Politik und der Gaswirtschaft«, sagt Constantin Zerger, Klimaexperte der Deutschen Umwelthilfe (DUH). Das zeigt sich für ihn in der politischen Rückendeckung aus SPD und CDU für die umstrittene Ostsee-Pipeline Nord Stream 2, die von vielen EU-Ländern, der EU-Kommission und den USA abgelehnt wird. Es zeige sich aber auch zum Beispiel beim »Dialogprozess Gas 2030«, wo sich das Bundeswirtschaftsministerium von der Industrie beraten lasse, bei Empfängen, Aufsichtsratsposten und letztlich Entscheidungen: »Beim Kohleausstiegsgesetz wurde in letzter Minute die Prämie für Kraftwerke, die von Kohle auf Gas umrüsten, mehr als verdoppelt«, sagt Zerger. »Das war ein Riesenerfolg für die Erdgaslobby.«

Und die nächste mächtige Einflussgruppe wächst schon heran: die Wasserstofflobby. Sie hat es nicht schwer: Es gibt Steuermilliarden und fast keine Kritik. Der neue Wunderstoff, gern als »Champagner der Energiewende« bezeichnet, weil er rar und teuer ist, soll gemäß dem Innovationsbeauftragten Stefan Kaufmann, einem CDU-Bundestagsabgeordneten, breit verfügbar sein. Die Technik verspricht allen alles: grünes Wachstum, Jobs, Klimaneutralität, technische Innovation, Technologie Made in Germany, Chancen für Import und Export. Und das Beste: Für den Transport könne man die bestehenden Gasleitungen nutzen, meint die Industrie. Das könnte dann auch für Nord Stream 2 ein lukratives Geschäft sein: mit dem Erdgas oder mit erneuerbaren Energien in Russland Wasserstoff herstellen und ihn durch die Ostsee nach Deutschland schicken. Der Stoff aus Erdgas wäre »grau«, nicht grün – aber der Bedarf an Wasserstoff ist so gewaltig, dass da wohl viele ein Auge zudrücken würden.

Ein offenes Ohr für die Belange der Wirtschaft hat auch der Nationale Wasserstoffrat. Er besteht nach einer Analyse von LobbyControl aus 15 VertreterInnen der Wirtschaft, sieben der Wissenschaft, zwei NGO-Sprechern und einem Gewerkschafter. Das zeige, dass »wirtschaftliche Interessen Vorrang vor klimapolitischen Fragen haben«, etwa wenn der Rat mit Mehrheit empfiehlt, den Strom für H_2-Elektrolyseure von der EEG-Umlage zu befreien – eine zentrale Forderung der Industrie.

Aber Energiepolitik ist vor allem eine europäische Aufgabe. Der »Wasserstoff-Hype« werde in Europa vor allem von der Gasindustrie vorangetrieben, hat ein Bericht der konzernkritischen Organisation Corporate Europe Observatory (CEO) Ende 2020 hervorgehoben. Die Lobbyarbeit rund um die Organisationen Hydrogen Europe und Hydrogen Council kostete nach EU-Unterlagen, die CEO einsehen konnte, von Dezember 2019 bis September 2020 knapp 60 Millionen Euro und führte zu 163 Treffen mit hochrangigen EU-Vertretern, wogegen Umweltgruppen zu dem Thema nur 37 Termine bekamen. Im Sommer 2020 verabschiedeten dann sowohl die Bundesrepublik als auch die EU ihre »Wasserstoff-Strategien«, die massive finanzielle und politische Rückendeckung für die insgesamt 430 Milliarden Investitionen in der EU vorsehen und »beunruhigend ähnlich« wie die Lobby-Vorstellung aussehen, so CEO.

»Verändert hat sich nur die Rhetorik.«

Die Gas-/Wasserstoffwirtschaft habe nun Zugang zu milliardenschweren Fördertöpfen in Deutschland und der gesamten EU, kritisiert CEO. Und das, obwohl bisher nur 0,1 Prozent des Stoffs nachhaltig hergestellt werde. »Die EU ist auf den Zug mit dem Wasserstoff-Hype aufgesprungen und umarmt ihn mit Volldampf als ›grünen‹ Treibstoff der Zukunft«, heißt es von CEO. »Während Wasserstoff als Klima-Füllhorn präsentiert wird, hat die konzertierte Lobbytätigkeit der Gasindustrie dafür gesorgt, dass wenigstens für die wichtigen nächsten Jahrzehnte die hochgejazzte ›Wasserstoffwirtschaft‹ der EU mit Wasserstoff eher aus dreckigen fossilen Treibstoffen als mit erneuerbarem Strom betrieben wird.«

Ähnlich kritisch sieht das Claudia Kemfert. Für sie sind die Erklärungen der Industrie zur Klimaneutralität »in vielen Bereichen leider nur Alibiveranstaltungen«. Kemfert ist Energieexpertin beim Deutschen Institut für Wirtschaftsforschung (DIW) in Berlin und beobachtet seit Langem die Energiepolitik vor und hinter den Berliner Kulissen. Sie hat Bücher mit Titeln wie *Kampf um Strom* und *Das fossile Imperium schlägt zurück* geschrieben, um vor dem Angriff der Industrielobby auf die Energiewende zu warnen.

»Die Rhetorik hat sich verändert, aber sonst nicht viel«, sagt Kemfert. Die deutschen Industrieverbände wie BDEW und BDI übernähmen die Erzählung von der Klimaneutralität, aber die Wirtschaft verlagere ihr Geschäftsmodell einfach auf den Wasserstoff. »Deren Argument ist: Für die Klimaneutralität brauchen wir Wasserstoff, und um den ökologisch zu erzeugen, bräuchten wir siebenmal so viel Strom, wie derzeit in Europa verfügbar ist. Also stellen wir den Wasserstoff in Europa und außerhalb mit Gas, Kohle oder Atom her.« Für Kemfert ist diese Erzählung gefährlich, weil sie vom Ziel »100 Prozent Erneuerbare bis 2050 ablenkt. So kann die gut gemeinte Geschichte von der Klimaneutralität zum Bumerang für den Klimaschutz werden«, warnt Kemfert.

Der Widerstand ist ins Internet und in die Parlamente eingezogen

Aber auch der offene Widerstand gegen Klimaschutz und den Umbau der Volkswirtschaft ist nicht verschwunden – er hat sich nur aus den Konzernzentralen in Thinktanks, ins Internet und in die Landtage und den Bundestag verlagert. Die AfD im Bundestag etwa wettert gegen jede Form von Klimapolitik, weil sie schon das Problem leugnet. Ein Umbau der deutschen Wirtschaft ist daher aus ihrer Sicht nicht nur teuer, sondern schlicht unnötig – auch wenn das weite Teile der Wirtschaft inzwischen selbst ganz anders sehen. Die AfD selbst registriert aber auch, dass die Fundamentalopposition gegen jede Art von nachhaltiger Wirtschaftsweise ihr ein Wählerspektrum sichert, das in seiner Verunsicherung klare rückwärtsgewandte Ansagen bevorzugt.

Nach der angeblichen Bedrohung durch den Euro und später die Migrationsbewegung in den Jahren 2015/16 sind es jetzt die Krisen durch die Corona-Pandemie und den Klimawandel, die der AfD und einem lauten, wenn auch kleinen Spektrum von Wissenschaftsleugnern in die Hände spielen. Die Bedrohung ist für sie nicht die wissenschaftlich erwiesene Krise (ein Virus, die Erderwärmung), sondern die angebliche Überreaktion von Staat und Gesellschaft, die Einschränkungen der Freiheit und Selbstverwirklichung. Wie effektiv diese Strategien sein können und wie bewusst und geschickt die AfD diese Karte spielt, zeigt der orchestrierte Widerstand gegen den Ausbau der Windkraft (siehe das Kapitel *Die Mühlen der Ebene*). Dazu kommt: Oft haben bisher die AnwohnerInnen von Windparks (meist im Osten Deutschlands) nichts oder nur wenig von den Stromerzeugern – das Geld landet bei Investoren (meist im Westen). Bundestagsabgeordnete der CDU aus diesen Regionen machen auch die Windkraft verantwortlich, wenn sie massiv Stimmen an die AfD verlieren.

Diese Art des Widerstands gegen die Grüne Null sei durchaus effektiv, sagt Lars Grotewold, wenn er bei der Stiftung Mercator in Essen die Strategien der Gegenseite analysiert. »Den Bremsern des Klimaschutzes ist es gelungen, ein reaktionäres Netzwerk aufzubauen, das schnell einsetzbar ist und sich auf gemeinsame Werte beruft«, sagt er. »Das ist sehr schlau gemacht, denn es ist universell einsetzbar: Gegen den Euro, gegen Corona-Maßnahmen, gegen Klimaschutz.« Grotewold ärgert sich dagegen über »Naivität und unterentwickelte Kooperation« in der Umweltbewegung, wo manchmal jeder sein eigenes Süppchen koche. »Unser Vorteil als Stiftung: Wir sind unabhängig vom Markt oder von Parteien«, sagt der Mercator-Manager. »Wenn wir einladen, haben wir keine versteckte Agenda, wie sie Akteuren aus Politik oder Wirtschaft unterstellt wird. Und wir sind klar in unseren Zielen und transparent.«

Kaum transparent ist Deutschlands wichtigster Finanzier von zivilgesellschaftlichem Klimaschutz allerdings in eigenen Dingen. Woher kommt das grüne Kapital, mit dem die Stiftung Mercator für die Klimaneutralität die Trommel rührt? Die Stiftung Mercator hatte 2020 einen Haushalt von 112 Millionen Euro, sie bekommt das Geld für Projekte aber von ihrer Dachorganisation, der Meridian Stiftung. Die sitzt in Essen, gleich um die Ecke von der Stiftung Mercator. Aber so offen die Stiftung Mercator ist, so verschlossen zeigt sich ihre Muttergesellschaft bei journalistischen Anfragen.

In der Meridian Stiftung hat die Essener Kaufmannsfamilie Schmidt einen Teil ihres Geldes angelegt. Das wurde im Großhandel verdient, mit der Metro Group. Die Nachfahren der Familie haben Ende der 1990er-Jahre die Stiftung Mercator und eine Schwesterstiftung in der Schweiz gegründet und »mit erheblichen finanziellen Mitteln aus ihrem Vermögen ausgestattet«, heißt es auf der Homepage. Ein neunköpfiger Beirat überwacht die Arbeit des Vorstandes, der die Werte »Weltoffenheit, Respekt und Toleranz« fördern soll.

Und wie ist das Kapital heute angelegt? Gibt es Ausschlusskriterien für Anlagen? Oder sichern möglicherweise Anteile und Fonds das Kapital der Stiftung, die bei ihrem Bezug zum Ruhrgebiet nahelägen – zum Beispiel an RWE, thyssenkrupp, Evonik oder E.ON?

Die Antwort ist kurz und knapp: »Eine Veröffentlichung, in welcher Weise die Mittel investiert sind, ist seitens der Meridian Stiftung zum jetzigen Zeitpunkt nicht vorgesehen.«

Transparenz im Prozess zur Klimaneutralität ist wichtig. Manchmal ist sie allerdings nur erreichbar durch einen Gerichtsprozess.

Klagen statt Jammern
Klimaschutz vor Gericht

Über Umweltfragen entscheiden immer häufiger Gerichte.
Auch in Deutschland hat das Verfassungsgericht klargestellt:
Das Grundgesetz fordert Klimaschutz. Diese Entscheidung
verändert die ganze Debatte.

Der Fall ist verloren, die Kläger haben keine Chance. Zu schwach
sind ihre Argumente, zu uneinig ihre Anwältinnen; die Vertei-
digung hat leichtes Spiel. Da bittet am Ende einer dramatischen
Gerichtsverhandlung die Bundeskanzlerin ums Wort. Sie habe
als Physikerin immer die Naturgesetze als »objektive Wahrheit«
betrachtet, die aber »der politischen Praxis und dem Macht-

erhalt« untergeordnet wurden. »Die Verzweiflung über den Zustand der Welt habe ich verstanden und manchmal geteilt«, sagt Angela Merkel vor den Klägern, Verteidigern und den fünf Richtern des Internationalen Gerichtshofs, die atemlos ihre überraschende Erklärung verfolgen. Und dann fordert sie den Vorsitzenden auf, die Bundesrepublik Deutschland zu verurteilen.

So endet der ARD-Fernsehfilm *Ökozid* von Andreas Veiel, der Ende 2020 ausgestrahlt wurde. In einem fiktiven Prozess wird im Jahr 2034 die ehemalige Bundeskanzlerin als Zeugin geladen, weil 31 Staaten aus dem globalen Süden Deutschland auf Schadensersatz verklagt haben. Der Versuch ist eigentlich zum Scheitern verurteilt, doch der eindringliche Appell der Altkanzlerin wendet das Blatt: Das Gericht verurteilt Deutschland wegen Verstoßes gegen das Recht auf Leben in der UN-Konvention. Merkels Land sei wegen einer »Pflichtverletzung bei der Abwehr des Klimawandels« zum Schadensersatz verpflichtet. Durch seine historischen CO_2-Emissionen habe es »gegen universell geltende Menschenrechte verstoßen«, erklärt der Vorsitzende Richter.

Der Fall ist eine schöne Geschichte. Im wirklichen Leben gibt es bisher weder Entwicklungsländer, die eine solche Klage wagen, noch ein Gericht, das sie verhandeln würde, oder gar eine ausreichende Gesetzesgrundlage. *Ökozid* setzt gekonnt auf die Dramatik der Klimakatastrophe. Und der Film greift ein aktuelles Thema auf: den Versuch, eine bessere Klimapolitik über die Gerichte zu erreichen.

Umwelt- und Klimaklagen werden immer häufiger

»Die Idee mit solch einem Tribunal hat mir gut gefallen«, sagt Hermann Ott und lacht, »aber warum erst 2034 und nicht schon früher?« Ott ist Jurist, hat im Wuppertal Institut über Jahrzehnte zur Klimapolitik geforscht und für die Grünen im Bundestag gesessen. Seit 2018 hat der umtriebige Politiker und Wissenschaftler eine neue Rolle: Er leitet das Berliner Büro von ClientEarth. Die Umweltrechtorganisation mit Hauptsitz in London organisiert mit 200 Mitarbeitern weltweit Klagen und Prozesse im Sinne der »Public Interest Litigation« – Verfahren im öffentlichen Interesse, um »als juristischer Hebel der Gesellschaft Menschen- und Umweltrechte durchzusetzen«, wie Ott sagt.

Hermann Ott ist optimistisch. »Wir sind gerade an einem Punkt, an dem das Rechtssystem in eine andere Richtung kippt«, sagt er.

Der 29. April 2021 war so ein Kipppunkt, den kaum jemand hatte kommen sehen: Das Bundesverfassungsgericht befand völlig überraschend, Teile des Bundes-Klimaschutzgesetzes von 2019 seien verfassungswidrig. Es reagierte mit diesem Beschluss auf mehrere Klagen von Umweltverbänden und Einzelpersonen. Der Beschluss wird weitreichende Folgen haben, nicht nur für die Klimathematik, sondern auch für andere Umweltbelange, bei denen in der Zukunft Schäden und Belastungen drohen. Hastig besserte die Regierung das umstrittene Gesetz nach, verschärfte die Klimaziele bis 2030 und klärte die Regeln, die nach 2030 gelten sollen.

Das Bundes-Klimaschutzgesetz gilt seit dem 17. Dezember 2019. Es definiert die deutschen Klimaziele und schreibt CO_2-Obergrenzen für einzelne Jahre und einzelne Sektoren der Volkswirtschaft fest. Dazu kommen Vorschriften, wie die Einhaltung überwacht wird und welche Bußgelder bei Verstößen fällig sind. »Zweck des Gesetzes« ist es laut Artikel 1, die nationalen und europäischen Klimaziele einzuhalten.

Damit lässt sich die Grüne Null zwar nicht einfach herbeiklagen. Aber die Ziele müssen klar definiert und ernsthaft umgesetzt werden, hat das oberste deutsche Gericht am 29. April 2021 überraschend deutlich gefordert. Welche exakten Langzeitfolgen dieser Beschluss haben wird, war bei Redaktionsschluss dieses Buches noch nicht endgültig abzusehen. Klar war aber schon im Frühjahr 2021, dass er grundsätzliche Weichen anders stellt. So wird die Regierung nicht nur verpflichtet, das Klimaschutzgesetz nachzubessern. Klar ist nun auch, dass Einzelpersonen, aber nicht Verbände berechtigt zu einer Verfassungsbeschwerde sind, was bislang in diesem Bereich immer abgelehnt wurde. Auch muss die Regierung bei ihren Rechnungen ein »CO_2-Budget« berücksichtigen, das anzeigt, wie viel Treibhausgase ein Land noch ausstoßen darf, ehe es die Schwelle des 1,5-Grad-Ziels überschreitet – ein Vorgehen, das die Bundesregierung immer abgelehnt hatte, obwohl es ihr eigener »Sachverständigenrat für Umweltfragen« (SRU) vorgeschlagen hatte.

Das Gericht ging aber noch weiter. Es erhob die Pariser Klimaziele und auch die Klimaneutralität faktisch in Verfassungsrang, verankert in Artikel 20a des Grundgesetzes, das nicht nur den Gesetzgeber, sondern auch Behörden und Gerichte binde. Vor allem entwickelte das Bundesverfassungsgericht die Idee der »intertemporalen Freiheitsrechte«, mit denen die Freiheit der künftigen Generationen geschützt werden muss: »Es darf nicht einer Generation zugestanden werden, unter vergleichsweise milder Reduktionslast große Teile des CO_2-Budgets zu verbrauchen, wenn damit zugleich den nachfolgenden Generationen eine radikale Reduktionslast überlassen und deren Leben umfassenden Freiheitseinbußen ausgesetzt würde.« Das ist die juristische Formulierung des alten Spruchs der Umweltbewegung: »Wir haben die Erde von unseren Kindern nur geborgt.« Unser sorgloses Leben heute darf nicht dazu führen, dass kommende Generationen in ihrer Freiheit eingeschränkt werden – etwa durch scharfe Maßnahmen zum Klimaschutz.

Die wichtigste Neuerung des Beschlusses ist für die Anwältin Roda Verheyen, die einige der KlägerInnen in dem Prozess vertrat, aber: »Das Gericht hat endlich Gleichheit hergestellt bei der Frage, wann ein Eingriff etwa in die Planung eines Kraftwerks verhältnismäßig ist. Bisher galt für die Betreiber weitgehend Bestandsschutz, der Gesetzgeber musste sich für alle Eingriffe rechtfertigen. Jetzt muss gleichberechtigt mit diesen alten Rechten auch der Eingriff in die Grundrechte der kommenden Generation geprüft werden. Damit muss zum ersten Mal wirklich abgewogen werden, welcher Belang Vorrang hat, also welche Bedeutung eine bestimmte Handlung jetzt grundrechtlich hat gegenüber den Rechten der kommenden Generationen auf eine halbwegs intakte Umwelt.«

Auch Christian Calliess, Professor für öffentliches Recht an der Freien Universität Berlin und langjähriges Mitglied im Sachverständigenrat für Umweltfragen (SRU) der Bundesregierung warnt vor zu viel Optimismus, wenn man das Klimaschutzgesetz betrachtet: Das Gesetz in der ursprünglichen Form »bringt uns ein Stück weiter, weil es gesetzlich die Treibhausgasneutralität festschreibt«, sagt er, »aber eben nur als bloße Zielbestimmung«. Mit dem Urteil des Verfassungsgerichts komme nun aber mehr Verbindlichkeit für Ziele zwischen 2030 und 2050 und der Druck für eine bessere Kontrolle.

Öko-Existenzminimum? Das Verfassungsgericht zögerte lange

Calliess hat sich 2001 in seiner Schrift *Rechtsstaat und Umweltstaat* mit dem Recht auf ein »ökologisches Existenzminimum« auseinandergesetzt. Dann ist er lange an der Zurückhaltung des Bundesverfassungsgerichts verzweifelt: »Das Gericht hat dem Parlament und der Regierung beim Umweltschutz immer einen besonders weiten Spielraum gelassen«, sagt der Experte. »Anders als etwa beim Sozialhilferecht waren die Richter beim Umwelt- und Klimaschutz bisher sehr zurückhaltend, wenn es darum ging, dem Gesetzgeber konkretes Handeln vorzuschreiben.« Es reichte Karlsruhe oft aus, dass die Bundesregierung etwas tue – ob das ausreichend ist, etwa für die Klimaneutralität, blieb so allein Sache der politischen Auseinandersetzung, nicht der Gerichte. Das hat sich nun entscheidend geändert, sagt der Experte: »Das Gericht will in seinem Urteil vom April 2021 hier viel mehr Kontrolle zulassen, indem es Klägern zum ersten Mal gestattet, die klimapolitischen Maßnahmen mit Blick auf das 1,5- bis 2-Grad-Ziel gerichtlich überprüfen zu lassen.«

»Klimaklagen« sind juristisch schwieriges Terrain: Es mangelt oft an klaren Normen, eindeutigen Tätern und präzise abgrenzbaren Handlungen. Manche Gerichte verurteilen Regierungen, weil sie ihre eigenen Regeln missachten – andere Kammern billigen der Politik einen großen Spielraum zu. Auch die Rechtsmaterien sind bunt gemischt: Es geht um Völkerrecht, deutsches Verfassungsrecht, zivilen Schadensersatz oder das korrekte Handeln von Behörden, die Gesetze ausführen.

Die Klimafrage liegt quer zur Systematik eines Rechtssystems, das dafür da ist, Bestehendes zu schützen, und nur langsam auf Veränderungen reagiert. Es privilegiert private Eigentumsrechte, es garantiert Vertrauensschutz gegenüber schnellen Änderungen. Wenn sich etwas gegen die »disruptiven Entwicklungen« sträubt, die die Klimakatastrophe und ihre Bekämpfung mit sich bringt, dann ist es die Justiz.

Das Pariser Abkommen hat vieles geändert

Immer häufiger nutzen Kläger auch das Klimaargument vor Verwaltungsgerichten. Die Deutsche Umwelthilfe etwa geht gegen den Bau der Ostsee-Gaspipeline Nord Stream 2 ebenso mit dem Argument Klimaschutz vor wie gegen geplante Gasterminals an der Nordsee. »Das Pariser Abkommen 2015 hat vieles geändert«, sagt Roda Verheyen. Die Hamburger Anwältin ist eine Veteranin des Klima- und Umweltrechts, seit 20 Jahren bringt sie Behörden und Unternehmen in diesem Bereich vor Gericht. »Das konkrete Klimaziel von Paris hat geholfen. Außerdem zeigt die Wissenschaft immer deutlicher, wie wenig Zeit für Klimaschutz bleibt. Dem können sich die Gerichte schwer entziehen.«

Auch Verheyen hat in ihrer Verfassungsbeschwerde versucht, Calliess' Idee vom »ökologischen Existenzminimum« in die Debatte einzuführen. Schließlich habe das Gericht das »soziale Existenzminimum« auch akzeptiert. Im Öko-Bereich gibt es aber bisher ein Problem: Umweltklagen gelten als Fragen des Gemeinwohls – wer als einfacher Bürger aber in Karlsruhe Gehör finden will, muss glaubhaft machen, in seinen individuellen Grundrechten verletzt zu sein. Das kann beim Klimaschutz nach dem wegweisenden Urteil vom 29. April 2021 jetzt auch jeder und jede tun. »Das Klimaschutzgesetz ist aber durchaus auch wichtig«, sagt Verheyen im Verlauf eines Telefongesprächs. Ihr Tag ist streng durchgeplant, sie findet Zeit für ein Gespräch nur früh am Morgen, während sie im Regen mit dem Hund Gassi geht. »Das Klimaschutzgesetz sagt ja, dass jede Investition des Bundes mit Blick auf die Klimaziele erfolgen muss. Es wird spannend, wie die Regierung bei der nächsten Investition in Autobahnen und Bundesstraßen da argumentieren will.«

Christian Calliess ist auch da weniger optimistisch: »Für die Gerichte ist die demokratische Gewaltenteilung zu Recht ein hohes Gut. Sie wollen dem Gesetzgeber nichts detailliert vorschreiben. Deshalb warten die Gerichte auf die Politik. Und die Politik wartet dann manchmal leider auf die Gerichte.«

Auf anderen Ebenen bewegt sich eher etwas. Der neuen grünen Klagewelle hat ungewollt ausgerechnet der Volkswagen-Konzern kräftigen Schub verliehen. Die juristische Aufarbeitung des Diesel-Skandals von 2015 lief vor allem über die Gerichte: Die Justizbehörden hatten bereits 2018 fast zwei Milliarden Bußgeld gegen Audi und VW verhängt, Tausende von VW-Kunden erhoben eine Musterfeststellungsklage. Im Schlepptau des Diesel-Betrugs, der auch viele andere Autohersteller betraf, ordneten viele Verwaltungsgerichte bei zu hohen Schadstoffkonzentrationen in Innenstädten Fahrverbote an. Auch das war bis dahin noch undenkbar.

Weltweit sind Umweltklagen erstaunlich erfolgreich

Klima vor dem Kadi, das ist kein deutscher Sonderweg. Ein Bericht des UN-Umweltprogramms UNEP zählte für 2020 weltweit 1550 »Klimawandel-Fälle«, die in 38 Staaten vor Gericht verhandelt wurden, allein 1200 davon in den USA. Gegenüber 2017 ist das fast eine Verdoppelung und ein Zeichen, dass »diese wachsende Flutwelle den dringend benötigten Wandel vorantreibt«, betont UNEP-Generalsekretärin Inger Andresen.

Die Gemeinde aus weltweit vernetzten Anwälten und Aktivisten ist global erstaunlich erfolgreich. So zwang 2019 die niederländische Umweltschutz-Stiftung urgenda die Regierung per Gerichtsbeschluss, die Klimaziele des Landes von minus 17 auf minus 25 Prozent zu verschärfen. Seitdem hat das konservative Kabinett einen Ausstieg aus der Kohle und aus dem Verbrennungsmotor verkündet und will den CO_2-Preis anheben.

Im Mai 2021 verurteilte ein Bezirksgericht in Den Haag den Ölmulti Shell in erster Instanz dazu, seinen CO_2-Ausstoß bis 2030 drastisch, nämlich um 45 Prozent, zu reduzieren. Damit wurde zum ersten Mal ein globaler Ölkonzern zur Änderung seiner Geschäftspolitik aus Klimaschutzgründen angewiesen und klargestellt: Das Unternehmen haftet auch für die Emissionen, die seine Kunden durch das Verbrennen von Öl verursachen. In Pakistan wies ein Gericht 2015 den Staat an, Bauern besser gegen die Folgen des Klimawandels abzusichern. Und im US-Bundesstaat Oregon verhandelt ein Gericht die Klage von 21 Jugendlichen, die durch das Verbrennen von Kohle, Öl und Gas ihre Rechte auf »Leben, Freiheit und Glück« verletzt sehen.

Der UNEP-Bericht listet verschiedene Arten von Fällen: Weltweit klagen Menschen, Organisationen oder Staaten gegen Behörden, Regierungen oder andere Staaten, weil diese in ihren Augen zu wenig gegen die Klimakatastrophe tun. Sie klagen gegen Unternehmen, wenn sie ihren Anteil am Problem verheimlichen; sie fordern Schadenersatz oder einfach, »die Fossilen in der Erde zu lassen«. Immer häufiger erheben Verbraucher laut UNEP Klagen gegen Firmen, die ihre Klimaschuld leugnen; Menschen klagen gegen Behörden, die nicht auf Extremwetter eingestellt sind oder Klima-Urteile nicht richtig umsetzen. Und immer wichtiger wird auch die Attributionswissenschaft, die Daten liefert, welchem Land oder welchem Unternehmen welcher Anteil am Klimawandel zuzurechnen ist.

Erst im Februar 2021 hat diese Forschung wieder Roda Verheyen Argumente für einen Prozess gegen einen übermächtigen Gegner geliefert: Eine Studie der Universitäten Oxford und Washington belegte, dass sich die Erwärmung im peruanischen Anteil der Anden zu 85 Prozent auf menschlichen Einfluss zurückführen lasse und es fast sicher sei, dass deshalb ein Gletscher schmilzt und sein Wasser das Dorf Huaraz bedroht. Dort lebt der Bergführer Saúl Luciano Lliuya, der mit Unterstützung der Stiftung Zukunftsfähigkeit und der Umweltorganisation Germanwatch seit 2015 gegen den deutschen Energiekonzern RWE klagt: Der solle, so die Forderung, für seinen

Anteil am Klimawandel – etwa 0,5 Prozent – für die Sicherung des Gletschersees bezahlen.

Es geht vordergründig nur um etwa 20 000 Euro – hauptsächlich aber um einen Präzedenzfall. Verurteilt das Oberlandesgericht Hamm RWE zum Schadenersatz, ist damit erstmals ein Kohlekonzern haftbar für Klimaschäden. Viele weitere Prozesse könnten folgen.

Schon den Einstieg in die Beweisaufnahme feierten die Umweltschützer 2017 als Sieg – der Fall wurde nicht als grundsätzlich unbegründet abgewiesen. Immerhin hat das Gericht einen Ortstermin in Peru angesetzt – der dann aber 2020 lange wegen der Corona-Pandemie auf Eis gelegt wurde.

Am gleichen Tag, als diese Studie veröffentlicht wurde, sorgte RWE allerdings wegen einer anderen Sache für Schlagzeilen: Der deutsche Konzern verklagt die Niederlande, weil die aus der Kohle aussteigen und das Unternehmen dafür nicht angemessen entschädigen, so der Vorwurf. Vor Gericht suchen eben auch Klimakiller ihr Recht.

»Juridifizierung der Politik, Politisierung der Justiz«

In Deutschland hat vor allem die Deutsche Umwelthilfe (DUH) in den letzten Jahren vorgeführt, wie auch kleine Akteure mit dem Recht im Rücken viel erreichen können. Ihre Prozesse zu Fahrverboten und Luftverschmutzung in Städten waren sehr wirksam. Seit vielen Jahren ist es ein offenes Geheimnis, dass die Autos die Grenzwerte für giftige Stickoxide überschreiten. Aber erst seitdem das Bundesverwaltungsgericht im Frühjahr 2018 deshalb Fahrverbote für rechtens erklärte, bemühen sich Industrie und Politik hektisch um Lösungen: Umtauschprämien, Nachrüstungen, Gesetzesänderungen.

»Hätte der Staat seine Aufgaben erfüllt, müsste jede unserer Klagen abgewiesen werden«, sagt Remo Klinger, der als Anwalt die DUH vertritt. Die aktuelle grüne Welle vor Gericht ist für ihn nur konsequent. »Vor 30 Jahren wurde damit begonnen, Umweltnormen zu erlassen. Jetzt zeigt sich, dass wir ein gewaltiges Vollzugsdefizit haben, weil die Behörden sie nicht durchsetzen können oder wollen.« Früher habe man im Umweltrecht »eine Blockflöte gehabt. Heute haben wir ein Klavier, auf dem man sehr differenzierte Melodien spielen kann.« Klinger beherrscht diese Klaviatur exzellent. Sein Ruf ist in der Umweltbewegung wegen seiner Erfolge inzwischen legendär.

Eine »Juridifizierung der Politik und eine Politisierung der Justiz« beobachtet Michael Kloepfer, Leiter des Forschungszentrums Umweltrecht an der Humboldt-Universität in Berlin. Es gebe heute weniger Druck, sich zu einigen, weil die Umweltverbände mit einer »Verbandsklage« vor Gericht ziehen können. »Aber Prozesse gehören inzwischen auch zur Strategie der Verbände, um Aufmerksamkeit und Spenden zu bekommen, die Justiz wird zum Teil der Inszenierung.« Auf der anderen Seite bestätigt Kloepfer, dass »Parlamente und Regierungen unangenehme Entscheidungen gern den Gerichten überlassen«. Gesetze würden etwa beim Immissions- oder Bodenschutz so vage formuliert, dass sie ohne klärende Urteile nicht umzusetzen seien.

Doch die Anwälte der Natur und der Zukunft können nur erfolgreich sein, wo es bereits Gesetze gibt, die sie einklagen. Christian Calliess ist nicht nur vom Bundesverfassungsgericht enttäuscht, das diese Fragen »über Jahrzehnte« ignoriert habe »obwohl es einen klaren Auftrag in Form der Staatszielbestimmung Umwelt in Artikel 20a des Grundgesetzes seit 1994 gibt.« Erst mit dem Urteil von 2021 »hat das Gericht diese Norm aus dem Dornröschenschlaf wachgeküsst.«

Calliess hat aber jenseits der juristischen Debatte auch als Autor eines Gutachtens zur Umwelt- und Klimapolitik im Sachverständigenrat für Umweltfragen (SRU) miterlebt, wie eine Debatte über neue demokratische Beteiligungsformen in der Klimakrise zerredet und diskreditiert wurde.

Im Juni 2019 veröffentlichte der SRU eine umfangreiche Studie zum Thema »Demokratisch regieren in ökologischen Grenzen«. Kernthese: Wenn die Bundesregierung Umweltpolitik endlich ernst nehmen wolle, müsse sie nicht nur mehr Geld ausgeben und CO_2 bepreisen – sondern auch den Prozess ändern, wie politische Entscheidungen fallen: Ein verbindli ches Klimaschutzgesetz müsse als Leitgesetz her. Alle Ministerien müssten für Öko-Fortschritte verantwortlich sein, und das Umweltministerium sollte mehr Macht bekommen. Die zuständigen Ministerien und ein zu gründender »Rat für Generationengerechtigkeit« sollten die Einhaltung der Ziele des Klimaschutzgesetzes kontrollieren und notfalls umstrittene Vorhaben drei Monate lang für eine breitere Debatte auf Eis legen können. Aus dem Staatsziel Umweltschutz und der Menschenwürde lasse sich im Hinblick auf ein mögliches »Verwüstungsanthropozän« bei Überschreitung des Zwei-Grad-Ziels die Forderung nach einem »ökologischen Existenzminimum« ableiten.

Schnell gab es Gegenwind. Von einem »Öko-Veto« gegen das Parlament und von Ökodiktatur war die Rede. »Im Vorschlag stand genau das Gegenteil«, betont Calliess. Und im Klimaschutzgesetz landete dann nur eine verwässerte Form der Ministeriumsverantwortung und des Expertenrats. Calliess, der 2020 aus dem SRU ausschied, konstatiert: »Manchen Konservativen waren unsere Vorschläge zu radikal. Und vielen Klimaaktivisten waren sie nicht radikal genug. Dabei kann nur ein am Maßstab des Vorsorgeprinzips ausgerichtetes Umdenken in den politischen Entscheidungsprozessen Klimaschutz ohne Ökodiktatur ermöglichen.«

Der Vorstoß, das »ökologische Existenzminimum« in die Debatte einzuführen, war damit erst einmal gescheitert. Aber dann tauchte er ganz unverhofft wieder auf. Denn im Urteil von 2021 hat das Verfassungsgericht diese juristische Konstruktion durchaus anerkannt, auch wenn es sie nicht konkret angewendet hat. Aber viele der Gedanken und Vorschläge aus dem SRU-Gutachten sind in der Urteilsbegründung wiederzufinden – eine späte Genugtuung für Christian Calliess. Es sei schon erfreulich, sagt er, »wie eng sich die Richter in Karlsruhe in ihrem bahnbrechenden Urteil an die wissenschaftlichen Arbeiten des SRU anlehnen«.

Umdenken in Richtung Grüne Null wollen viele. Aber wie sieht es aus mit einem Umsteuern, wenn es das eigene Verhalten betrifft?

Sein Leben ändern
Lifestyle und Überlebensstil

Wenn wir »Klimaneutralität« erreichen wollen, kann unser Alltag nicht so weitergehen wie bisher. Aber brauchen wir eine radikale Umkehr – oder das Gleiche in Grün?

Am Anfang sieht es aus wie Himbeerjoghurt. Aber am Ende ist es eine Fleischwurst. Nein, keine Wurst, so darf man das nicht nennen, sondern vegetarische Schinken-Spicker-Mortadella. Aber was da in glänzenden Edelstahl-Bottichen in Whirlpoolgröße von Angestellten mit Schürzen, Hauben und Mundschutzmasken zusammengerührt wird, soll die Zukunft auf deutschen Schlachtplatten sein. In der sterilen großen Produktionshalle entsteht aus Öl, Wasser, Eiweiß, Farb- und Gewürzmitteln eine rosafarbene Masse, die für die KundInnen der Firma Rügenwalder Mühle wie Wurst schmeckt. Nebenan, im »Geheimlabor«, arbeiten ForscherInnen in weißen Kitteln an vegetarischen Schnitzeln, Cordon bleu und Nuggets.

Der vegetarische Fleischersatz ist der große Renner in dem Unternehmen, das seit 1834 seinen Ruf auf Wurst und Fleisch gegründet hat. 2020 machte der deutsche Marktführer bei pflanzlichen Würsten, Burgern oder Frikadellen erstmals damit so viel Umsatz wie mit seinen Fleischprodukten. Das Unternehmen im niedersächsischen Bad Zwischenahn war voll ausgelastet und musste die Produktion erweitern. 2,5 Millionen Packungen der Als-ob-Wurst verkauft Rügenwalder nach eigenen Angaben jeden Monat.

Deutschlands größte Veggie-Wurstfabrik ist gut für Umwelt und Umsatz. Rügenwalder Mühle, die auf ihrem Firmenlogo immer noch zwei große rote Würste als Windmühlenflügel herzeigt, beliefert damit eine schnell wachsende Kundschaft. »Wir sind die erste Generation, die jeden Tag Fleisch und Wurst isst«, sagte der ehemalige Marketingchef des Unternehmens, Godo Röben. Dabei werde es nicht bleiben, aber »die Menschen haben sich an den Geschmack gewöhnt und wollen ihn ganz gern auf dem Brot haben«.

Das merkten auch die »Tester« der TV-Sendung *Galileo*, die die Mühle besuchten und anschließend einen Versuch machten: Sie belegten Brötchen mit Veggie-Mortadella und boten sie »eingefleischten Experten« zum Probieren an: einer Gruppe Handwerker, die eine Wohnung renovierten. Vor laufender Kamera bissen die Männer in Latzhosen und T-Shirts kräftig zu. Ergebnis: »Wenn du mir nicht gesagt hättest, dass da irgendwas Vegetarisches drin ist, dann wäre das als Wurst durchgegangen«, sagte ein erstaunter Arbeiter dem Reporter.

Der Umsatz von vegetarischen Lebensmitteln ist 2019 auf 26 000 Tonnen gestiegen, 2020 durch die Pandemie noch deutlich mehr. Das zeigt der »Fleischatlas« von Heinrich-Böll-Stiftung und BUND. Demnach sind gut zehn Prozent der Deutschen Vegetarier, zwei Prozent Veganer, und immerhin 25 Prozent geben an, als »Flexitarier« wenig Fleisch zu essen. Obwohl jeden Tag in Deutschland noch zwei Millionen Tiere geschlachtet werden, zeigt sich ein Trend, meinen Marktforschungsfirmen: Die Menschen sind für grüne Themen sensibilisiert.

KonsumentInnen sind für grüne Themen sensibel

Klimaschutz, Ernährung, Plastikverpackungen – all das sind Themen, die besonders auch junge Leute beschäftigen: An den Schulen macht Fridays for Future mit Unterstützung von Eltern und LehrerInnen Druck; Unternehmen melden, KundInnen und Angestellte würden nach der ökologischen Ausrichtung von Firmen und Produkten fragen; regelmäßige Erhebungen des Umweltbundesamts zum »Umweltbewusstsein« zeigen steigendes Interesse an Ökothemen und stabile Zweidrittelmehrheiten für Energiewende und Klimaschutz. Und Ende 2020 gab es in einer repräsentativen Umfrage für Greenpeace erstaunliche Zustimmungsraten für Ökomaßnahmen: 73 Prozent der Befragten waren bereit, für den Klimaschutz weniger Fleisch zu essen, 71 Prozent würden weniger fliegen und 61 Prozent weniger Auto fahren. Und dass die Politik den Verkauf besonders klimaschädlicher Produkte verbieten sollte, forderten 70 Prozent der Befragten – über alle Parteipräferenzen hinweg.

Das muss alles nichts bedeuten. Seit Jahrzehnten kennen Demoskopen das Phänomen, dass Befragte das antworten, was gesellschaftlich erwünscht zu sein scheint. Ob sie so handeln, ist dann eine ganz andere Frage. Aber immerhin gibt es offenbar einen Mainstream, nach dem die Menschen so antworten wollen.

Entscheidend ist aber nicht, wie ernst es die Befragten meinen, wenn sie schwören, sie wollten ihr Leben ändern. Die spannende Frage ist: Müssen sie das für den Weg zur Klimaneutralität überhaupt tun? Wie sehr müssen wir für die Grüne Null unsere lieb gewonnenen täglichen Gewohnheiten ändern?

»Überhaupt nicht«, versprechen die einen – ein klimaneutrales Leben sei in weiten Teilen so zu organisieren, dass es sich anfühle wie »das Gleiche in Grün«. »Total«, sagen die anderen – eine klimaneutrale Gesellschaft sei nur zu schaffen, wenn sich an unseren Einstellungen, Werten und Handlungen grundsätzlich etwas ändere. In der Wissenschaft und der Politik haben vor allem diese beiden Lager seit Jahrzehnten ihre Fronten bezogen: Die Ersten sind die Effizienzfraktion, die auf immer bessere Produkte durch bessere Technik mit immer weniger Belastung der Natur setzt; die zweiten bilden die Suffizienzfraktion. Sie fragt danach, welche dieser vielen und aufwendigen Produkte wir überhaupt für ein gutes Leben brauchen.

»Einige Maßnahmen lassen sich ohne spürbare Veränderung von Alltagsroutinen durchführen, zum Beispiel der Bezug von Ökostrom«, schreibt der Präsident des Umweltbundesamts, Dirk Messner, in der Studie *Zusammendenken, was zusammengehört: Kommunaler Klimaschutz und nachhaltiger Konsum.* Dagegen »werden wir in anderen Bereichen unsere Konsumgewohnheiten anpassen und anders priorisieren müssen, zum Beispiel beim Konsum tierischer Produkte«. Ob wir das als »große Veränderung« oder eher als »dezente Anpassung« erleben würden, sei abhängig von persönlichen Gewohnheiten und »in hohem Maße subjektiv«.

Klar: Für einen Veganer ist der Verzicht auf Currywurst und Butter kein großes Ding. Für die restlichen 98 Prozent der Bevölkerung ist die Milch im Kaffee aber möglicherweise Teil eines guten Lebens, das sie nicht einfach so aufgeben wollen.

Klimagerechtigkeit: einmal fliegen alle drei Jahre

Aber das sind nur Peanuts, verglichen mit den Änderungen in unserem Lebensstil, die nach einer anderen Rechnung für global gerechten Klimaschutz nötig wären. Wer die Klimaneutralität ohne andauerndes Wirtschaftswachstum und ohne riskante Technologien wie CCS erreichen wolle, müsse große Abstriche machen. Das hat zumindest das Societal Transformation Scenario (STS) vom Thinktank Konzeptwerk Neue Ökonomie im Auftrag der den Grünen nahestehenden Heinrich-Böll-Stiftung errechnet. Es wurde im Dezember 2020 zunächst nur auf Englisch von der Stiftung ohne großes Aufsehen online präsentiert.

Mit gutem Grund. Denn das 90-seitige Konzept stellt sich quer zu fast allen anderen Auswegen aus der Klimafalle. Und es könnte für heftige Debatten sorgen, da das »Szenario für einen Umbau der Gesellschaft« etwas ganz anderes fordert als bislang die meisten Szenarien zu einer klimaneutralen Welt, die auf mehr Windkraftanlagen, E-Mobile, besser gedämmte Gebäude und den Aufbau einer Wasserstoffwirtschaft setzen: Das Böll-Szenario lehnt ewiges Wirtschaftswachstum ab. Es will weniger produzieren und konsumieren, kürzere Arbeitszeiten, Entschleunigung, einen Umbau des Steuersystems. »Die ökonomische Aktivität zu reduzieren, um die Nachfrage nach energieintensiven Dienstleistungen und Produkten zu verringern, ist eine effektive und viel sicherere Art, die Emissionen zu reduzieren, als viele technologische Optionen«, heißt es in dem Papier.

Konkret hätte das drastische Auswirkungen: Bis 2050 müsste dafür der Autoverkehr in den Städten der Industrieländer um 81 Prozent sinken; der Wohnraum würde pro Einwohner um 25 Prozent schrumpfen; die Zahl von elektrischen Geräten wie Waschmaschinen müsste halbiert werden und der Fleischkonsum schon bis 2030 um 60 Prozent zurückgehen. Und in ein Flugzeug steigen nach diesem Szenario die Bürger eines Industrielandes nur noch alle drei Jahre.

Von diesen Vorstellungen ist die offizielle Debatte in Deutschland weit entfernt. Bisher hat hier die Effizienzfraktion deutlich die Nase vorn. Aus einem einfachen Grund: Optimierung, Effizienz und Innovation sind mit den heutigen Ansprüchen unseres Wirtschaftssystems viel besser in Einklang zu bringen als die Frage danach, ob es wirklich so richtig ist, wie wir unser tägliches Leben organisiert haben.

Das Versprechen: weiter wie bisher, aber klimaneutral

Zur Effizienzfraktion gehört etwa das Rügenwalder Veggieversprechen: Die Belastung von Klima, Böden und Tieren verschwinde zum großen Teil, ohne dass sich an den gefühlten Eigenschaften des Produkts viel ändere. Wer die Augen zumacht oder die Inhaltsangabe nicht liest, kann sich einbilden, er esse ein Stück Wurst. Nur ohne das Blut und einen großen Teil des CO_2. Wer gern grillt, legt einfach Soja-Nackensteaks auf die Kohlen. Der Lebensstil ändert sich nicht. Er wird nur mit anderen Produkten ausgelebt.

Ähnlich geht es in vielen anderen Bereichen: Wer mit einem kleinen SUV durch die Straßen fahren will, muss bei VW nicht den Tiguan mit Verbrennungsmotor und schlechtem Gewissen kaufen. Er kann ja zum i4 greifen: Das gleiche Produkt, aber aufgeladen mit elektronischen Gadgets, grünem Strom und dem Gefühl, an der Rettung der Welt teilzuhaben. Produkte statt Gewohnheiten zu verändern, das ist das Versprechen auch bei der Energie: Ob die Elektrizität grün oder gelb ist, sieht man der Lampe nicht an; ob die Ölheizung oder die Wärmepumpe die gute Stube heizt, ist dem Frierenden egal.

Viele Studien und Prognosen zur Klimaneutralität folgen diesem Muster. Sie beschreiben, wie fossile Brennstoffe durch andere Techniken zu ersetzen sind. Sie setzen stark auf Effizienz, etwa bei der Reduzierung des Energieverbrauchs, des Tierbestands, des Fleischkonsums, des Fliegens. Aber sie stellen nicht die Frage, wozu wir eigentlich so viel Energie brauchen, ob wir Tiere essen sollten oder ob Fliegen wirklich ein Menschenrecht ist. Manche der Gutachten für ein klimaneutrales Deutschland sagen das ausdrücklich: Wirtschaftswachstum von einem bis zwei Prozent pro Jahr, Veränderungen nur, indem aktuelle Trends wie sinkender Fleischkonsum fortgeschrieben werden.

»Disruptive« Veränderungen, etwa eine massenhafte Ablehnung von Fleischprodukten, die Einschränkung von Urlaubsflügen oder das Verbot von Plastikverpackungen kommen bei ihnen nicht vor. Viele AutorInnen, so merkt man, treibt die Angst um, als »Ökodiktatoren« geschmäht zu werden, wenn sie für das Ziel der Grünen Null ein anderes Leben fordern oder voraussetzen – auch wenn dazu fast 75 Prozent der Menschen theoretisch bereit sind.

Der böse »Rebound«: effizienter, trotzdem mehr Emissionen

Aber ohne echte Veränderungen wird sich nichts verändern. Die Suffizienzapostel haben ein schlagendes Argument. Die Erfahrung der letzten Jahrzehnte zeigt: Effizienz funktioniert nur eingeschränkt. Denn unsere Maschinen und Prozesse werden immer effizienter – und die Belastung der Umwelt sinkt trotzdem kaum. Hauptgrund ist der wissenschaftlich nachgewiesene Rebound-Effekt. Er beschreibt die Tatsache, dass Fortschritte bei der Effizienz in der Regel von der Ausweitung des Konsums wieder kompensiert werden: Automotoren verbrauchen heute deutlich weniger Sprit als vor einem Jahrzehnt. Trotzdem verbrauchen immer mehr Autos immer mehr Sprit, weil sie weitere Strecken fahren. Nur auf die Technik zu setzen löst das Problem nicht.

»Die Lösung ist nicht schwarz-weiß, Effizienz oder Suffizienz«, sagt Michael Bilharz, der seit über zehn Jahren beim Umweltbundesamt zu »strategischen Fragen des Konsums« forscht. Er warnt davor, beim Thema Lebensstiländerung nur an freiwilliges Handeln zu denken: »Auch die Politik bewirkt Verhaltensänderungen: Ein höherer CO_2-Preis bringt die Menschen dazu, weniger Öl und Gas zu kaufen, und löst indirekt Änderungen im Alltag aus. Das können technische Maßnahmen oder anderes Verhalten sein. Da ist es egal, ob das dann Effizienz oder Suffizienz ist, entscheidend ist, dass die absoluten CO_2-Emissionen sinken.«

Für Bilharz ist es wichtig, die »Big Points« richtig zu machen und sich nicht im Klein-Klein der täglichen Klimasünden zu verheddern. Das gehe besonders einfach, wenn man Alltagsstrukturen so einrichtet, dass klimafreundliches Handeln quasi von allein funktioniert wie beim gedämmten Haus oder dem Bezug von Ökostrom. Ob wir dabei »verzichten« müssen, sei dann »ziemlich wurscht«, sagt der Experte. Zum einen sei das sehr subjektiv, zum anderen unklar, welche Möglichkeiten wir etwa beim Fleischersatz in zehn oder 20 Jahren haben und was dann überhaupt als »Verzicht« interpretiert werde.

»Sicher ist aber, was wir für ein klimaneutrales Leben brauchen und zum Teil selbst gestalten können: 100 Prozent Erneuerbare, am besten dezentral in Bürgerhand; mehr Carsharing, weil das der Einstieg in kombinierte Mobilität ist; mehr pflanzenbasierte Ernährung; die 30-Stunden-Woche; dazu natürlich weniger umweltschädliche Subventionen und einen schärferen

Emissionshandel, weil es CO_2-Emissionen senkt und dem Staat Geld in die Hand gibt.«

Für Bilharz ist zentral, dass alle ernsthaft das Ziel Klimaneutralität erreichen wollen: »Bei den Maßnahmen sollte jeder seine eigene Strategie wählen. Der eine isst kein Fleisch, die Zweite fliegt nicht, die Dritte zahlt Kompensationen, und die Vierte ist klimapolitisch aktiv.« Bilharz will den »Dreiklang fürs Klima« erreichen: Jede und jeder sollten den »CO_2-Fußabdruck« so weit wie möglich verringern; dann sollte man die Emissionen bei seriösen Anbietern ausgleichen. Und schließlich sollten alle Beteiligten auch ihren »Handabdruck« vergrößern: politisch Einfluss nehmen, andere Menschen überzeugen, denn »Klimaschutz ist ein kollektives Projekt«.

Um die Dinge in Bewegung zu bringen, hat Bilharz mit anderen die »Klimawette« ins Leben gerufen. Er sucht eine Million Menschen, die bis zur Klimakonferenz in Glasgow im November 2021 jeweils eine Tonne CO_2 für 25 Euro vermeiden und damit zeigen, dass sie bereit sind, beim Klimaschutz noch eine Schippe obendrauf zu legen. »Protestieren für besseren Klimaschutz und gleichzeitig CO_2 sparen: Wir bringen die Stimme von einer Million Menschen und einer Million Tonnen eingespartem CO_2 zur Weltklimakonferenz!«, heißt es in dem Aufruf. Bis Ende Februar 2021 hatten 2377 Beteiligte insgesamt 4406 Tonnen Treibhausgas gespart.

Was hilft? Weniger arbeiten, weniger verdienen, sagt der Experte

Michael Bilharz verweist auf den wichtigsten Faktor für Ökoprobleme beim Konsum: das Einkommen. Wer mehr verdient, hat auch einen höheren ökologischen Fußabdruck, zeigen Studien. Das erklärt auch, warum »grüne« Milieus trotzdem oft einen größeren Fußabdruck hinterlassen als andere Gruppen. »Die wichtigste Maßnahme für nachhaltigen Konsum wäre eigentlich, das Einkommen zu reduzieren«, sagt Bilharz. Denn wer effizient lebt, dabei Energie und Geld spart, wer suffizient in eine kleinere Wohnung zieht und dabei Geld spart – der gibt sein Erspartes irgendwann für die jährliche große Reise zu Freunden am Ende der Welt wieder aus. Der Umwelt ist damit wenig geholfen.

»Die Lösung kann heißen: Das gesparte Geld aktiv grün investieren. Oder nur in Teilzeit zu arbeiten und weniger zu verdienen. Dann hat der Einzelne weniger Geld für Konsum, um die Umwelt zu belasten. Aber mehr Zeit, die dann sinnvoll und nicht emissionssteigernd genutzt werden kann«, sagt Bilharz. Er macht es selbst vor – seine Stelle im UBA hat er auf 70 Prozent reduziert.

Zu welchen Veränderungen sind Menschen freiwillig bereit? »Wir müssen über andere Konsummuster reden«, sagt Frederik Moch, »auch über den Verzicht auf das zweite Handy oder den dritten Fernseher.« Moch arbeitet als Leiter der Abteilung Struktur-, Industrie-, Dienstleistungspolitik beim DGB-Bundesvorstand. Allerdings könne man den sieben Millionen Menschen, die in Deutschland für Niedriglohn arbeiten, »schlecht Verzicht predigen«. Es gebe aber bei vielen Beschäftigten sehr wohl ein Interesse an Fragen von Ökologie und die Bereitschaft, im Zweifel für mehr Freizeit auch weniger zu arbeiten und zu verdienen. »Die Tarifeinigung bei der Bahn 2018 war da bemerkenswert, als ein großer Teil der Leute danach auf 2,6 Prozent des Gehalts für sechs freie Tage im Jahr verzichtet hat.«

Wie weit kann eine durchschnittliche Familie ihren CO_2-Fußabdruck in einem Jahr drücken? Diese Frage wollte Fritz Reusswig beantworten. Der Soziologe arbeitet am Potsdam-Institut für Klimafolgenforschung, das neben renommierten Ökonomen, Klimaforschern und Atmosphärenphysikern auch Sozialwissenschaftler für den Klimaschutz begeistert. Reusswig suchte 2017 für sein Projekt »Klimaneutral leben in Berlin« (KliB) etwa 100 Familien in der Hauptstadt, die ein Jahr lang penibel Buch führen sollten über ihr Leben und ihre CO_2-Emissionen – und ihre Versuche, sie zu drücken. Die Haushalte bekamen zu Beginn des Projekts einen Energiecheck für ihren Haushalt, laufend Informationen und Unterstützung, Ideen und Anfeuerung von den Forschern.

Nicht fliegen und Balkon statt Kühlschrank

Das Ergebnis: Nach einem Jahr schafften die Familien im Schnitt eine Reduktion von elf Prozent. »Würden wir es als Gesellschaft schaffen, diese Reduktion bis 2050 durchzuhalten, würden wir das Paris-Ziel erreichen«, heißt es im Abschlussbericht. Eine optimistische Sicht: Denn manche Einsparungen sind über ein Jahr einfacher durchzuhalten als langfristig (»Wir haben die Flugreise um ein Jahr verschoben.«), und für das Experiment hatten sich natürlich eher Menschen gemeldet, die ohnehin am Thema interessiert und bereit für Einschnitte waren. Ihr durchschnittlicher CO_2-Ausstoß pro Kopf hatte schon vor dem Experiment mit 8,8 Tonnen unter dem deutschen Schnitt von knapp zwölf Tonnen gelegen – und sank nun auf 7,8 Tonnen. Einzelne Spitzenreiter schafften Reduktionen von 40 Prozent in einem Jahr. Manche Teilnehmer berichteten, wie schwer es ihnen gefallen sei, auf Flugreisen zu verzichten. Andere wiederum nahmen die Anstöße sehr ernst: Sie nutzten für ihre Wege nur noch das Fahrrad oder lagerten im Winter ihre Lebensmittel auf dem Balkon. Dann schalteten sie den Kühlschrank ab, um Strom zu sparen.

Aus den vielen Gesprächen und Daten filterte die Forschergruppe um Reusswig eine wichtige Erkenntnis: »Unser KliB-Experiment hat gezeigt, dass die Menschen als Bürger strengere Maßnahmen zum Klimaschutz unterstützen würden, selbst wenn ihre Bilanz als Verbraucher mit geringem CO_2-Ausstoß einen Mangel an Konsequenz und Ausdauer enthüllt«, heißt es im Abschlussbericht. »Das ist ein wichtiges Resultat, weil Politiker in demokratischen Gesellschaften regelmäßig die Unterstützung und Zustimmung des Souveräns brauchen, der Mehrheit des Volkes.«

Auch Michael Bilharz ist unschlüssig: Einerseits sieht er, dass der oder die Einzelne viel in Bewegung setzen kann. Andererseits, konstatiert er, sei es schwierig, »das unsystematische Handeln des Einzelnen zu einer kritischen Masse zu verdichten«. Studien zeigten, »wie wenig wir auf der Basis von freiwilligen Maßnahmen beim nachhaltigen Konsum erreichen können«, schreibt er in einem Aufsatz. »Wenn diese Maßnahmen dann auch noch mit dem Slogan des *Weniger* daherkommen, wird die Förderung eines nachhaltigen Konsums endgültig zur Sisyphusarbeit.«

Die Krux dabei für Bilharz: »Umweltorientierte Menschen denken in der Tendenz, dass sie bereits umweltbedingten Verzicht leisten.« Aber weil die Ökos im Schnitt mehr verdienen, werde die Erholung für die Umwelt durch einzelne grüne Maßnahmen wie etwa Biolebensmittel oder das Radeln auf Kurzstrecke »durch Mehrkonsum an anderer Stelle zunichtegemacht«.

Viel optimistischer dagegen blickt die Soziologin Ilona Otto von der Universität Graz auf die Vorbildfunktion der Ökobewegten. Sie hat in einer groß angelegten Studie ermittelt, wann Gesellschaften »soziale Kipppunkte« erreichen, nach denen die Entwicklung zu nachhaltigeren Strukturen nicht mehr aufzuhalten ist. Ihr Fazit: »Wir stehen vielleicht kurz vor diesem Kipppunkt, wenn die Forderungen zu ernsthaftem Klimaschutz von einer Minderheit auf die Mehrheit übergehen.« 15 bis 25 Prozent der Bevölkerung seien genug für einen solchen Wandel. »Du kannst mehr Macht haben, als deine Prozentzahlen zeigen. Wichtig ist eine Minderheit, die sich engagiert. Wenn man aktiv ist und seine Meinung äußert, auf sozialen Medien, mit den Nachbarn redet, mit den Kollegen, und mit seinem Lebensstil ein Zeichen setzt dafür, wer man ist und was man will.«

»Wir stehen kurz davor, dass das System Richtung Klimaschutz kippt.«

»Soziale Kipppunkte« sieht Ilona Otto »bei erneuerbaren Energien schon überschritten«, weil sie günstiger als Fossile sind. Auch beim Finanzsystem sei der Kipppunkt ziemlich nah. »Und auch bei den Normen sind wir nah am Kippen. Es gibt ›Flight shaming‹, in vielen sozialen Gruppen ist es nicht mehr cool, für wenige Tage ganz weit weg zu fliegen. In Städten ist Radfahren für viele cooler und praktischer als das eigene Auto.« Als entscheidende »Kipppunkte« zählt Ilona Otto: Streichung von Subventionen für Fossile, Förderung für dezentrale erneuerbare Energien, klimaneutrale Städte, Abzug des Kapitals aus fossilen Brennstoffen, eine moralische Debatte über Fossile, bessere Information zum Thema an Schulen und eine breitere Debatte über die schädlichen Auswirkungen von Treibhausgasen. Das Klima-Urteil des Verfassungsgerichts »werden wir vielleicht einmal als einen solchen sozialen Kipppunkt betrachten«, sagt Otto. Jetzt müssten deshalb die Gesetze angepasst werden, und es mache sich die Stimmung breit: »Wir kippen gerade das System!«

Wenn man die Wissenschaftlerin zum ausführlichen Interview am Computer erreicht, sagt sie, sie sei pessimistisch, wenn sie sehe, »in welchem Umfang und Tempo wir die Natur, die Basis für unseren Leben ist, zerstören«. Aber es stimme sie optimistisch, »wie viel Macht und Wirksamkeit die Menschen entfalten können«. Nach dieser Studie hätten sich viele Menschen bedankt, weil sie ihnen Mut gemacht habe. Für die Aussicht, dass sie nicht hilflos sind, sondern wirkmächtig werden können, und dass vielleicht viele der Kipppunkte kurz bevorstehen.

»Wenn es drei Generationen braucht, bis sich normativer Wandel durchsetzt, dann sind unsere Kinder diese dritte Generation«, sagt Ilona Otto, selbst Mutter von zwei Jungen und einem Mädchen im Schulalter. »Das gibt mir Hoffnung. Wir haben aber wenig Zeit, die nächsten fünf bis zehn Jahre werden entscheiden, ob wir diese größte Herausforderung in unseren Zeiten gemeinsam bewältigen.«

Sind wir vielleicht schon viel weiter, als wir denken? In manchen Bereichen sieht es zumindest danach aus.

Dosiert digitalisieren
Mit der Zukunft rechnen

Zwei Megatrends werden die nächsten Jahrzehnte prägen:
Dekarbonisierung und Digitalisierung. Zu wenig Computer-
leistung lässt die Grüne Null abstürzen. Zu viel aber auch.

Die Begriffe schafften es immerhin auf Platz 2 der »Anglizis-
men des Jahres 2020«: Eine Jury kürte Anfang 2021 »Home-
schooling« und »Homeoffice« nach »Lockdown« zu den
prägendsten Worten, die im Corona-Jahr in den deutschen
Sprachgebrauch einwanderten. In einem Jahr, in dem ein
gefährliches Virus etwa 50 000 Menschen tötete und das öffentliche Leben weitgehend lahmlegte, in dem sich die Menschen
ins Private zurückzogen und die Kliniken am Rand der Überfor-
derung arbeiteten, erlebte die Arbeit von zu Hause in Deutschland ihren Durchbruch: Doppelt so viele Menschen wie zuvor,
etwa ein Drittel, erledigten ihre Arbeit am eigenen Schreibtisch
oder unterwegs. Bürojobs wurden sogar zu 60 Prozent nicht

mehr in der Firma erledigt, ergab eine Umfrage der Initiative D21, mit der das Bundeswirtschaftsministerium die Digitalisierung in Deutschland unterstützt: »Deutlicher Corona-Effekt beim digitalen Arbeiten«, meldete D21, »mehr Homeoffice gewünscht – außer von den Führungskräften.«

Verwaiste Büroetagen statt Anwesenheitskult: Für sehr viele Menschen in Deutschland wurde das Arbeiten vom eigenen Küchentisch aus zur Normalität – und die digitalen Hausarbeiten für die Kinder gleich dazu. Und auch wenn viele Schulen plötzlich mit neuer Lernsoftware oder fehlenden Tablets überfordert waren: Treffen per Zoom, Teams oder Meet ersetzten Teamsitzungen am Konferenztisch; in Pressekonferenzen wurden per Chatfunktion Fragen gestellt; selbst bei Gipfeltreffen der EU und der UNO sahen sich die Staatschefs oft nur auf dem Bildschirm, und Streaming-Dienste für Filme registrierten Rekordumsätze. Die Digitalisierung des öffentlichen und privaten Lebens machte 2020 unter dem Druck der Pandemie gewaltige Fortschritte.

Videokonferenzen statt Dienstreisen entlasten das Klima

Ökologisch war das oft ein Gewinn. 2020 verbrannten die deutschen Autofahrer etwa 20 Prozent weniger Benzin und Diesel – ein Grund waren sicher die gesparten Arbeitswege. Dienstreisen und vor allem Dienstflüge gingen massiv zurück. Anbieter von Videokonferenzen wiesen darauf hin, wie mit ihren Produkten CO_2 einzusparen sei, allerdings fehlen bisher harte Daten. Ein Gutachten im Auftrag von Greenpeace kam Mitte 2020 zu dem Ergebnis: Wenn 40 Prozent der Beschäftigten in Deutschland nur an zwei Tagen in der Woche zu Hause blieben, spare das jährlich 5,4 Millionen Tonnen CO_2 im Verkehr, 18 Prozent der Pendleremissionen. Die Rechnung berücksichtigt allerdings nur, was im Verkehr gespart wird – und nicht, was das Homeoffice etwa an zusätzlichen Datenflüssen und damit CO_2-Ausstößen bei Rechenzentren verursacht. Allein eine E-Mail produziert beispielsweise im Schnitt etwa vier Gramm CO_2.

Das rückt auch eine Debatte in den Vordergrund, die lange

nur in der kleinen Ökotechcommunity geführt wurde: Welchen Einfluss hat die Digitalisierung der Welt auf unseren Weg zur Klimaneutralität? Während allen klar ist, dass die Nutzung und Vernetzung von immer mehr Daten und Rechnerkapazitäten auf immer mehr Feldern von Wirtschaft und Gesellschaft einen gesellschaftlichen »Megatrend« darstellt, sind die vielen Prognosen und Studien zu einem klimaneutralen Deutschland zu diesem Thema erstaunlich schweigsam. Erst langsam setzt sich die Erkenntnis durch: Ohne Digitalisierung scheitert der Kurs zur Klimaneutralität. Aber bei einer zu radikalen und weitreichenden Digitalisierung kann es ebenfalls schiefgehen.

Beim verstärkten Einsatz von Rechnern, Vernetzung und künstlicher Intelligenz auf allen Ebenen liegen »Utopie und Horror dicht nebeneinander«, sagt Dirk Messner, Präsident des Umweltbundesamts. Noch als Vorsitzender des Wissenschaftlichen Beirats der Bundesregierung Globale Umweltveränderungen (WBGU) hatte er 2019 eine große Studie verantwortet, die den Titel *Unsere gemeinsame digitale Zukunft* trägt – eine bewusste Anlehnung an die berühmte Studie *Unsere gemeinsame Zukunft*, mit der die sogenannte Brundtland-Kommission der UNO 1987 die Vision einer nachhaltigen, grünen und gerechten Welt entworfen hatte. 2019 warnte nun das Beratungsgremium die Bundesregierung: »Nur wenn es gelingt, die digitalen Umbrüche in Richtung Nachhaltigkeit auszurichten, kann die Nachhaltigkeitstransformation gelingen. Digitalisierung droht ansonsten als Brandbeschleuniger von Wachstumsmustern zu wirken, die die planetarischen Leitplanken durchbrechen.« Und einen Auftrag an die Umweltszene hatte der WBGU auch gleich: »Nachhaltigkeitspioniere müssen die Chancen von Digitalisierung nutzen und zugleich deren Risiken einhegen.«

»Utopie und Horror liegen dicht nebeneinander.«

Auf den ersten Blick ist die digitale neue Zeit ein großes Versprechen für eine grünere Zukunft. Rechner können Prozesse in der Industrie, beim Verkehr und in der Energiewirtschaft deutlich effizienter steuern und Rohstoffe einsparen. Die Vernetzung vieler Akteure in Echtzeit ermöglicht bislang ungeahnte Fortschritte. Eine konsequente Energiewende ist ohne digitale Geräte nicht denkbar: Tausende von Windkraftanlagen und Fotovoltaikmodulen müssen koordiniert werden; wann welcher Strom fließt, muss an schwankende Wetterbedingungen angepasst werden; wo welche Nachfrage nach Strom für Waschmaschinen, E-Autos oder Kühlhäuser herkommt und wer im Zweifel für ein paar Minuten auf Strom verzichten kann – all das steuern Rechner, ebenso wie die europaweite Koordinierung der Übertragungsnetze.

Auch in anderen Bereichen sind die »intelligenten« Techniken unverzichtbar, wenn es um Energiesparen und Vermeidung von Emissionen geht: Ein »Smarthome«-System kann den Energiebedarf von Heizung und Haushaltsgeräten hochgradig effizient steuern. Auch die Verkehrswende ist auf die Digitalisierung angewiesen: Apps und Anwendungen machen Autofahren und Kartenlesen leichter und zielgenauer; sie leiten Logistikflotten von Unternehmen und können den öffentlichen Verkehr viel attraktiver und benutzerfreundlicher machen; Rechner steuern Bahnnetze, Fluglinien und Busstrecken, um möglichst idealen und damit effizienten Verkehrsfluss zu erreichen.

In der Industrie helfen Rechner schon seit Langem, bei der Produktion Rohstoffe und Energie zu optimieren. In den Werkshallen von VW und BMW schweißen riesige Roboterarme mit integrierten Rechnersystemen millimetergenau und in atemberaubendem Tempo die Karosserien für E-Autos genauso wie für Verbrenner zusammen. Der Gebäudesektor hofft auf »serielle Produktion« von Bauteilen, aus denen moderne Effizienzhäuser entstehen. In der Landwirtschaft helfen GPS-Sender und Computer, Felder passgenau und termingerecht zu beackern und den Einsatz von Pestiziden und Dünger zu optimieren. Es gibt kaum einen Bereich der deutschen Wirtschaft, der für mehr Effizienz und weniger Emissionen nicht auf Digitalisierung seiner Prozesse angewiesen ist.

Die Techindustrie wird immer grüner und effizienter

Die Techindustrie schmückt sich gern mit grünen Attributen und stellt sich als Weltretter dar. Der Technikchef von Google, Urs Hölzle, ist zum Beispiel stolz darauf, dass seine Firma nicht nur rechnerisch ihre Rechenzentren mit grünem Strom versorgt. »Wir haben unsere Emissionen auch rückwirkend bis zu unserer Gründung 1998 ausgeglichen und sorgen dafür, dass wir 2030 rund um die Uhr immer mit Ökostrom laufen«, sagt Hölzle Anfang 2021 bei einer digitalen Konferenz zum Thema »Die nächste Dekade des Handelns«. Als größter Privatkunde von Energie habe Google zwei Milliarden Euro in Grünstromanlagen in Europa investiert und plane in den nächsten fünf Jahren noch einmal Ausgaben in gleicher Höhe. Außerdem biete man Hunderten von Städten digitale Dienste, um bessere ökologische Lösungen zu finden, und sorge dafür, dass für eine Milliarde Menschen weltweit bei Abfragen der Suchmaschine »gute wissenschaftliche Fakten« geliefert werden – wichtig in den Zeiten von Lügengeschichten und Fake News gerade rund um die Klimafrage.

Insgesamt betont die Techindustrie, sie strenge sich an, um den alten Google-Slogan »Do no Evil« (Tu nichts Böses) im Ökobereich umzusetzen. Die Firmen verringern ihren relativen Stromverbrauch, kaufen Ökostrom, unterstützen Regeln zur Energiewende oder verlegen Rechenzentren an kühlere Orte, um weniger Strom zu verbrauchen. Allerdings entstehen wissenschaftlichen Studien zufolge 99 Prozent der Emissionen aus der Digitalisierung nicht bei den Rechenzentren, sondern den nachgelagerten Servern oder Endgeräten.

Allerdings hat die Techindustrie auch ihre ökologischen Schattenseiten. Deshalb haben die IT-Forscher Tilman Santarius und Steffen Lange ihr durchaus kritisches Buch *Smarte grüne Welt?* auch ausdrücklich mit einem Fragezeichen versehen. Santarius ist Professor für sozialökologische Transformation und nachhaltige Digitalisierung an der TU Berlin, Lange arbeitet am Institut für Ökologische Wirtschaftsforschung (IÖW) an Modellen einer Wirtschaft ohne Wachstumszwang.

Lange und Santarius weisen neben den Chancen auch auf die Risiken der technologischen Entwicklung hin. Auch wenn die einzelnen Geräte immer effizienter werden – weil immer mehr davon produziert werden und sie immer größere Rechenleistungen schaffen –, steigt der Verbrauch von problematischen Materialien wie Kobalt, vom Strom für die Herstellung und von Strom für den Betrieb immer weiter an. Der Strombedarf für Informations- und Kommunikationstechnologie »beläuft sich in Deutschland auf etwa acht Prozent der Stromnachfrage und könnte bis 2030 auf 30 bis 50 Prozent ansteigen«, schreiben sie. »In ihrer materiellen und energetischen Basis ist die Digitalisierung bisher alles andere als nachhaltig«, heißt es weiter.

Sechsmal so viel Rechenleistung, sechs Prozent mehr Emissionen

Die geschätzt etwa acht Millionen Rechenzentren, die weltweit das Internet am Laufen halten und Milliarden von Dokumenten und Katzenfotos speichern, verbrauchten 2018 etwa ein Prozent des globalen Stroms, zeigt eine Studie im Fachblatt *Science*. Die Rechenleistung der Sever hat sich demnach seit 2010 versechsfacht, der Speicherplatz ist inzwischen 25-mal so groß wie damals – aber der Stromverbrauch stieg nur um sechs Prozent; die Server werden effizienter und sind besser ausgelastet.

Die Serverfirmen geben zwar an, sie bezögen Grünstrom für ihre Rechner – aber auch der ist bisher nicht unbegrenzt vorhanden, und das Stromnetz greift im Zweifel auf fossile Kraftwerke zurück. Den hohen Wärmeemissionen, die die Server produzieren, will beispielsweise Microsoft mit dem System Natick beikommen, mit dem nach einem Bericht der *Süddeutschen Zeitung* die Rechner in wasserdichten Containern vor den Küsten versenkt werden sollen. Manche Städte nutzen die Abwärme der Rechenzentren zum Heizen. Stockholm will 2035 zehn Prozent der Wohnungen mit der Wärme aus dem Netz auf die richtige Temperatur bringen.

Sind die digitalen Techniken also Fluch oder Segen für einen Kurs Richtung Grüne Null? Eine eindeutige Bilanz ist schwierig: Filme oder Musik im Netz zu streamen ist ökologischer als mit dem Auto zur Videothek oder zum Plattenladen zu fahren, die Produktion von E-Books spart Holzverbrauch und die Auslieferung von gedruckten Büchern an Kunden, schreiben die Autoren von *Smarte grüne Welt?*. Der Onlinehandel könne Transportwege sparen, wenn nicht jeder mit dem Auto zum Einkaufen fährt. »Grüne« Apps können Busse und Bahnen attraktiver machen, Carsharing kann private Wagen ersetzen. Im Netz finden sich bequem Secondhandmärkte wie eBay für Möbel oder Kleidung.

Andererseits, warnen Santarius und Lange, seien »grüne Apps« bisher vor allem Nischenprodukte. Carsharing habe gezeigt, dass dadurch kaum weniger Autos fahren, sondern eher bequeme zusätzliche Dienste in Anspruch genommen werden. Im Onlinehandel würden zum Beispiel statt einem Paar Schuhe gern mal drei bestellt und Unpassendes wieder zurückgeschickt. Das bedeutet: Die Liefer-Lkws fahren häufiger, und am Ende wird die ungeliebte »Retoure« vielleicht sogar vernichtet. Vor allem durch die effizientere und zielgerichtete Werbung wird der allgemeine Konsum noch angekurbelt. »In der Zusammenschau stellt sich die Digitalisierung für den Energie- und Ressourcenverbrauch bestenfalls als Nullsummenspiel dar«, schreiben Santarius und Lange.

Mehr Effizienz – aber auch mehr Konsum und Umweltbelastung

Auch bei der digitalen Entwicklung schlägt der Rebound-Effekt zu: Die Produktion und die Funktion des einzelnen Gerätes werden zwar immer effizienter – wenn aber die Gesamtmenge weiter steigt, frisst dieser Zuwachs alle Einsparungen bei Energie- und Materialverbrauch wieder auf. Schlimmer noch: Oft sorgen gerade die eingesparte Energie, der verminderte Materialaufwand oder die geringeren Kosten dafür, dass nun mehr konsumiert werden kann. Und eine zweite Entwicklung zeigt sich, besonders auch im Verkehrsbereich: Wenn die neuen, effizienteren Hilfsmittel nicht die alten überflüssig machen, sondern nur um eine weitere Option ergänzen, entsteht unter dem Strich vielleicht sogar mehr ökologischer Schaden als ohne diese Anwendungen.

Die Warnungen des WBGU vor den ökologischen Untiefen der Digitalisierung und die mit ihr verbundene mögliche Bedrohung der Klimaneutralität hat sich das Bundesumweltministerium zu Herzen genommen. 2020 verabschiedete es nach Debatten mit der Netz-Community seine »umweltpolitische Digitalagenda«, um »erst mal einen strategischen Rahmen für die Gestaltung des digitalen Wandels« zu erstellen. Es müsse um »Mehr mit Weniger« gehen, heißt es da, und man hofft auf eine »digitalökologische Dividende«, mit der die eingesparten Ressourcen nicht in den Konsum fließen, sondern als »Investitionen in die Zukunft« gelten: vor allem Daten, mit denen Behörden und Kommunen besser ökologisch planen könnten.

»Wir müssen die Digitalisierung so gestalten, dass sie dem Gemeinwohl dient und uns hilft, die Klimaziele zu erreichen«, sagt Bundesumweltministerin Svenja Schulze bei der Google-Digitalkonferenz »Die nächste Dekade des Handelns«. Jede und jeder könnten mithelfen: »Nicht jeden Trend bei neuen Smartphones mitmachen, nicht immer mit der höchsten Auflösung streamen und Sharing-Dienste nutzen.« In der Pflicht seien aber auch die Unternehmen, die über ihre Investitionen jetzt entscheiden würden – und die Politik, die klare Regeln aufstellen müsse.

124 Millionen ungenutzte Handys in den Schubladen

Die Strategie aus dem Umweltministerium nennt die Probleme beim Namen: In deutschen Haushalten liegen etwa 124 Millionen alte und ungenutzte Mobiltelefone. Der digitale Bereich verursacht weltweit vier Prozent aller Treibhausgase – doppelt so viel wie Deutschland –, und der Energieverbrauch wächst jedes Jahr um neun Prozent. Aber die über 70 Maßnahmen der Strategie bleiben dann doch eher wolkig: Da gibt es viele Studien, Förderhilfen und Wettbewerbe, neue Forschungszentren und gute Ideen – etwa einen digitalen Produktpass, ein Kataster von Rechenzentren oder einen Überblick über kritische Rohstoffe. Konkret hat die deutsche Regierung in der EU-Ratspräsidentschaft immerhin drei Dinge angestoßen: Endgeräte müssen nach einer Änderung der Ökodesign-Richtlinie länger halten als früher; die Stromversorgung für Rechenzentren muss bis 2030 klimaneutral sein; EU-weit sollen digitale Datenräume den Green Deal mit gesammeltem Wissen begleiten.

Alles nicht verkehrt, aber auch nicht ausreichend, meint Tilman Santarius. »Wenn die großen Techplayer wirklich einen Beitrag zu Energiewende und Klimaneutralität leisten wollen, müssen sie über ganz andere Dinge nachdenken, als ihre Rechenzentren mit grünem Strom zu betreiben«, sagt der Experte während eines Telefongesprächs. Es ist Lockdown, und es sind Schulferien; Santarius arbeitet von der schneeumwehten Nordseeküste aus. Solange das Geschäftsmodell der Internetkonzerne auf Werbung beruhe, die zum Überkonsum animiere, sei alles andere nur ein grünes Mäntelchen. »Was uns wirklich weiterbrächte, wären etwa Apps oder Plattformen, auf denen Menschen Angebote bekommen, sich ökologisch richtig zu verhalten.« Also etwa: wenn bei Suchanfragen für ein neues Smartphone nicht nur ein neues, fair gehandeltes Gerät oben lande – sondern eine Reparaturwerkstatt oder ein Angebot für gebrauchte Handys.

Der Professor und Aktivist liefert sich bei der Google-Onlinekonferenz einen Schlagabtausch mit Google-Technikchef Hölzle. Der bestreitet die Behauptung, der Stromverbrauch der Techgiganten werde weiter wachsen. »Im Gegenteil, er wird fallen«, sagt Hölzle, der in Kalifornien vor seinem Rechner sitzt, ein Bild von einer riesigen Solaranlage hinter sich. Die viel geschmähte Werbung sorge dafür, »dass ein deutscher Professor den gleichen kostenlosen Zugang zu Wissen bekommt wie ein Kind in Nigeria, das nicht zur Schule gehen kann«. Und die Forderung von Santarius, die Suchmaschine solle den Menschen doch bitte schön am besten die nachhaltigsten Angebote mit Präferenz liefern, lehnt Hölzle ab: »Wir wollen unsere Benutzer nicht umerziehen.«

Die Utopie: eine Suchmaschine, die zur Nachhaltigkeit verführt

Santarius erzählt, er arbeite selbst an solch einer Idee – zusammen mit der »ökologischen« Suchmaschine Ecosia, die verspricht, pro Suchanfrage einen Baum zu pflanzen (Hölzle sagt dazu: »Bei uns ist heute schon jede Anfrage klimaneutral, weil kompensiert«). Die Idee, so Santarius: den Menschen per Algorithmus in Echtzeit Angebote machen, die sie zu nachhaltigeren Produkten bringen. Wer eine Jeans sucht, bekommt automatisch oben auf der Liste die nachhaltige, fair produzierte Bioware angeboten. Für Santarius heißt das: Die Techkonzerne müssen nicht nur ihr eigenes Wachstum an Energieverbrauch drosseln, sondern auch anderen Branchen dabei helfen, grüner zu werden.

Ausgerechnet die »großen Gelben« in Berlin wollen das vormachen. Der ÖPNV-Dienstleister in der Hauptstadt, die BVG mit ihren »großen gelben« Doppeldeckerbussen, hat die App Jelbi entwickelt. Auf ihr können sich KundInnen beraten lassen, wie sie am schnellsten von A nach B kommen – unabhängig vom Verkehrsmittel. Statt also nur Busse und Bahnen anzubieten, mit denen die BVG ihr Geld verdient, rät Jelbi dann auch mal dazu, zu Fuß zu gehen, das Rad, ein Auto oder einen Roller zu nehmen.

Santarius wehrt sich gegen die Erzählung, wir bräuchten »immer mehr Digitalisierung für unsere Klimaziele«. Der Prozess laufe ohnehin; man müsse ihn gestalten, statt ihn noch extra anzukurbeln. Etwa der Ausbau des Mobilfunknetzes auf 5G-Standard, »den treiben wir voran, ohne dass jemand sagen kann, wofür wir das konkret brauchen«.

Der IT-Wissenschaftler ist mit dem Run aufs Homeoffice von 2020 ganz zufrieden. »Wir haben gesehen, dass die Infrastruktur im Großen und Ganzen da ist und die Netze und die Technik funktioniert haben. Wir brauchen gar nicht so viel Neues«, sagt er. Vor allem sei es ein Fortschritt, dass zum Beispiel die vielen Videokonferenzen »nicht noch zusätzlich dazugekommen sind«, sondern die zuvor kaum hinterfragten Dienstreisen wirklich ersetzt haben. »Das ist die richtige Richtung«, meint Santarius. Wie sehr das aber in einer Post-Corona-Zeit auch durchgehalten werden könne, war zu Beginn des Jahres 2021, als das Gespräch stattfand, völlig unklar.

Zumindest die Idee des »digital detox« klingt auch in der Digitalagenda des Bundesumweltministeriums einmal kurz an: »Muss eigentlich immer alles digital und vernetzt sein?«, heißt es in einer »Frage zum Schluss«: »Ob Toaster und Kaffeemaschine wirklich von unterwegs gesteuert werden müssen, ob smarte Wasserflaschen uns ans Trinken erinnern müssen oder ob es digitales Monitoring für Haustiere geben muss – das sind berechtigte Fragen.«

Effizient und nachhaltig sein wollen alle. Aber was passiert, wenn Ökokriterien plötzlich wirklich zur Pflicht und zum Maßstab von Entscheidungen werden?

Ehrliche Bilanzen führen
Von Schwarzmalern und Grünwäschern

Der Druck der Klimakrise hat die Welt der Wirtschaft erreicht. Immer mehr Unternehmen wollen grün werden – oder sich zumindest grün rechnen. Das ist schwieriger als gedacht.

Das Video hat alles, was gute Werbung für einen schwäbischen Weltkonzern ausmacht: sonnige Solardächer, dramatische Musik, Englisch sprechende Angestellte mit hartem deutschen Akzent und einem prallen Selbstbewusstsein: »Bosch ist das erste größere Industrieunternehmen, das CO_2-neutral wird«, lobt Geschäftsführer Volkmar Denner sich und seine Firma. Der Vorstoß zum grünen Konzern habe nicht nur einen »ökologischen Effekt, sondern stabilisiert auch die Gesellschaft. Wir hoffen, dass andere Unternehmen uns folgen«.

Die Robert Bosch GmbH in Gerlingen bei Stuttgart gefällt sich in einer Sonderrolle. Der Konzern mit einem Jahresumsatz von 77 Milliarden Euro und knapp 400 000 MitarbeiterInnen gehört zu 92 Prozent der Robert Bosch Stiftung. Die gemeinnützige Stiftung verteilt viel Geld in den Bereichen Bildung, Gesundheit und globale Fragen. Die Unternehmensgruppe verdient ihr Geld an 440 Standorten in 60 Ländern nicht nur mit Industrierobotern, Bohr- und Waschmaschinen, sondern vor allem mit Bauteilen für Diesel- und Benzinmotoren der Autoindustrie. Und trotzdem, oder deswegen, hat das Unternehmen seit 2007 an Umweltzielen gefeilt und ab 2012 kräftig Gas gegeben, um klimaneutral zu werden. Nicht 2045, wie es jetzt allgemein gilt. Nicht 2030, wie es viele andere Firmen verkünden. Sondern sofort. »Das Ziel, bis Ende 2020 an allen Standorten klimaneutral zu werden, haben wir nach internen Berechnungen erreicht«, erklärte das Unternehmen Anfang 2021. »Es geht«, heißt es im Firmenvideo. »Hier und jetzt.«

Das Rezept dafür ist eine Mischung: früh anfangen, entschlossen durchhalten, viel Geld in die Hand nehmen und clever rechnen. Seit 2007 senkt ein Umweltmanagement den Energieverbrauch, inzwischen steuert eine digitale Plattform 4.0 den Strom- und Wärmebedarf aller Gebäude und Maschinen des Konzerns an mehr als 100 Standorten weltweit. Alle Unternehmensteile in Deutschland beziehen Ökostrom. Bis 2030 will Bosch eine Milliarde Euro ausgeben, um seine Gebäude und Maschinen so sparsam wie möglich zu machen. Für eine weitere Milliarde kauft die Firma Grünstrom oder eigene Ökostromanlagen und investiert in Windfarmen auf den Philippinen und in Aufforstung in Panama, um ihre CO_2-Emissionen auszugleichen. Das soll sich lohnen: Eine Milliarde Euro will der Konzern mit diesen Maßnahmen im nächsten Jahrzehnt bei Ausgaben für Gas, Öl und Kohle sparen.

Früh anfangen, gut durchhalten, viel Geld investieren, clever rechnen

Boschs Rolle als Vorreiter im Klimaschutz hat aber auch viel mit Kalkulationskünsten zu tun. Denn das Unternehmen rechnet sich gemäß internationalen Regeln nur die Emissionen an, die in seinen Fabrikhallen, seinen Büros und durch die Erzeugung seines Stroms entstehen. Die Fachleute nennen diese Kategorien Scope 1 und Scope 2. Bosch hat diese Emissionen in den letzten Jahren von etwa drei Millionen auf unter zwei Millionen Tonnen CO_2 im Jahr gedrückt – ein großer Erfolg. Allerdings machen die Emissionen in der Lieferkette, durch den Transport der Produkte und im ganzen Produktleben (Fachleute sagen: Scope 3) 340 Millionen Tonnen CO_2 aus. Diesen Wert will Bosch bis 2030 um 15 Prozent senken. Das Unternehmen eliminiert also mit viel Geld und Aufwand weniger als ein Prozent der Emissionen, die durch seine Aktivität entstehen. Und gilt damit als Vorreiter.

Ähnlich absurd ist die Lage vieler Unternehmen, die sich in Richtung Klimaneutralität auf den Weg machen. Viele haben sich mit dem Thema bisher kaum ernsthaft beschäftigt. Alle finden Umweltschutz irgendwie gut – eine neue Managergeneration kennt die Bedrohung durch den Klimawandel, diskutiert mit den eigenen Kindern die Forderungen von Fridays for Future und den Lehrlingen im Betrieb über die Klimabilanz des Unternehmens. Aber die Unsicherheit ist groß, wo die Reise hingeht, welche Ausrüstung dafür erforderlich ist und wer mitgenommen wird – oder wer zurückbleibt. »In weiten Teilen der Wirtschaft herrscht die Einschätzung vor, dass die Klimaschutzziele politisch zwar beschlossene Sache sind, die Unternehmen aber ohne konkreten Plan für die Zielerreichung alleingelassen sind«, sagt Carsten Rolle, Abteilungsleiter Energie- und Klimapolitik beim BDI. »Allen ist klar: Mit den Instrumenten, die jetzt auf dem Tisch liegen, kommen wir nicht ausreichend weit.« Bei steigenden CO_2-Preisen müsse man beispielsweise über Quoten nachdenken, mit denen ein Markt für grüne Produkte geschaffen werde. Oder über Ausgleichszahlungen an

Unternehmen, um etwa den Unterschied zwischen billigen fossilen und teuren klimaneutralen Materialien auszugleichen.

»Es gibt bisher kaum Werkzeuge, die Unternehmen befähigen zu entscheiden, was das Ziel Klimaneutralität für sie bedeutet und was ihnen diesen Weg ermöglicht«, sagt auch Sabine Nallinger, Vorständin der Stiftung 2°, die deutsche Unternehmen für den Klimaschutz zusammenbringt. Vor allem viele Mittelständler fühlten sich mit dem Thema alleingelassen. Die Stiftung 2° will das ändern. Sie organisiert seit 2012 die Klimalobby unter deutschen Firmen wie Telekom, Deutsche Bahn oder Otto Group und EnBW. Das Ziel: eine klare Ansage der Unternehmen, welche Klimapolitik sie von der Politik erwarten – und eine Handreichung an Unternehmen, wie ein solcher Weg aussehen kann.

Der BDI zumindest hat 2018 eine erste Orientierungshilfe gegeben. Von der Unternehmensberatung BCG und dem Schweizer Prognos Institut ließ der Dachverband in der Studie *Klimapfade für Deutschland* rechnen, was ernsthafter Klimaschutz für die deutschen Unternehmen bedeuten würde. Fazit: Eine CO_2-Reduktion um 80 Prozent bis 2050 sei gut machbar und mit schwarzen Zahlen zu erreichen, wenn die Politik mit Subventionen und den richtigen Weichenstellungen helfe. Ein Minus von 95 Prozent sei dagegen nur vorstellbar, wenn es weltweit vereinbart und durchgesetzt werde – was oft ein eleganter Weg ist, wie Industrievertreter »Nein!« sagen. Die Studie hat zwar kein Szenario zur vollständigen Klimaneutralität gerechnet, aber spricht mit der 95-Prozent-Reduktion auch alle Probleme an.

»Heute unterschreibt der Vorstand – das ändert den Anspruch von Grund auf.«

Aber der Wind hat sich gedreht, und die Unternehmen merken das, sagen viele Experten. In den Firmenzentralen wächst die Einsicht, dass es um einen radikalen Umbau der Industrie geht – und dass die Politik es diesmal ernst meint.

»Neben qualitativen Inhalten müssen jetzt hart messbare

Kennzahlen berichtet werden. Was früher rein im Bereich von Corporate Social Responsibility angesiedelt war, muss heute der Finanzvorstand unterschreiben«, sagt Robert Seiter, der seit Jahren bei der Consultingfirma EYCarbon Unternehmen zu Klimafragen berät. »Das ändert den Anspruch und die Herangehensweise an die Berichterstattung von Grund auf.«

Bezeichnend war das Jahr 2020: Dass die EU mitten in der Corona-Rezession nicht an ihren Klimazielen herumknabberte, sondern ganz im Gegenteil die Latte von minus 40 auf minus 55 Prozent raufsetzte, spiegelte die Ernsthaftigkeit der Regierungen. Auch in Deutschland zeigte sich, dass etwas anders geworden war: In der Regierungskoalition blockierte die SPD einen Vorschlag der CDU/CSU, der Automobilindustrie wie noch in der Krise 2008/09 mit einer Abwrackprämie für Verbrennungsmotoren aus dem Absatzloch zu helfen. Und die Wirtschaftsverbände rüsten auf, heißt es in der Szene: Kaum eine Lobbygruppe, die nicht inzwischen Stellen ausschreibt, die sich mit dem Thema befassen – oder es zumindest nach außen so darstellen.

Der Druck auf die Unternehmen kommt von vielen Seiten. Im Sommer 2020 hatte die EU praktisch unbemerkt von der Öffentlichkeit die Taxonomie-Richtlinie beschlossen. Was als EU-Richtlinie 2020/852 bürokratisch daherkommt, setzt in beharrlicher EU-Manier eine weitgehende Forderung der Klimaschützer rund um das Pariser Abkommen um: »Shifting the Trillions« war der Schlachtruf, mit dem Billionen der Investoren in eine klimafreundliche Richtung gelenkt werden sollen. Den Anfang dazu macht die »Taxonomie«. Sie verpflichtet einerseits die Anbieter von grünen Investmentfonds, offenzulegen, wo sie welches Geld anlegen, und schreibt andererseits großen börsennotierten Unternehmen vor, dass sie in ihrer »nicht finanziellen Berichterstattung« auch den ökologischen Fußabdruck ihres Geldes nachweisen müssen. Gleichzeitig arbeitet die EU-Kommission an einer langen Liste, die Investoren klare Hinweise geben soll, welche Geldanlagen dem Klimaschutz nutzen und welche nur »Greenwashing« sind (siehe Kapitel *Richtig viel Geld ausgeben*).

Schon bisher mussten die Konzerne laut CSR-Richtlinie dokumentieren, wie sie sich zu Menschenrechten, Korruptionsbekämpfung und Umweltschutz verhalten. Nun ist das noch einmal erweitert worden: Die Firmen müssen plötzlich erklären, wie ihr Geschäftsmodell mit der Grünen Null zusammengeht. Die Folge: Was bisher als Ökogedöns galt, ist nun auf einmal harte Währung.

Auch wer eine Finanzierung braucht, wird in Zukunft unangenehme ökologierelevante Fragen beantworten müssen. Im Frühjahr 2021 legte der Sustainable-Finance-Beirat der Bundesregierung nach zwei Jahren Arbeit einen Bericht vor. Die Frage: Was muss Deutschland tun, um auch den Finanzsektor auf Klimaneutralität auszurichten – und möglichst der größte Markt für dieses Geschäftsfeld zu werden? Das Gremium mit Mitgliedern aus Politik, Finanzindustrie, Wissenschaft und Zivilgesellschaft gab 31 Empfehlungen: Die Bundesregierung müsse einen rechtlichen Rahmen schaffen und die öffentlichen Banken auf einen neuen Kurs bringen; sie solle grüne Anlagen ausgeben und bei öffentlichen Kapitalanlagen auf Nachhaltigkeit achten.

Vor allem aber empfahlen die Experten, Unternehmen sollten »über ihre Zukunfts- und Nachhaltigkeitsrisiken und -wirkungen berichten«, und diese Bilanzen sollten »allen Interessengruppen, insbesondere Investoren und Kreditgebern, zeitnah und messbar aufzeigen, wie Unternehmen auf Krisenszenarien und Kostenfaktoren wie den Klimawandel, Ressourcenmangel oder Pandemien vorbereitet sind«. Solche Maßstäbe hatte auch schon ein Jahr zuvor die Deutsche Bank gefordert: »Die Unternehmen müssen viel besser und transparenter darüber berichten, was sie planen, um nachhaltiger zu werden«, sagte Gerald Podobnik, zuständig für den Finanzbereich der Unternehmensbank und Mitglied im Sustainable-Finance-Beirat. »Kapitalmärkte funktionieren nun mal über Standards und Skalierbarkeit. Wenn wir uns als Banken messen lassen müssen, dann müssen wir auch das Geschäft unserer Kunden entsprechend einordnen können.«

Firmen und Banken im »Klimastresstest«

Podobnik fand es auch eine »gute Idee«, Banken einem »Klimastresstest« zu unterziehen, mit dem ermittelt wird, ob und wie sehr ihre Anlagen direkt durch die Klimakrise oder durch CO_2-Regulierungen betroffen sind. Der gesamte Bankensektor sähe bei einem solchen Test allerdings ziemlich schwarz. Nach einer globalen Untersuchung der Umweltgruppe urgewald mit der NGO Reclaim Finance, die im Februar 2021 am gleichen Tag wie der Bericht des Sustainable-Finance-Beirats veröffentlicht wurde, engagierten sich weltweit 665 Banken mit etwa 1,2 Billionen Dollar über Kredite und Investmentschäfte bei Kohleunternehmen. Seit dem Pariser Abkommen 2015 seien diese Tätigkeiten nicht etwa gesunken, sondern gestiegen. Nach der Commerzbank nennt der Bericht die Deutsche Bank mit drei Milliarden Dollar Kreditsumme an Kohlefirmen und sechs Milliarden bei Aktien und Anleihen dieser Unternehmen an zweiter Stelle der »Banks against Future«.

Neben diesen Faktoren drückt die Unternehmen auch der steigende CO_2-Preis. Am Anfang des Jahres 2020 kletterten die Preise im Europäischen Handel über die 30 Euro pro Tonne, im Frühjahr 2021 knackten sie schon die Grenze von 50 Euro. Weil das EU-Klimaziel am ehesten über einen verschärften Emissionshandel mit immer weniger Zertifikaten zu erreichen ist, rechnet die Wirtschaft hier mit weiter steigenden Preisen. »Das bringt vielen Unternehmen endlich Planungssicherheit für Entscheidungen, die sich über Jahrzehnte amortisieren müssen«, sagt Robert Seiter von EYCarbon. »Ich habe erlebt, dass Unternehmen sagten: So erstaunlich es klingt, aber für diese Bereiche wollen wir reguliert werden.«

Ein Beispiel ist die Autoindustrie: Ein Datum für das Ende des Verbrennungsmotors wäre nicht der Beginn der Ökodiktatur, sondern würde die Industrie entlasten – da ist sich der Experte Ferdinand Dudenhöffer vom Forschungsinstitut CAR sicher: »Ein fixes Ausstiegsdatum schafft Transparenz und reduziert Unsicherheit, das ist für Investitionen enorm bedeutsam.« Nach den Ausstiegsdaten aus dem Verbrenner in Japan,

Frankreich, Großbritannien und anderen autoproduzierenden Nationen bringe auch in Deutschland ein angekündigtes Aus für den Verbrenner Planungssicherheit: für die Hersteller, die dann »präzise die Nachfrage nach Elektroautos abschätzen können«, für Stromerzeuger, die wissen, wie viel Grünstrom gebraucht wird, für den Aufbau der Ladesäulen, für Batteriehersteller und Zulieferer wie Bosch. »Wir werden stabiler, weil die Zukunft berechenbarer wird.«

Firmen wollen reguliert werden

In diese Richtung geht auch eine Erklärung von mehr als 30 großen deutschen Unternehmen, die im Oktober 2020 Unterstützung für den Green Deal der EU demonstrierten und »eine klimaneutrale Wirtschaft made in Europe« forderten. Die Konzerne aus den Bereichen Finanzen, Bauwirtschaft, Chemie, Stahl, Maschinenbau oder Energie hatte die Stiftung 2° zusammengebracht, um die Arbeit der EU-Kommission und der deutschen Ratspräsidentschaft zu unterstützen. Sie forderten nicht weniger als eine grüne Revolution dafür, wie sie in Zukunft mit ihrem Kapital umgehen: Die EU müsse Rahmenbedingungen schaffen, um »alle zukünftigen Investitionen klar an dem Ziel auszurichten, bis 2050 Klimaneutralität zu erreichen«.

Für die Unternehmen war eine »praxisnahe Handhabung« der EU-Taxonomie-Regeln wichtig, die auch den »Grad der Anstrengungen unternehmerischer Transformations- und Klimaschutzmaßnahmen berücksichtigt«. Man müsse »zügig klare Meilensteine definieren und die neue Platform on Sustainable Finance mit einem ausreichend starken Mandat ausstatten«.

Bisher jedenfalls gibt es für Unternehmen, die sich der Grünen Null verpflichtet fühlen, nur eine gute Adresse: die Science Based Target initiative, (SBTi), die vom Thinktank Carbon Disclosure Project und dem Umweltverband WWF in London aufgebaut worden ist. Die Idee: Weltweit setzen sich Firmen freiwillig das Ziel, ihren Teil dazu beizutragen, das Pariser Klimaziel zu erreichen – die Erderhitzung bis 2100 »deutlich unter zwei Grad« zu halten und bis spätestens Mitte des Jahrhunderts klimaneutral zu sein. Dafür schreiben die Unternehmen eigene Klimapläne, reichen sie bei der SBTi ein, zahlen 4950 Dollar Bearbeitungsgebühr – und bekommen dafür nach einem rigorosen Klimacheck den Stempel »Paris-konformes Unternehmen«. Dieses Siegel ist nicht einfach zu erlangen, heißt es aus der Wirtschaft. Die Unternehmen müssen ihre Daten offenlegen und jährlich ihren Fortschritt in der Sache melden. Für die Öffentlichkeit soll es ein Gradmesser sein, welche Unternehmen ihre Sonntagsreden zur Umweltverantwortung ernst nehmen.

Der Klimacheck macht effizienter und beliebt bei Investoren

Damit lässt sich erfolgreich werben und als guter »Corporate Citizen« dastehen – als Unternehmen, das am Gemeinwohl orientiert ist. Aber es bringt den Konzernen auch echten Mehrwert, wirbt die Initiative: ein genaues Management von Energie und Ressourcen, eine klare strategische Ausrichtung, mehr Vertrauen bei den Investoren, den Schutz vor Schwankungen bei Energie- und CO_2-Preisen und bei überraschenden neuen Ökoregeln.

Die Liste der SBTi-Firmen ist bis zum Frühjahr 2021 auf knapp 600 Unternehmen angewachsen. Auf der Website der Initiative kann man sehen, zu welchen Zielen sich RWE verpflichtet hat (bis 2030 Halbierung der Emissionen pro Kilowattstunde Strom), was Microsoft (100 Prozent Grünstrom bis 2030) ALDI Süd (minus 26 Prozent bis 2025) oder Volkswagen (minus 30 Prozent bis 2030) versprechen. Auch die Robert Bosch GmbH taucht hier wieder mit ihrem Klimaplan auf – geadelt durch ein Lob: »Entspricht dem 1,5-Grad-Ziel«.

Nach Wegen zum klimafreundlichen Wirtschaften gibt es also eine milliardenschwere Nachfrage – aber wenig Angebot, das wirklich den Anforderungen standhält. Was läge da für innovative Unternehmen näher, als einen solchen Markt selbst zu schaffen? Und mit der tatsächlichen oder vermeintlichen Problemlösung, das nächste Geschäftsmodell zu entwickeln?

Genau das passiert mit dem »grauen Markt« von freiwilligen Emissionszertifikaten: Mehr oder weniger seriöse Firmen bieten mehr oder weniger effektive Auswege für Unternehmen, die schnell und problemlos grün werden wollen. Anders als die Teilnehmer am EU-Emissionshandel oder am deutschen System, das ab 2021 für Brennstoffe im Verkehr und in Gebäuden gilt, wird hier niemand zum Mitmachen gezwungen. Nein, die Firmen suchen Arten und Wege, um sich »klimaneutral« zu rechnen und damit zu werben: Die Herstellung von Kindernahrung, die Teilnahme an einer Reise, der Flug in den sonnigen Süden, auch die Produktion dieses Buches – alles bekommt das Siegel »klimaneutral«, weil irgendwo irgendwie die anfallenden CO_2-Emissionen »kompensiert« werden.

Ihren Ursprung hatte die Idee beim Reisen: Unternehmen wie atmosfair bieten seit Langem an, die Klimabelastung durch Flüge über eine freiwillige Spende an Klimaschutzprojekte »auszugleichen«. Sie errechnen die durchschnittliche Belastung fürs Klima, die etwa ein Flug von Frankfurt nach New York mit sich bringt (3,6 Tonnen CO_2) und kalkulieren, was es kostet, diese Menge an Treibhausgasen wieder aus der Luft zu binden (86 Euro) – etwa, indem in Entwicklungsländern Solarkocher oder Biogasanlagen finanziert werden, die keinen fossilen Brennstoff brauchen und die Lebenssituation der Menschen verbessern. Der Rechner weist auch darauf hin, dass ein Mensch in Äthiopien in einem ganzen Jahr nur 560 Kilogramm CO_2 ausstößt und das jährlich akzeptable Niveau im globalen Durchschnitt nur 1,5 Tonnen beträgt – damit käme man also nicht einmal bis New York, auch wenn man sonst in seinem Leben kein Gramm CO_2 ausstößt. Dabei liegt der Schnitt in Deutschland immer noch bei etwa zehn Tonnen pro Kopf und Jahr.

Der Markt für freiwillige CO_2-Lizenzen ist undurchsichtig

Die Idee ist immer wieder kritisiert worden: Denn das CO_2 wird nicht sofort gebunden, sondern erst nach Jahren eingelagert oder vermieden; die Praxis vermittelt den Eindruck, man könne mit gutem Gewissen einfach weitermachen wie gehabt.

Und nicht alle Anbieter sind seriös: Wer prüft nach, ob ein Wald (Bäumepflanzen ist bei »Kompensierern« ganz groß in Mode) wirklich wächst und auch nach Jahrzehnten noch Kohlenstoff bindet? Seriöse Firmen wie atmosfair ermuntern ihre Kunden, weniger zu fliegen, Telekonferenzen zu nutzen und nur als letzten Ausweg ins Flugzeug zu steigen. Dennoch bleibt der Vorwurf vom »Ablasshandel«, bei dem man sich vom schlechten Gewissen freikauft – und im Vertrauen darauf auch beim nächsten Mal wieder einen klimaschädlichen Flug bucht.

Wie groß der Markt der »freiwilligen Zertifikate« ist, die weltweit gehandelt werden, kann niemand sicher sagen. Anders als bei den Emissionen der UN-Staaten gibt es hier kaum bindende Regeln und transparente Register. Die Deutsche Emissionshandelsstelle, ein Teil des Umweltbundesamts, der den Handel mit den Zertifikaten überwacht, schätzt den »grauen Markt« weltweit auf 100 Millionen Tonnen jährlich. Zehn Prozent davon könnten auf Deutschland entfallen, meint Frank Wolke, Fachgebietsleiter der Nationalen Zustimmungsstelle Klimaschutzprojekte. Zehn Millionen Tonnen, das wären etwa 1,5 Prozent der deutschen Emissionen, die Tonne zu Preisen zwischen einem und vielleicht 70 Euro. »Die Preise sind stark vom Projekt und von den Umsätzen der Händler abhängig«, hat Wolke beobachtet.

Welche Angebote sind seriös? »Erst einmal sollte alles dafür getan werden, Emissionen zu vermeiden«, sagt der Experte. »Dann sollte man sich an einen bekannten Anbieter halten, der seine Projekte durch unabhängige Sachverständige überprüfen lässt.« Sinnvoll für eine Kompensation sei es auch, statt in Baumpflanzungen in Deutschland in Projekte zu investieren, die etwa über Solarkocher oder Erneuerbare das Leben der Menschen im globalen Süden verbessern helfen, die auf Dauer angelegt und »zusätzlich« sind – die also nicht auch ohne das Projekt entstanden wären. »Richtig gute Projekte leisten auch noch einen Beitrag zum ökologischen und sozialen Fortschritt in diesen Regionen«, sagt Wolke. Da könne gezielter Transfer von Geld und Know-how wirklich gute Erfolge zeigen.

Wenn der Druck auf die Unternehmen steigt, Emissionen zu

reduzieren und ihren grünen Ruf zu polieren, wird dann dieser »grauer Markt« nicht in naher Zukunft unglaublich wachsen? Ist es für die Verschmutzer in den Industriestaaten nicht einfacher und billiger, sich mit Zertifikaten aus dem globalen Süden »freizukaufen«?

Frank Wolke ist skeptisch. Das hat einen einfachen Grund: Anders als in den letzten Jahrzehnten werden CO_2-Minderungen auch weltweit zum knappen Gut. Denn seit dem Pariser Abkommen gilt nicht nur für Industrieländer, sondern für alle Staaten, auch aus dem globalen Süden, die gleiche Pflicht, ihre Emissionen zu reduzieren und das in Klimaplänen (Nationally Determined Contributions; NDCs) auch zu dokumentieren. Staaten des globalen Südens haben also perspektivisch immer weniger Spielraum, ihre Emissionssenkungen aus einem Windpark oder einer effizienten Industrieanlage an einen Investor zu verkaufen – denn sie brauchen sie selbst für ihre nationale Klimabilanz.

Nicht zufällig ist dieses Thema bei den UN-Klimaverhandlungen eines der heißesten Eisen: Welchem Land werden solche CO_2-Transfers angerechnet? Wie werden Doppelzählungen verhindert? Tauchen die CO_2-Reduktionen eines Windparks in Sierra Leone in der Bilanz des afrikanischen Landes auf – oder auf dem Konto einer deutschen Firma, die ihn finanziert und diese Zertifikate an Unternehmen verkaufen will?

Was für Märkte sonst gut ist – Knappheit –, könnte die globalen freiwilligen Kohlenstoffmärkte stark einschränken. Wenn CO_2-Reduktionen zu knapp sind, werden sie kaum gehandelt werden. Und den Firmen, die sie nachfragen, bleibt am Ende nur Wolkes Rat: »Alles dafür tun, um Emissionen zu vermeiden.«

Kohlendioxid ist so viel mehr als nur ein Klimakiller. Zum Beispiel eine Handelsware, mit der sich viel Geld verdienen lässt, wenn man es richtig anstellt.

AUS DER LUFT GEGRIFFEN

Unterirdische Speicherung von CO_2 aus Deutschland

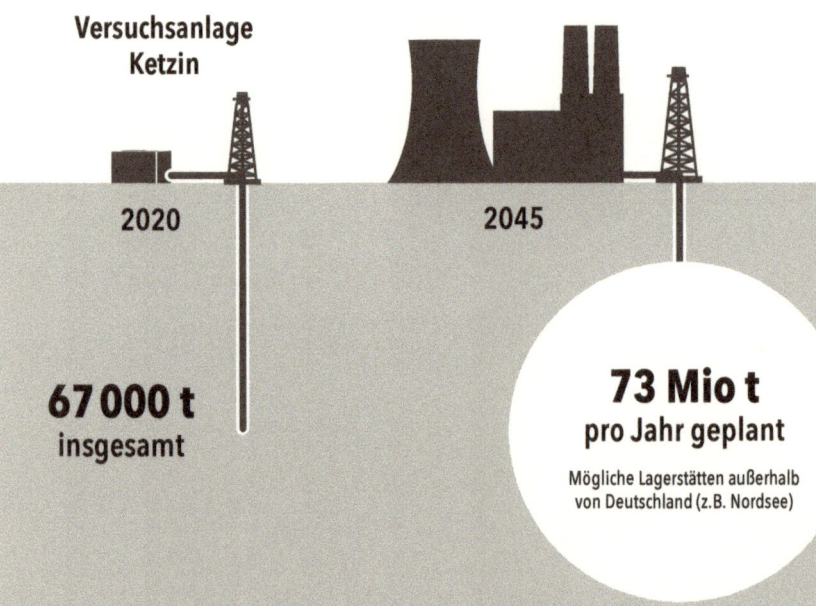

Versuchsanlage Ketzin

2020

2045

67 000 t
insgesamt

73 Mio t
pro Jahr geplant

Mögliche Lagerstätten außerhalb
von Deutschland (z.B. Nordsee)

Quelle: GFZ, Agora

Unter den Teppich kehren
Hoffen auf die CO₂-Müllabfuhr

Trotz aller Anstrengungen hin zu einer klimaneutralen Lebensweise: Spätestens 2045 müssen jährlich über 70 Millionen Tonnen CO_2 in Deutschland aus den Augen, aus dem Sinn verschwinden. In der Nordsee?

Der erste Eindruck: schöne Aussicht hier. Weit schweift der Blick über saftig grüne Wiesen und sanfte Hügel der Voralpen. Der zweite Eindruck: ganz schön laut hier. Hinter uns auf dem Dach steht ein etwa zehn Meter hohes Gerüst von 18 grauen Röhren, nebenan noch mal zwölf, jede eineinhalb Meter breit. In ihnen drehen sich riesige Ventilatoren und saugen lärmend die Luft durch eine Membran an. Und der dritte Eindruck: riecht ganz schön streng hier. Kein Wunder, denn wir stehen auf dem Dach der Müllverbrennungsanlage von Hinwil, eine halbe Stunde mit Zug und Bus südöstlich von Zürich. Wir schauen nicht nur in die Ferne, sondern auch in die Zukunft: Die lauten Monstermaschinen hinter uns sollen die Welt davor retten, am CO_2 zu ersticken.

Es ist das Werk DAC-18 der Schweizer Firma Climeworks, das hier mit viel Getöse und hohem Energieverbrauch Luft vom Klimagas befreit. Überall schlängeln sich dicke, silberne Leitungen, auf einer Pipeline klebt ein Schild: CO_2. Das wird hier aus der Umgebungsluft gewaschen und in großen Säcken gespeichert, die wie prall gefüllte, meterlange Würste am Gerüst hängen. Von dort wird das Gas 500 Meter weiter in ein Treibhaus geleitet, um als kohlenstoffgeschwängerte Luft Tomaten und Gurken um 20 Prozent schneller wachsen zu lassen. Das erste »kommerzielle Werk, um CO_2 aus der Umgebungsluft zu filtern «, verkündet stolz eine große Tafel auf dem Dach. Es sind nur 900 Tonnen im Jahr, so viel wie 200 Schweizer in die Atmosphäre blasen. Aber langfristig denken die Tüftler und Unternehmer von Climeworks in anderen Kategorien: Schon 2025 wollen sie 500 Millionen Tonnen CO_2 einfangen. Und das nicht mit 30, sondern mit 750 000 Containern weltweit.

Das Verfahren heißt Direct Air Capture (DAC), also direktes Einfangen aus der Luft. In Hinwil wird eine technische Hoffnung auf einen Ausweg aus der Klimakrise demonstriert: im industriellen Maßstab Kohlendioxid aus der Luft zu filtern, um es als natürliches Doping für Pflanzen oder als Grundstoff für chemische Produkte zu nutzen, oder aber um das CO_2 unter der Erde einzulagern und es damit auf lange Zeit der Atmosphäre zu entziehen (CCS-Verfahren).

Die Grundidee ist simpel: den Kohlenstoff, der in Gas, Öl und Kohle gebunden war und nach seiner Verbrennung als Kohlendioxid das Weltklima aus den Fugen bringt, einfach wieder unter die Erde zu stecken – in tiefe, unterirdische Wasseradern oder in seine alten Lagerstätten, ausgebeutete Gas- oder Ölfelder, wo man dann das Problem mit einem Deckel verschließen kann. Climeworks, ein Unternehmen von zwei ehemaligen Studenten der ETH Zürich, rechnet mit einem gigantischen Zukunftsmarkt: Fünf bis 30 Milliarden Tonnen CO_2 müssten 2050 auf diese Weise eingefangen werden, so eine Sprecherin. Das sind etwa zehn bis 50 Prozent der heutigen weltweiten Emissionen.

Simple Theorie, umstrittene Praxis

So simpel die Theorie, so umstritten die Praxis – zumindest in Deutschland. CCS braucht viel Energie; es gibt Bedenken, wie langfristig sicher das weggesperrte Gas sein kann. Und Umweltschutzverbände in Deutschland haben ein Gesetz erkämpft, das seit 2012 CCS enge Grenzen setzt: Erlaubt sind nur begrenzte Pilotanlagen unter strengen Auflagen wie etwa im brandenburgischen Ketzin. Eine großtechnische Speicherung des Gases ist bislang in Deutschland nicht erlaubt. Die Angst der Umweltszene war lange auch taktisch: Es wurde befürchtet, CCS könnte als Ausrede dienen, die klimaschädlichen Kohlekraftwerke immer weiter zu betreiben. Das Thema war deshalb lange tot und begraben.

Nun ist es wieder da. Der Rest der Welt denkt mehr oder weniger konkret über CCS nach, auch die EU zählt auf diese Projekte. Die Internationale Energieagentur in Paris listet weltweit mehr als 30 solche Projekte mit Gesamtinvestitionen von 27 Milliarden Dollar auf, vor allem in den USA, der EU, aber auch in China, Südkorea und Australien. Für die IEA ist es ohne diese Technik »praktisch unmöglich, weltweit Netto-Null-Emissionen zu erreichen«, heißt es. Auch der Weltklimarat IPCC diskutiert in seinen Szenarien ernsthaft diese Technik, um wenigstens halbwegs in die Nähe des 1,5-Grad-Ziels zu gelangen. Und auch in Deutschland fällt das Tabu CCS, sobald das große Ziel »Klimaneutralität« konkret durchgerechnet wird.

Zwar schließen die Experten im Umweltbundesamt die umstrittene Technik in ihren Szenarien für die Grüne Null aus. Doch in vielen anderen Gutachten wird CCS mehr oder weniger verschämt als Wundermittel eingesetzt, um auch die letzten Meter zum Ziel zu schaffen. Der BDI ging in seiner umfangreichen Studie *Klimapfade für Deutschland* aus dem Jahr 2018 schon von einem CCS-Einsatz aus, um nur minus 95 Prozent zu schaffen.

Die deutsche Akademie für Technikwissenschaften (acatech) plädiert »zeitnah für eine intensive Diskussion mit allen betroffenen Akteuren«. Auch das sehr ehrgeizige Gutachten aus dem Wuppertal Institut für Fridays for Future rechnet mit dieser umstrittenen Technik für die Industrie – sonst wäre wohl ein schneller Netto-Null-Erfolg bis 2035 gänzlich utopisch. Und die Studie *Klimaneutrales Deutschland* von Agora und Stiftung Klimaneutralität benennt konkret die Größenordnung: 73 Millionen Tonnen CO_2 und andere Gase, insgesamt fünf Prozent aller Emissionen, müssen 2050 demnach noch irgendwo sauber und sicher unter den Teppich gekehrt werden, damit Deutschland sich sauber auf null rechnen kann.

Das Problem: Selbst wenn man ernst macht mit dem Verzicht auf Kohle, Gas und Öl, fallen in manchen Industrieprozessen und in der Landwirtschaft Treibhausgase an, die kaum vermieden werden können. Bei der Herstellung von Zement etwa entsteht zwangsläufig CO_2, ebenso bei der Düngung von Böden, beim Flugverkehr und der Verdauung von Rindern. In gewissem Umfang können diese Emissionen durch natürliche CO_2-Schlucker oder Senken (beispielsweise Wälder) rechnerisch ausgeglichen werden. Allerdings zeigen viele Berechnungen, dass das nicht ausreichen wird. Es bleibt ein Rest, der unschädlich gemacht werden muss.

Weltweit steht die Technik als Mittel gegen den Klimawandel noch am Anfang. Es gibt Pilot- und Forschungsprojekte, aber auch grundlegende Probleme: So erhöht CCS den Energiebedarf einer Anlage und damit auch den CO_2-Ausstoß, wenn sie fossile Brennstoffe nutzt, um bis zu 40 Prozent. Langjährige Erfahrung gibt es nur in einem Bereich: Bei Enhanced Oil Recovery (EOR) pumpen Ölfirmen CO_2 in alte Lagerstätten, um sie besser ausbeuten zu können – und um damit mehr Öl zu produzieren, das CO_2 produziert.

Größter Erfolg bislang: mehr Öl produziert

So wie im zweitgrößten Kohle- und Gaskraftwerk der USA: Auf dem Gelände von W. A. Parish, 50 Kilometer südlich von Houston in Texas, verschwindet eine Pipeline im Boden: einen halben Meter dick, grau gestrichen und blitzsauber. Direkt dahinter, jenseits eines kleinen Bahndamms, wartet ein endloser Güterzug mit braunen Waggons vor einem Berg anthrazitfarbener Kohle. Aber gleich neben der Pipeline, wo auf gelbem Grund groß und schwarz »CAUTION CO_2« auf den Boden gepinselt ist, ragt hoch wie ein fünfstöckiges Haus der »Regenerator« aus dem Boden, eine Anlage voll silbern glänzender Rohrleitungen, die das Kohlendioxid aus der Kohleverbrennung auffängt.

Bei einer Besichtigung der Anlage bezeichnete Lou Hrkman, bis zum Ende der Präsidentschaft von Donald Trump Abteilungsleiter für »saubere Kohle und Kohlenstoffmanagement« im US-Energieministerium, dieses Areal als die Ökoecke. Der rundliche Mann mit dem freundlichen Lächeln hinter der randlosen Brille, eigens aus Washington angereist, schilderte im Mai 2019 deutschen Besuchern die Lösung des lästigen Problems mit dem Klimagas Kohlendioxid. »Das Projekt ist immens erfolgreich.«

Den Erfolg von Petra Nova in Texas definieren die Betreiber allerdings anders als die Klimaschützer. Während vor allem Klimawissenschaftler mit CCS einen Notausgang für die Klimakrise suchen, sieht die Industrie eine ganz andere Chance: die Möglichkeit, mit dem Klimagift Geld zu verdienen. Und das geht nur auf eine Art: noch mehr Öl zu fördern – und dadurch noch mehr CO_2 freizusetzen.

Denn wenn das CO_2 aus Houston in der Erde verschwindet, wird es 80 Meilen nach Südwesten zum West Ranch Ölfeld in Jackson County gepumpt. Dort wird es für Enhanced Oil Recovery genutzt; das Gas wird mit hohem Druck in die Erde gepumpt, um noch die letzten Tonnen aus einem alten Ölfeld zu pressen. 80 Prozent des CO_2 kommen dabei nach Angaben der Betreiber wieder ans Tageslicht, es muss aus dem Öl gefiltert und wieder unter der Erde versenkt werden. Erst nach mehreren Durchläufen bleibt das Gas unter der Erde. Klimaschutz sieht anders aus. Aber das war auch nie die Absicht von Petra Nova – auch wenn Hrkman seinen Vortrag mit einer gezielten Spitze gegen die klimabewussten Besucher aus Germany beschließt: »Coal is an organic fuel« – was »organisch«, aber auch »umweltfreundlich« heißen kann.

CCS hat bei Umweltschützern keinen guten Ruf. Eine Studie von Wissenschaftlern der New School for Social Research New York und der Boston University vom Oktober 2020 kommt zu dem Ergebnis, dass CCS aus industriellen Anlagen keine staatlichen Subventionen verdient habe, weil es die Belastung des Klimas mit CO_2 nicht verringere. Und Direct Air Capture (DAC) wie bei Climeworks helfe der Atmosphäre nur, »wenn es mit nicht fossilem Brennstoff betrieben wird und das CO_2 gespeichert und nicht genutzt wird«.

Energie für das Experiment kommt aus der Müllverbrennung

Zumindest die ersten Bedingungen haben die Climeworks-Ingenieure bei Zürich ernst genommen: Die Energie der Pilotanlage kommt aus der Müllverbrennung, die ohnehin stattfindet. Riesige Müllwagen liefern den Unrat der Gegend an. Das Gemisch aus Plastikverpackungen und Hausmüll landet in einem hohen Betonbunker. Dort greift eine riesige Metallklaue das Gemisch und wirft es in die Brennkammer. Neben dem Strom liefert die Müllverbrennungsanlage vor allem die nötige Wärme für die 30 Maschinen auf dem Dach. Wenn man die riesigen Hallen der Müllverbrennung mit ihrem süßlichen Abfallgeruch hinter sich lässt und dabei den Appetit nicht verloren hat, wartet an der Straße ein Imbissrestaurant. Auf seinen großen grünen Sonnenschirmen macht das Mineralwasser Valser Reklame. Das Wasser gehört zum Coca-Cola-Konzern, der Climeworks einen Teil seiner Produktion abnimmt. So bringt das CO_2 vom Dach der Müllverbrennung das Mineralwasser zum Perlen.

Noch ist DAC sehr teuer. Schließlich muss es das Klimagas mit großem Aufwand aus der Luft filtern, wo es nur einen Anteil von 0,045 Prozent ausmacht – anders als im Abgas von Kraftwerken, wo satte zehn Prozent zu holen sind. Um mittels DAC eine Tonne CO_2 zu vermeiden, muss man deshalb heute 600 bis 800 Dollar investieren, sagt Anna Ahn von Climeworks. Im Europäischen Emissionshandel kostet die Tonne im Frühjahr 2021 dagegen etwa 50 Euro. »Eine der 18 Einheiten in Hinwil ist etwa so groß und so teuer wie ein Auto«, sagt sie, also etwa 25 000 Euro. Und sie holt 50 Tonnen CO_2 jährlich aus der Luft. Wenn sich also eine fünfköpfige Familie statt ihres Autos eine Climeworks-Anlage in die Garage stellen würde (und die Nachbarn den Lärm tolerieren würden), müsste sie nur noch einen Lagerplatz für das Gas finden, um klimaneutral zu leben.

Aber Climeworks rechnet anders. »2030 wollen wir unter 200 Dollar pro Tonne Kohlendioxid sein«, so Ahn. Produzieren sie ihre Container in Serie, fallen die Preise, gleichzeitig werden die CO_2-Preise immer weiter klettern. Schon jetzt habe sich die Leistung eines Schiffscontainers mit sechs DAC-Modulen von 300 auf 500 Tonnen gesteigert, sagt die Sprecherin. In Island baut die Firma eine neue Anlage, um das CO_2 tatsächlich im Boden zu versenken und zu Stein zu machen. Bisherige Tests laufen gut, heißt es.

Ein neuer lukrativer Markt für die Ölkonzerne

Das Klimaproblem einfach zu begraben ist auch für hartgesottene Kapitalisten zumindest eine ernsthafte Überlegung wert. Denn es könnten ja ganz neue Märkte entstehen, auf denen viel Geld verdient wird. Bis 2050 könnten sich die derzeitigen Ölkonzerne zu CCS-Multis umbauen, schreibt ein »Was wäre, wenn ... «-Dossier des britischen Wirtschaftsmagazins *The Economist*. Demnach würden die Ölfirmen ihre Reservoire zu Lagerstätten ausbauen, wenn kein Öl mehr aus ihnen gepumpt werden kann. Sie könnten DAC-Technik installieren oder ihre alten Pipelines umrüsten und kräftig an der Rettung der Welt verdienen. Zehn Milliarden Tonnen Speicherung im Jahr 2050 seien machbar, der Umsatz der Industrie könnte eine Billion Dollar erreichen. Wüstenstaaten in Nordafrika und Waldbesitzer am Äquator würden zu den neuen Energie-Großmächten, die mit Solarstrom und Biomasse das Klima stabilisieren und Geld verdienen.

Am Zynismus dieser Vorschläge stört sich öffentlich kaum jemand: Damit würden gerade die Ölkonzerne und Ölstaaten belohnt, die über Jahrzehnte das Problem erst geschaffen haben. Sie hätten damit das perfekte Geschäftsmodell entwickelt: erst das Öl fördern und daran nicht nur Billionen verdienen und die Gesellschaft, Industrie und Politik der Industriestaaten für Jahrzehnte dominieren, sondern nach dem Ende dieser Party auch gleich am nächsten Boom mitverdienen – indem sie die leer gepumpten Lagerstätten mit dem Abfall aus dieser Förderung füllen und wieder auf der Gewinnseite stehen.

Gerade Ölkonzerne wie ExxonMobil wussten schon früh aufgrund eigener Forschungen um die Gefahren des Klimawandels und haben trotzdem ihr Geschäftsmodell ungebremst ausgebaut. Sie haben Zweifel an der Wissenschaft gestreut, über Jahrzehnte »Klimaleugner« in Politik und Wirtschaft mit Millionensummen finanziert und damit dringend nötiges Handeln gegen die Klimakatastrophe verhindert und verschleppt. Ironischerweise könnte sie nun gerade das Bremsen in der Vergangenheit zu Gewinnern der Zukunft machen. Denn ihre Macht als Unternehmen ist immer noch so groß, dass ein solcher Wandel nicht gegen sie, sondern nur mit ihnen organisiert werden kann – zumal Erdöl produzierende Staaten wie die USA, Russland und die OPEC-Länder involviert sind. So lautet zumindest immer wieder die Erklärung des UN-Klimasekretariats UNFCCC, warum die VertreterInnen von Öl-, Kohle- und Gaskonzernen bei den UN-Verhandlungen als Beobachter mit eigenen Rechten zugelassen sind.

Norwegen lockt: ein Grab in der Nordsee für deutsches CO_2

Für ein klimaneutrales Deutschland jedenfalls sind die Szenarien inzwischen ziemlich konkret: Die Restemissionen könnten an »Punktquellen« wie Stahlwerken oder an Kraftwerken, die Holz verfeuern, aufgefangen werden. Erste Unternehmen machen bereits Nägel mit Köpfen. Der Baustoffkonzern HeidelbergCement hat seit 2017 in seinem Werk in Lixhe an der niederländisch-belgischen Grenze mit der Technik experimentiert. Anfang 2021 hat er angekündigt, sein Werk in Hannover mit einer Demonstrationsanlage auszustatten. Im Rahmen eines EU-Forschungsprojekts sollen jährlich 100 000 Tonnen CO_2 aus der Zementproduktion abgeschieden werden. Das sind etwa 20 Prozent der entstehenden Klimagase. Bis 2025 soll das Projekt mit dem Konsortium LEILAC-2 abgeschlossen sein. Auch andere Unternehmen aus der Zementbranche forschen in diese Richtung. Immerhin entstehen bei einer Tonne Zement 0,8 Tonnen Klimagas – so viel wie bei 5000 Kilometern Autofahrt.

In deutschem Boden allerdings darf das CO_2 nicht zur letzten Ruhe gebettet werden – aber man kann Müll ja exportieren. Norwegen und die Niederlande etwa bieten sich bereits an, dieses Entsorgungsproblem zu lösen: Im Hafen von Rotterdam wird bereits intensiv an der Infrastruktur geplant, CO_2 aufzunehmen und in ausgebeuteten Gas- und Ölfeldern vor der Küste zu versenken. Auch das norwegische Projekt Northern Lights wirbt mit riesigen Kapazitäten und einschlägiger Erfahrung: Seit Jahrzehnten pumpen die Gas- und Ölfirmen Norwegens teilweise ihr überschüssiges CO_2 in den Boden. Bisher, so die Messungen der Norweger, ohne Probleme.

Auch die EU-Kommission erwärmt sich für diese letzte Ausfahrt im Klimaschutz. Die Klima-Langfriststrategie von 2018 ging davon aus, dass 2050 noch etwa 550 Millionen Tonnen CO_2 irgendwie gespeichert werden müssen: durch Wälder, Wiesen und Moore, aber auch durch Biomasse, die verbrannt wird und deren CO_2 abgeschieden und gespeichert wird – und durch CCS. Im EU-Klimagesetz, im Forschungsprogramm Horizon 2020 und im Innovationsfonds des Emissionshandels gibt es Unterstützung für die Technik.

Das habe ein »erhebliches Irritationspotenzial«, schreibt Oliver Geden, Leiter der Forschungsgruppe EU bei der Stiftung Wissenschaft und Politik in einem Aufsatz. Aber die umstrittene CO_2-Entnahme sei »unabdingbar, um das bereits beschlossene Netto-Null-Ziel der EU bis 2050 zu erreichen«. Das Zurückfahren der Treibhausgas-Emissionen müsse weiterhin Vorrang haben, aber Geden schlägt eine klare Trennung in klassische Minderungsziele und »Entnahmeziele« vor, vielleicht im Verhältnis 90:10. Nur mit einer überzeugenden Verbindung der beiden Maßnahmen und mit mehr Forschung in dem Bereich könne die EU ihren Anspruch auf internationale Führung in der Klimaforschung erhalten.

Umweltverbände: dagegen, unentschieden, dafür

Die Umweltverbände sind bei CCS gespalten. »Das ist keine Technologie, die wir akzeptieren«, sagt Greenpeace-Geschäftsführer Martin Kaiser. »Die Risiken haben sich nicht verändert. Wir müssen darauf setzen, das Potenzial für die CO_2-Speicherung in Wäldern und Böden zu erhöhen.« Die Deutsche Umwelthilfe lehnt CCS »nicht grundsätzlich ab«, sagt Klima-experte Constantin Zerger. »Aber wir sehen perspektivisch nicht ihre Notwendigkeit. Wir sollten uns auf sinnvollere Maß-nahmen konzentrieren.« Der Ausstoß aus der Zementindus-trie könne auch durch mehr Holzbau gesenkt werden. Der WWF wiederum steht zum Einsatz von CCS für die letzten Prozent: »Es ist nicht nachzuvollziehen, dass man sich kom-plett gegen CCS wendet, wenn der UN-Klimarat IPCC in sei-nem 1,5-Grad-Bericht diese Technik in großem Stil zugrunde legt«, sagt WWF-Fachfrau Erika Bellmann. »Wir haben eine Dekade verloren, auch weil die Industrie sich erfolgreich gegen wirksame Klimaschutzinstrumente gewehrt hat. Wir werden mittel- und langfristig CCS brauchen – vor allem für die nicht vermeidbaren Emissionen der Industrie.« Die Bedingungen für die Anwendung von CCS müssten jetzt diskutiert werden – »sonst kommen wir zu der skurrilen Situation, dass die Indus-trie auf diese Weise Klimaschutz macht und die Umweltschüt-zer nicht mit am Tisch sitzen«.

Am Platz jedenfalls dürfte es nicht scheitern. Unter der Nord-see vermuten Experten Raum für 200 Milliarden Tonnen CO_2 – genug, um die deutschen Restemissionen für 3000 Jahre aufzu-nehmen.

Die Auswirkungen der CO_2-Emissionen auf die Natur sind gravie-rend, und zwar nicht nur in der fernen Zukunft. Was der Klimawan-del anrichtet, ist manchmal schon direkt vor der Haustür zu sehen.

AUF DEM HOLZWEG

Anteil von geschädigten Bäumen in deutschen Wäldern

23%
deutliche Schäden

37%
deutliche Schäden

44%
gesund

33%
Warnstufe

21%
gesund

42%
Warnstufe

1984

2020

Deutschland debattiert
über das Waldsterben

Deutschland debattiert
nicht über das Waldsterben

Quelle: BMEL, Waldzustandserhebung 2020

Umbauen oder Umhauen
Stresstest für den deutschen Wald

Grün ist die Hoffnung. Und alle Konzepte zu Klimaneutralität setzen auf die Fähigkeit der Natur, Kohlenstoff zu binden. Aber der Wald schwächelt gerade jetzt, wo er dringend gebraucht wird.

Der Wald steht braun und leidet. Hohe Buchen und knorrige Eichen recken ihre Äste zum Himmel, das dichte Unterholz raschelt trocken im Wind. Ein grauer Tag hängt über Nieder-Ramstadt, einem Dorf südlich von Darmstadt. Der Blick von der Hügelkuppe schweift über Wiesen und Weiden und schwarz-weiße Fachwerkhäuser bis weit in die Rheinebene. Gleich hinter den letzten Grundstücken beginnt der Lohwald: 6,5 Hektar alter Baumbestand – fast 200-jährige Eichen, Buchen, Kiefern und Lärchen, Vögel und Insekten. Ein Paradies für Kinderspiele, Joggingrouten und Ausflüge.

Aber das Paradies hat geschlossen. Den Zutritt verwehren eine rot-weiße Baustellenabsperrung und ein Verkehrsschild am Fußweg: ein Spaziergänger im roten Kreis. Darunter: »Lebensgefahr Astbruch!« Wer das Schild missachtet, riskiert nicht nur bis zu 1000 Euro Bußgeld, sondern auch, dass ihm ein Ast oder ein ganzer Baum auf den Kopf fällt. Denn im Lohwald, einem vorbildlich geschützten Stück Natur, sind 90 Prozent der Bäume abgestorben oder schwer geschädigt, hat der zuständige Förster der Lokalzeitung erzählt: Die Bäume sind alt, die trockenen Hitzesommer haben sie gestresst, ein Pilz gibt ihnen den Rest. Das erklärt die eng bedruckte »Allgemeinverfügung«, die unter dem Verbotsschild hängt. Die Gemeinde weiß sich nicht anders zu helfen, als die Bevölkerung auf unbestimmte Zeit auszusperren.

»Der Lohwald ist das erste zusammenhängende Waldgebiet in Deutschland, das ich kenne, das wegen des Klimawandels dauerhaft gesperrt ist«, sagt Torsten Schäfer. Der junge Mann mit der markanten Hornbrille und dem schwarzen Fleecepullover steht am Eingang des Waldes und blickt traurig den kleinen Abhang hinunter. Schäfer ist Professor für Journalismus an der Hochschule Darmstadt. Als Kind hat er unter und auf diesen Bäumen gespielt, seine Eltern wohnen immer noch gleich da drüben. Schäfer schreibt, liest und forscht viel über Klima und Medien; er war dafür in Vietnam und Norwegen, hat ein Buch über Flüsse mit dem Titel *Wasserpfade* geschrieben und vernetzt mit seinem Projekt »Grüner Journalismus« Kolleginnen und Kollegen. Aber das hier ist für ihn nicht akademisch oder journalistisch. Es ist der Verlust eines Kindheitstraums. »Ich kenne all die Fakten und Debatten rund um den Klimawandel«, sagt Schäfer und wendet sich von den toten Bäumen wieder ab. »Es überrascht mich nicht. Aber es tut trotzdem weh.«

Tote Zonen im Wald in einem Jahr verdreifacht

Der Lohwald von Mühltal ist nur ein kleiner Teil des Problems. Überall in Deutschland stehen die Bäume unter Stress – Trockenheit, Hitze, Schädlingsbefall und zu hohes Alter. Sie gehen ein, und das in einem Tempo, das den Engagierten aus Forstwirtschaft, Wissenschaft und Umweltschutz große Sorgen macht. Allein zwischen 2019 und 2020 haben sich die offiziell gemeldeten »Schadflächen« im Wald fast verdreifacht – auf etwa 300 000 Hektar, eine Fläche größer als das Saarland. Große Forstflächen werden gesperrt, weil sie durch Hitzestress und Klimaschäden zu gefährlich für die Menschen geworden sind. Es gibt keine verlässlichen Statistiken darüber bei den zuständigen Bundesländern, aber wo man fragt, ist allen klar: Da bricht gerade etwas weg.

Das ist ein großes Problem für die Grüne Null. Denn ein gesunder Wald wird dringend gebraucht. Er speichert Wasser und bietet der Artenvielfalt eine Heimat. Er sichert den Boden und filtert die Luft. Er liefert hochwertiges Baumaterial und

CO_2-neutralen Brennstoff, er bringt Arbeitsplätze und Wert-schöpfung und garantiert den Menschen Erholung vom tägli-chen Stress. Und er soll weiter das machen, was er seit Jahrhun-derten tut: einen ordentlichen Teil der menschengemachten CO_2-Emissionen schlucken und dazu noch in wertvolle Bio-masse umbauen. Experten nennen das eine »Kohlenstoff-senke«. Aber das wird immer schwieriger.

62 Millionen Tonnen CO_2 lagerte der deutsche Wald zwi-schen 2012 und 2017 jedes Jahr ein. Das fand die »Kohlen-stoffinventur« des Thünen-Instituts (Bundesforschungsinstitut für Ländliche Räume, Wald und Fischerei). Das sind etwa sie-ben Prozent der deutschen Emissionen. Oder besser: Das waren sieben Prozent in diesem Zeitraum. Denn dieser Wert geht zurück: Der deutsche Baumbestand erreicht ein Alter, in dem er nicht mehr so viel Kohlenstoff bindet; Hitze, Trockenstress und Käferbefall töten Bäume großflächig. Und es trifft dabei mit den Fichten gerade die Bäume, die bisher die aktivsten Kohlen-stoffbinder waren. »Es kann sein, dass der Wald seine Senken-funktion schon fast verloren hat«, sagt Andreas Bolte, Leiter des Thünen-Instituts für Waldökologie im brandenburgischen Eberswalde, im Verlauf eines Telefongesprächs zwischen zwei Vorlesungen. Neue Zahlen wird die nächste Bundeswaldinven-tur wohl erst 2024 bringen.

Bisher war der deutsche Wald immer ein verlässlicher Klima-schützer. Auf 31 Prozent der Landesfläche stehen Bäume, insge-samt etwa 11,4 Millionen Hektar. Seit Jahrhunderten gab es nie so viel Wald in Deutschland wie heute. Nach dem Zweiten Welt-krieg wurde viel Holz geschlagen, seitdem wird aufgeforstet. 2017 lagerten in den Ästen, Stämmen und Wurzeln insgesamt etwa vier Milliarden Tonnen CO_2, fünfmal so viel wie Deutschland jedes Jahr ausstößt. Diese Summe hat sich seit 1987 nach Thünen-Zah-len um fast 40 Prozent erhöht: Der Wald ist so gut gewachsen, dass er die Emissionen der Landwirtschaft mehr als ausgeglichen hat. Nach EU-Regeln werden die Klimawirkungen von Wald und Landwirtschaft nicht auf die nationalen Emissionsbilanzen ange-rechnet, aber der Sektor muss im Minus bleiben: Er muss in der Summe mehr Kohlenstoff speichern als emittieren.

Bislang war der Wald ein verlässlicher Klimaschützer – jetzt wackelt er

Auch damit könnte es bald vorbei sein. Das Agora-Gutachten zur Klimaneutralität geht davon aus, dass schon 2025 der gesamte Sektor zur Quelle wird – weil die Emissionen aus der Landwirtschaft, vor allem aus trockengelegten Mooren, kaum sinken. Und weil der Wald zunehmend schwächelt. Das bleibt nach dieser Projektion auch so bis 2045 – erst dann werden Wälder, Wiesen und Weiden wieder zu einer leichten Senke, heißt es in dem Zukunftsszenario. Das allerdings wurde erstellt ohne die Horrorjahre 2018, 2019 und 2020, in denen durch Trockenheit und Schädlinge so viele Bäume starben, dass von einem »Waldsterben 2.0« die Rede war. Und niemand kann garantieren, dass sich dieser Trend nicht fortsetzt.

Das ist ein harter Schlag für die Klimaneutralität. Denn die setzt auf den Wald. Gebäude sollen immer häufiger aus Holz sein; Strom und Wärme sollen bitte schön grün aus Biomasse kommen, die Industrie sucht im Wald nach Rohstoffen für chemische Prozesse, und dann soll der Wald auch noch möglichst viel Kohlenstoff binden, um die Ökosünden aller anderen Bereiche auszugleichen. »Mehr naturverträgliche Forstwirtschaft« ist außerdem für viele UmweltschützerInnen die Alternative zur umstrittenen CCS-Technologie, mit der CO_2 aus Industrieanlagen abgetrennt und gelagert wird. Die Forstwirtschaft nennt das gern »multifunktionale Bewirtschaftung«. Aber mit allen diesen widersprüchlichen Zielen »ist der Wald völlig überfordert«, sagt Hannes Böttcher, Waldexperte des Öko-Instituts.

Das hört niemand gern. Wie kaum ein anderes Volk romantisieren die Deutschen ihre Baumregionen, Wälder schützen und Bäume retten ist hoch angesehen. In Märchen und Geschichten bedeutet der Wald zwar auch die dunkle Bedrohung der Wildnis, aber je industrialisierter der Alltag wurde, desto verklärter wurde der Blick ins Grüne. Der sächsische Bergrat Hans Carl von Carlowitz erfand 1713 den Begriff »Nachhaltigkeit« allerdings nicht aus einem frühen Ökobewusstsein, sondern weil er um den stetigen Nachschub an Holz für die Minen fürchtete.

Das »Waldsterben« machte in den Achtzigerjahren der deutschen Umweltbewegung und der Politik Beine und als Lehnwort auch in Nachbarländern wie Frankreich Karriere.

Auch die Protestaktionen von Fridays for Future 2019 trafen auf ein Land, das seine Bäume verdursten sah. Strategisch klug mobilisierte die Klimaschutzbewegung in den letzten Jahren für ihre Demonstrationen mit Aktionen zur Rettung von Wäldern: den Hambacher Forst und den Dannenröder Wald.

Tatsächlich leiden deutsche Wälder darunter, dass sie seit Jahrhunderten trockengelegt wurden. Der Durst von Eigenheimen und Industrieanlagen gräbt ihnen das Wasser ab. Und CSU-Chef Markus Söder erklärte im Februar 2021 seine Wende zum grünen Gewissen damit, Deutschland werde zum »Wassernotstandsland«. Die Versorgung müsse besser werden, auch die »Waldbewässerung wird entscheidend sein«.

Im Trockenstress leidet die Abwehr gegen Schädlinge

Direkter als andere Bereiche zeigen Wälder ihre Verwundbarkeit beim Klima: Bäume können nicht weglaufen und auch Populationen nicht zeitnah (etwa in höhere Regionen) wandern, wie es angesichts schnell steigender Temperaturen und veränderter Niederschläge nötig wäre. Dazu kommt die extrem langfristige Sichtweise, die der Wald einfordert: Förster pflanzen für ihre Enkel. Damit haben sie jetzt ein Problem, sagen Experten. Wie sollen sie heute Bäume auswählen, die sich in 50 Jahren mit zwei oder drei Grad höheren Temperaturen abfinden müssen, wenn sie jetzt noch mit strengen Frösten zu kämpfen haben?

Das Zauberwort heißt »Waldumbau«. Bisher setzen viele Forstwirte, die vom Holz leben, auf Fichte und Kiefer. Die wachsen schnell und gerade, man kann sie gut als Holz fürs Bauen und andere Anwendungen nutzen, aber auch fürs Verbrennen. Auf mehr als drei Millionen Hektar stehen inzwischen diese Monokulturen: schnelles Geld für die Holzbesitzer, aber auch anfälliger für den Befall von Schadinsekten oder Sturm als der artenreiche Mischwald. Zehn Prozent davon sind in den letzten Jahren dem Borkenkäfer zum Opfer gefallen: Wenn es zu trocken ist, kann der Baum nicht genug Harz zur Abwehr bilden. Die Käfer, denen das wärmere Wetter entgegenkommt, töten den Baum.

Diese großflächigen »Kalamitäten« könnten eine Chance für den Umbau sein, sagt Anke Höltermann, Fachgebietsleiterin »Waldnaturschutz und Waldumbau« beim Bundesamt für Naturschutz (BfN). Weg von den »Fichtenreinbeständen«, wie Monokulturen offiziell heißen, hin zu mehr widerstandsfähigem Laubmischwald. »Waldumbau dauert normalerweise Jahrzehnte, jetzt gäbe es eine Chance, das zu beschleunigen«, so Höltermann. Dafür sollte der Natur dort, wo der Wald abgestorben ist, mehr Raum gelassen werden, sich selbst anzupassen. »Nicht jede Freifläche muss gleich wieder aktiv aufgeforstet werden.«

Die Anpassung des Waldes an den Klimawandel bleibt für die Expertin aber eine Daueraufgabe. Kontrollierte Experimente, mehr Vielfalt und mehr Austausch zwischen Wissenschaft und Praxis seien nötig, um herauszufinden, welche Bäume am besten mit Hitze und Trockenheit zurechtkommen. »Es gibt keinen Masterplan für die Anpassung von Wäldern an den Klimawandel, das muss jeder Förster an jedem Standort selbst entscheiden.«

Fichte und Buche raus, Esskastanie und Weißtanne rein

Wer dabei weiter aufs schnelle Geld schaut, gehe eine gefährliche Wette ein, sagt Anke Höltermann. »Wer jetzt großflächig auf nicht geeigneten Standorten weiterhin Fichten oder Kiefern pflanzt, der riskiert, diese beim nächsten Käferangriff oder im Sturm wieder zu verlieren.« Baumarten aus anderen Weltregionen seien jedoch kein Allheilmittel. Das BfN plädiert in einem Positionspapier denn auch für mehr Demut unter den Förstern: Die Zeit, in der Waldbewirtschaftung einfach und großflächig planbar sei, gehe zu Ende; man müsse das als lernendes System begreifen. Nicht einfach, wenn ein Umbau hundert Jahre dauert. Und, wie Höltermann zugibt, »die Prognosen für die Forstwirtschaft nicht positiv sind«.

Im Wald hat das große Experimentieren begonnen: Was kommt statt Fichte, Kiefer und Buche, die alle anfällig für Hitze, Trockenheit und Käfer sind? Das Thünen-Institut schlägt vor, vor allem die »Fichtenreinbestände« in mittleren und höheren Bergregionen zu Mischwäldern umzubauen und dabei auf »Douglasie, Weißtanne und Küstentanne in Mischung mit Laubbäumen« zu setzen. Im Tiefland sollten gut angepasste heutige Arten eingesetzt werden, aber auch »bisherige Nebenbaumarten wie Esskastanie, Elsbeere, Winterlinde sowie frostharte Baumarten südeuropäischer Verbreitung wie Orientbuche oder Ungarische Eiche stärker genutzt werden. Exoten aus trocken-warmen Klimata anderer Kontinente bilden die letzte Möglichkeit der Walderhaltung«. Das Bundesamt für Naturschutz macht dagegen Front gegen die Douglasie, einen amerikanischen Nadelbaum, weil er hier nicht heimisch ist und die Artenvielfalt bedrohe. Andere sehen das gelassener. Andreas Bolte meint, die Douglasie sei unter Kontrolle zu halten.

Für Andreas Bolte bremsen den Waldumbau auch ganz praktische Dinge. »Das mit dem Umbau ist ziemlich verflixt. Eigentlich dürften an vielen Fichtenstandorten nicht wieder Fichten gepflanzt werden, weil sie das nicht überstehen«, sagt der Waldbauexperte. »Aber das ist ein hoher Anspruch für so große Flächen. Es gibt noch zu wenige Jungpflanzen anderer Baumarten, die besser angepasst sind. Und ausgerechnet im Frühjahr und Herbst, wenn gepflanzt wird, fällt weniger Regen. Viele junge Bäume vertrocknen.« Noch stehen 90 Prozent der Fichten. Bolte und seine Experten schätzen aber, dass bis 2100 insgesamt 70 Prozent verloren gehen könnten, weil es zu trocken wird und die Borkenkäfer zuschlagen. Sie sehen aber auch 30 Prozent der Buchenbestände vor allem durch Klimaveränderungen gefährdet.

Jedenfalls ist der Waldumbau für Bolte eine große Herausforderung. Um den Wald bis 2050 klimafest zu bekommen, müsste der Umbau bei Fichten- und Buchenstandorten »auf 95 000 Hektar jährlich« steigen, viermal so schnell wie heute. Das koste viel Geld: Die geschätzten »14 bis 43 Milliarden Euro Kapitalbedarf über die nächsten 30 Jahre lassen sich nur mit Unterstützung von Bund und Ländern schultern«, meint Bolte.

Den Waldumbau machen noch andere Faktoren kompliziert – zum Beispiel der spezielle Holzmarkt: In schlechten Zeiten sinken die Preise, weil zu viel Holz auf den Markt kommt. In der Landwirtschaft läuft das anders: Gibt es Missernten, steigen die Preise für Äpfel oder Kartoffeln, die Bauern können über höhere Preise teilweise verlorenen Umsatz wettmachen. Waldbauern dagegen zahlen noch drauf, wenn sie Holz schlagen, um es vor Schädlingen zu retten – und es dann nicht loswerden.

Dazu kommt: Waldbesitz in Deutschland ist zersplittert: Etwa die Hälfte des Waldes ist im »Streubesitz« von zwei Millionen Deutschen, die manchmal nur ein paar Hektar bewirtschaften (oder auch nicht) und ganz andere Maßstäbe an Holzwirtschaft anlegen als ein Großgrundbesitzer. Etwa die Hälfte des Waldes hat private Eigentümer, ein Drittel sind Landesforsten, 20 Prozent gehören Körperschaften, also meist den Kirchen.

Was wollen wir vom Wald? Holz, Erholung, Artenschutz, CO_2-Speicher?

Alle diese Akteure an Bord zu bekommen ist nicht einfach. Aber eine solche große Debatte über die Zukunft der deutschen Wälder braucht es, meint Andreas Bolte: »Wir müssen klären: Was wollen wir vom Wald? Für diese Entscheidung ist die Aufmerksamkeit hoch, das müssen wir nutzen.« Wie soll die »Multifunktionalität« des deutschen Waldes in Zukunft aussehen? Wie viel Holz soll er liefern, wie viel Biodiversität garantieren, wie viel Kohlenstoff speichern?

Auch Hannes Böttcher vom Öko-Institut fordert für das langfristig angelegte System Wald eine adäquate Ausrichtung. »Bislang fehlt das. Die Wiederbewaldung, ob und was gepflanzt wird, ist jedem Eigentümer selbst überlassen.« Auch die Zuständigkeiten sind verstreut: Weder die EU noch der Bund haben viel zu sagen. Die Entscheidungen über Gesetze fallen auf Landesebene. Und der Freistaat Bayern ist zum Beispiel mit 778 000 Hektar der größte einzelne Waldbesitzer Deutschlands. Da könnten die CSU und Markus Söder ihre neuen grünen Ideen gut ausprobieren.

Greenpeace etwa hat 2018 seine »Waldvision« bis zum Jahr 2102 vorgelegt. Darin schlagen die Umweltschützer vor, Schutzgebiete auszuweiten, den Rest des Waldes ökologisch zu bearbeiten und etwas weniger Holz zu schlagen. Dadurch könne der Wald dreimal so viel CO_2 binden wie bei einer Fortsetzung der jetzigen Politik, bei der die Senkenfunktion gefährdet ist. Holz und Papier sollten deutlich effizienter genutzt werden, fordert das Konzept – das postwendend vom Wissenschaftlichen Beirat für Waldpolitik im Bundesministerium für Ernährung und Landwirtschaft als Holzweg gebrandmarkt wurde: Die Studie biete für eine »global verantwortliche und generationengerechte Waldnutzung keine Orientierung« und sei als »evidenzbasierte Politikberatung« wegen Mängeln und Fehleinschätzungen nicht zu gebrauchen – einen Wechsel vom »Leitbild der Multifunktionalität und Nachhaltigkeit« hin zum Vorrang des Naturschutzes lehnte der Rat ab.

Die große Debatte findet also erst einmal nicht statt. Sie wird auch verhindert, weil es so viele Sichtweisen auf das System Wald gibt. Viele StädterInnen verschlingen mit Begeisterung die Bücher und Filme des Försters Peter Wohlleben, etwa über »das geheime Leben der Bäume«. Viele Forstwirte schütteln sich über diesen aus ihrer Sicht esoterischen Umgang mit Naturgesetzen.

Zumindest Geld ist da: Insgesamt 1,5 Milliarden Euro hat der Bund für Schäden aus den Trockenjahren zugesagt. 2021 wird eine »Nachhaltigkeitsprämie« von etwa 100 Euro pro Hektar für zertifizierten Wald gezahlt. Das soll beim Waldumbau helfen, sagen die Waldbesitzer; die Umweltschützer sehen darin eher eine Subvention, um vor der Bundestagswahl 2021 Ruhe im Forst zu haben. Dann wird die nächste Bundesregierung entscheiden, mit welchen Instrumenten es weitergeht.

Die Besitzer haben da schon eine Idee. Sie wollen sich dafür bezahlen lassen, dass ihr Wald CO_2 bindet. Seit 2019 fordert die Arbeitsgemeinschaft Deutsche Waldbesitzerverbände AGDW eine »Vergütung der Ökosystemdienstleistung CO_2-Speicher«

durch eine »Inwertsetzung der Waldklimafunktion«. Weil pro Hektar Wald im Schnitt fünf Tonnen CO_2 jährlich gespeichert würden und die Tonne CO_2 im Europäischen Emissionshandel zum Zeitpunkt dieser Rechnung etwa 25 Euro wert war, kommt das Konzept auf 125 Euro pro Hektar Wald im Jahr.

Die angepeilten zusätzlichen etwa 1,5 Milliarden Euro dafür sollen nach den Vorstellungen der Waldbesitzer aus dem Energie- und Klimafonds der Regierung kommen, in den die Erlöse des Emissionshandels fließen. Es sei doch sinnvoll, aus dem Geld für den CO_2-Ausstoß eine CO_2-Senke zu bezahlen, sagt Larissa Schulz-Trieglaff von der AGDW. »Das Geld sollte dem klimaverträglichen Waldumbau zugutekommen und einen Nachweis für die nachhaltige Bewirtschaftung erbringen.« Seit 2021 bekomme der Fiskus ja auch noch Einnahmen aus dem deutschen CO_2-Preis im Bereich Verkehr und Gebäude, so Schulz-Trieglaff. »Da wäre es doch nur logisch, dass diese Verursacher dafür zahlen, dass die Wälder CO_2 speichern.«

Milliarden für die kostenlose Dienstleistung der Natur

Damit würde zum ersten Mal eine Dienstleistung der Natur, die bislang gratis erbracht wird, für den Klimaschutz auf Cent und Euro vergütet. Baumreiche Länder wie Nordrhein-Westfalen oder Rheinland-Pfalz hätten gern eine solche »Baumprämie«, vor allem, wenn der Bund sie bezahlt. Im Bundesumweltministerium ist man hingegen eher zurückhaltend. Das Konzept sei »noch nicht ausgereift«, heißt es. Was passiere etwa, wenn das Holz entnommen und verbrannt werde, womit das CO_2 wieder frei wird? Muss dann die Prämie zurückgezahlt werden?

Tatsächlich stellen sich noch viele Fragen: Würde das Geld auch für Moore gelten, die noch deutlich mehr CO_2 speichern? Was passiert bei einem Waldbrand? Wäre eine deutsche Baumprämie ein Beispiel, nach dem in der EU waldreiche Länder wie Polen ebenfalls nach Subventionen rufen würden? Und was ist mit dem Kohlendioxid, das im Grünland der Bauern und im Meer eingelagert wird?

Die Umweltverbände sehen eine »Baumprämie« durchaus

positiv – wenn sie mit klaren ökologischen Auflagen verbunden wäre, sagt etwa Christoph Thies von Greenpeace. »Es ist sinnvoll, Anreize zu schaffen, damit etwa Holz auf Schadflächen stehen bleibt oder nur noch die Hälfte des Holzzuwachses geschlagen würde.« Experten von BUND und WWF warnen davor, die Dienstleistung des Waldes nur aufs Klima zu beschränken – die Funktion als Wasserspeicher, Erholungsort oder Naturraum dürfte nicht in den Hintergrund treten. Eine Finanzierung der Wälder über öffentliche Mittel würde aber auch heißen, dass der Wald nicht mehr nur ein möglichst profitabler »Wirtschaftswald« bleiben könne, heißt es.

Wenn der Wald mehr als nur Holzlieferant sein soll, sollte er sich vielleicht häufiger als »TreeWatch« in den sozialen Netzwerken zu Wort melden. Unter @TW_Britz twittert jedenfalls eine Buche aus einem Versuchswald des Thünen-Instituts täglich an ihre 1969 Follower, wie es ihr so geht: »Mein Saftfluss stagniert um 12:27 Uhr, eine Minute später als gestern«, verkündet der Baum etwa ganz nonchalant im Februar 2021. Die Buche kann ihren Fans beim Thema Trockenheit aber auch ein richtig schlechtes Gewissen machen: Am 23. und 24. Januar 2021 meldete sie vorwurfsvoll: »Heute habe ich 0 Liter Wasser transportiert. Wie viel Wasser hast Du heute getrunken?«

Zugegeben: Nicht jeder folgt einem Baum auf Twitter. Aber alle sind betroffen, wenn es Richtung Klimaneutralität geht.

Alle mitnehmen
Das Versprechen vom gerechten Übergang

Beim großen Umbau zur klimaneutralen Gesellschaft soll niemand zurückbleiben. Nur sozial gerecht wird die Grüne Null erfolgreich sein. In der Praxis hat das allerdings seine Tücken.

Wer am Hauptbahnhof von Cottbus ankommt, hat einen weiten Blick. Das Auge schweift über unzählige leere Gleisanlagen, weit hinten steht aufgereiht ein schier endloser Güterzug voller Container. Zwei Dieselloks parken vor Bäumen. In der Ferne erhebt sich das große Instandhaltungswerk der Deutschen Bahn, wo heute 420 Angestellte die Züge säubern und warten. Rechts und links der großen Halle ist zwischen Bäumen, Gestrüpp, Parkplätzen und kleinen Gewerbebauten noch ordentlich Platz. Und das ist gut so. Denn ab 2023 soll hier für eine Milliarde Euro das »modernste und umweltfreundlichste Bahninstandhaltungswerk in Europa« entstehen, verspricht die Deutsche Bahn.

1200 hoch qualifizierte Arbeitsplätze sollen geschaffen werden, darunter 100 Ausbildungsstellen. Neben der neuen großen Halle zur »schweren Instandhaltung« des ICE 4 soll auf dem Areal noch eine große Werkstatt entstehen, in der Dieselloks auf Hybridantrieb umgerüstet werden – und noch ein umfangreiches Verwaltungs- und Technologiezentrum, wo an Hybridantrieben geforscht werden soll.

Zur Verkündung dieses Schritts gab es am 17. September 2020 einen ganz großen Bahnhof: Die Ministerpräsidenten von Sachsen und Brandenburg, die Bundesminister für Verkehr und Finanzen und zwei Vorstände der Deutschen Bahn trafen sich in Cottbus, um die frohe Nachricht zu verkünden, wie sie DB-Vorstand für Infrastruktur Roland Pofalla formulierte: »Die Braunkohle geht – die Bahn kommt!« Das Staatsunternehmen sollte als Erstes zeigen, dass die Politik ihre Versprechen hält: die Kohleregion Lausitz nach dem Ende der klimaschädlichen Energie weiter zu unterstützen.

Die Bahn ist nicht allein. In Cottbus und Zittau eröffnet das Deutsche Zentrum für Luft- und Raumfahrt (DLR) Büros und Labore; die Universität Cottbus bekommt eine medizinische Fakultät, im Umland gibt es Förderpläne für Kultureinrichtungen, Bahnstrecken und Straßen werden ausgebaut. Bundesbehörden wie die Netzagentur planen Außenstellen. Nicht nur in der Lausitz, auch im mitteldeutschen Revier rund um Helmstedt und im Rheinland zwischen Aachen und Köln werden in den nächsten 20 Jahren 40 Milliarden Euro in hoffentlich zukunftsfähige Strukturen investiert. Das sieht das Strukturstärkungsgesetz Kohleregionen vor, das im August 2020 in Kraft trat. Diese Regionen, hieß es vom Bundeswirtschaftsministerium, »sollen eine echte Chance erhalten, nach dem Kohleausstieg besser dazustehen als zuvor«.

40 Milliarden Euro über 20 Jahre für die Kohleregionen

Das Gesetz ist das Ergebnis eines langen und bitteren Kampfes um das Aus der heimischen Braunkohle und die Zukunft der betroffenen Regionen. Seit Jahrzehnten forderten Klimaschützer das Ende der extrem klimaschädlichen Verbrennung von Braunkohle im Energiewendeland Deutschland. Erst nach Jahren des Konflikts, der Gutachterkriege und Prozessschlachten vor Gericht, nach riesigen Demonstrationen und Gegendemonstrationen, nach der Besetzung von Tagebauen und Polizeieinsätzen fand die Kommission Wachstum, Strukturwandel und Beschäftigung im Januar 2019 einen Kompromiss: Schluss mit der Kohle bis spätestens 2038, dafür 40 Milliarden Euro Strukturhilfen für die Regionen.

Die Kommission mit 31 Mitgliedern aus Wirtschaft, Regionen, Behörden, Umweltgruppen und Wissenschaft hieß landläufig »Kohlekommission«. Aber dass sie das nicht sein sollte, zeigte schon ihr Titel. Zu groß war der Respekt bei Sozial- und Christdemokraten vor der Wut in den Regionen und dem Druck der Gewerkschaften. Es ging erst zweitrangig um Klimaschutz. Erstes Ziel war es, »niemanden zurückzulassen«, wie es etwa die Bundesumwelt- und Klimaschutzministerin Svenja Schulze (SPD) immer wieder formulierte. »Der Kohleausstieg lässt sich nur in einem gesellschaftlichen Konsens organisieren.«

Das gilt auch für den Weg in die Klimaneutralität. Beim großen Umbau innerhalb einer Generation sollen Strukturbrüche vermieden werden, die ganzen Industrien die Grundlage entziehen, Menschen ihre Jobs rauben und ganze Regionen in ökonomische und soziale Schieflage bringen können. Zustände wie im US-Kohlestaat Kentucky sind ein abschreckendes Beispiel: Dort stirbt die Kohleindustrie, verelenden ganze Landkreise; weite Teile der Bevölkerung versinken in Drogensucht und Depression. In Deutschland dagegen fordert Artikel 72 des Grundgesetzes die grundsätzliche »Gleichwertigkeit der Lebensumstände«.

Was heißt das für die Grüne Null? Zumindest die Überlegung, wie der Ausstieg aus fossilen Techniken im Konsens zu erreichen ist – und was das für die betroffenen Industrien, Menschen und Regionen bedeutet. »Nach dem Kohleausstieg steht nun die nächste Überlegung an«, sagte gleich nach dem Ende der Kohlekommission der damalige Chef des Umweltverbands BUND, Hubert Weiger. »Wir sollten demnächst über eine Kommission zur Zukunft der Autoindustrie nachdenken.«

Der Umbau ist kein Jobkiller – im Gegenteil

Wie groß die Verwerfungen durch den Umbau zur Klimaneutralität werden, ist noch unklar. Manche Studien warnen vor Jobverlusten etwa bei den Zulieferbetrieben der Automobilindustrie, andere sehen eher Potenzial beim Umbau des Landes. Aus- und Aufbau der erneuerbaren Energien würden Beschäftigung und Wertschöpfung im Land halten oder sogar zurückholen. Eines der ältesten Argumente für die Energiewende lautet schließlich, dass das ausgegebene Kapital an heimische Firmen und Handwerker geht und nicht in die Ölstaaten abfließt.

Die SPD-nahe Friedrich-Ebert-Stiftung (FES) hat 2019 mit einem Gutachten den Warnungen widersprochen, Klimaneutralität sei ein Jobkiller. »Es zeigt sich, dass der mit der Energiewende verbundene Strukturwandel sich leicht positiv auf die gesamtgesellschaftliche Beschäftigung auswirken kann«, ist das Fazit der Studie *Jobwende,* die die FES bei der Unternehmensberatung Prognos in Auftrag gegeben hatte, die an den BDI-*Klimapfaden für Deutschland* mitgearbeitet hat.

Die Studie geht davon aus, dass 2050 bei ambitioniertem Klimaschutz etwa 43 000 mehr Menschen Arbeit haben als ohne diese Maßnahmen – nicht viel angesichts von etwa 45 Millionen Jobs in Deutschland, heißt es, aber genug, um der Polemik zu begegnen: »Die Abwägung zwischen Klimaschutz und Arbeitsplätzen ist vor diesem Hintergrund unbegründet – zumindest aus gesamtgesellschaftlicher Perspektive.«

Natürlich gebe es aber Verlierer, schreiben die Gutachter: Besonders die Beschäftigung im Öl- und Erdgassektor, bei Kohle- und Koksproduktion und bei Bau und Wartung von Verbrennungsmotoren werde sinken. Das werde aber mehr als ausgeglichen durch zusätzliche Jobs bei Erneuerbaren, Stromerzeugung, Wärme und Kälte und vor allem im Baubereich, der für Gebäudesanierung zuständig ist – und zwar »auf allen Qualifikationsebenen«. Auch das Erneuerbare-Energien-Gesetz habe unter dem Strich zu mehr Beschäftigung geführt, erinnern die Gutachter.

Schon 2018 hatte der Bundeskongress des Deutschen Gewerkschaftsbundes (DGB) Politik und Unternehmer aufgefordert, »Klima- und Umweltschutz, Wettbewerbsfähigkeit, Versorgungssicherheit, gute Arbeit und soziale Sicherheit, Bezahlbarkeit und gerechte Lastenverteilung in Einklang zu bringen«. Die Gewerkschaften bekannten sich ausdrücklich zum Pariser Klimaabkommen und boten an, am »gerechten Übergang« als Experten in den Betrieben mitzuarbeiten. Man kenne die Hürden, wolle die Chance für gute Jobs ergreifen und bei der Transformation mitbestimmen, hieß es. »Die Klimadebatte ist seit mehr als einem Jahrzehnt bei den Gewerkschaften angekommen«, sagt Frederik Moch, Leiter der Abteilung Struktur-, Industrie-, Dienstleistungspolitik im DGB-Bundesvorstand. »Wir arbeiten schon lange daran, Beschäftigung mit den Klimazielen zu verknüpfen.«

Gewerkschaften werben für »Transformationsbeiräte«

Das kommt auf die Perspektive an. Manche Teilgewerkschaften für die betroffenen Sektoren wie die IG Bergbau, Chemie, Energie (IGBCE) haben lange und heftig gegen den Atom- und den Kohleausstieg gekämpft, ihre Anhänger mobilisiert und Druck auf die Regierenden gemacht, möglichst lange an den alten Strukturen festzuhalten. IGBCE-Chef Michael Vassiliadis gehörte über viele Jahre zu den wichtigsten Strippenziehern rund um Kohleausstieg und Abschaltung von Kraftwerken.

Jetzt schauen die Gewerkschaften nach vorn, meint Moch. »Keinen zurückzulassen, das ist schon lange unsere Forderung«, sagt er. Zu ihren Vorschlägen auf dem Weg zur Grünen Null gehören bessere Qualifizierung für Beschäftigte, etwa durch ein Transformations-Kurzarbeitergeld. Er setze aber auch auf regionale Transformationsbeiräte, in denen Politik mit Zivilgesellschaft und Unternehmen mit Gewerkschaften beraten, wie eine Region sich auf eine klimaneutrale Zukunft einstellen könne – besonders wenn sie etwa wie die Gegend rund um Stuttgart stark von Zulieferern der klassischen Autoindustrie geprägt sei.

Nötig sei eventuell auch, dass der Staat in große Unternehmen einsteige, um den Übergang zur Klimaneutralität da zu garantieren, so Moch: »Man kann den Unternehmen nicht zu viel freie Hand lassen und ihnen nur Subventionen und Steuerhilfen geben. Mancher könnte das dankend annehmen, die Technik entwickeln und dann die Jobs ins Ausland verlagern.« Man müsse sicherstellen, dass »die Klimaziele erreicht werden, aber auch in der Dekarbonisierung noch gute Arbeit möglich ist«.

Laut Moch wäre mehr Transparenz auch in Fragen der Klimabilanz ein Vorteil für die Unternehmen: »Die Beschäftigten wissen doch am besten, wo etwas zu optimieren und zu verbessern ist.« Studien hätten gezeigt, dass Unternehmen umso klimafreundlicher wurden, je mehr Teilhabe und Mitbestimmung der Beschäftigten sie zuließen.

Tatsächlich ist es nicht trivial, bei tiefgreifenden Systemwechseln »alle mitzunehmen«, sagt auch Jochen Flasbarth, seit 2013 SPD-Staatssekretär im Bundesumweltministerium. »Aber Politik muss diesen Anspruch haben«, sagt Flasbarth, der den Kohleausstieg eng begleitet hat. »Wir können nicht jeden einzelnen Job retten, aber wir müssen die Leute absichern, über Vorruhestand oder Weiterqualifizierung.« Er sieht dann auch grundsätzlich positiv in die Zukunft: »Alle Studien, die ich zu den Auswirkungen der Klimaneutralität auf die Arbeitsplätze kenne, gehen davon aus, dass wir mehr Jobs neu schaffen, als wir alte verlieren.« So sei in der Energie- und Mobilitätswirtschaft viel Arbeit zu tun. Und »die Gefahr für klassische Jobs kommt viel stärker von den Umbrüchen durch die Digitalisierung als durch die Klimaneutralität«, sagt der Sozialdemokrat.

»Es wird Einbußen bei Wachstum und Wohlstand geben.«

Es gibt aber auch durchaus skeptische Stimmen. Eine konsequente Klimapolitik werde sehr wohl zu Einbußen bei Wachstum und Wohlstand führen: »Klimaneutralität als Wachstumsstrategie ist ein Wunschdenken«, schreibt etwa Eric Heymann,

Experte für Energie- und Klimapolitik bei der Analystenfirma der Deutschen Bank, DB Research. Natürlich werde es bei einer »dramatisch verschärften Klimapolitik Verlierer geben«, vor allem private Haushalte und Unternehmen, die höhere Energiepreise oder Steuern zahlen müssten.

Außerdem bräuchte es für einen ernsthaften Weg zur Klimaneutralität »deutlich höhere CO_2-Preise, als es der politische Konsens erlaubt«, schrieb Heymann in einem Kommentar im November 2020 und meinte, »wir müssen uns wohl oder übel fragen, welches Maß an Ökodiktatur (Ordnungsrecht) wir für akzeptabel halten, um uns dem Ziel Klimaneutralität zu nähern«. Das Versprechen der EU-Kommission, beim Weg zu ihrem Green Deal niemanden auf der Strecke zurückzulassen, »gleicht vermutlich am ehesten der Quadratur des Kreises«.

Die Milliardenhilfen während der Covid-Pandemie haben zumindest die öffentlichen Haushalte und die Erträge vieler Unternehmen schwer belastet. Wenn die Wirtschaft nach Hilfen bei Investitionen und neuen Märkten ruft, die sich etwa beim Wasserstoff schnell in Milliardensummen bewegen, wird dieses Geld für Sozialprogramme fehlen. Vielen ist klar, dass die 40 Milliarden Euro Hilfen für den Verlust von 20 000 direkten Jobs in der Braunkohle ein goldener Handschlag waren, den sich die öffentliche Hand bei anderen Branchen kaum wird leisten können. Da könnte ein Gremium vermitteln:

»Der Nachhaltigkeitsrat setzt einen Akzent auf die soziale Dimension der Klimaneutralität. Wir brauchen in unserer Gesellschaft ein »soziales Gewissen« für die anstehenden Veränderungsprozesse«, sagt Marc-Oliver Pahl, Generalsekretär des Rats für Nachhaltige Entwicklung der Bundesregierung (RNE). »Die soziale Einbettung ist auf dem Weg zur Grünen Null fast so wichtig, wie es die technischen Möglichkeiten sind.« Der Umbau der Gesellschaft in vielen Bereichen führe zu Gerechtigkeitsfragen und Ängsten, etwa bei der Konkurrenz um Flächen bei der Windenergie und die Belastung des ländlichen Raums. »Es wird auch Strukturbrüche geben. Wir machen Vorschläge, um alle Beteiligten abzuholen.«

Für Pahl, der seit 2020 im Amt ist, ist eine Besonderheit des

RNE wichtig: Er ist ein »Multi-Stakeholder-Gremium«, Personen aus ganz unterschiedlichen Gruppen quer durch Parteien, Wirtschaft, Umweltschutz und Zivilgesellschaft haben dort Sitz und Stimme. Der Rat aus 15 Mitgliedern wurde 2001 das erste Mal vom damaligen Bundeskanzler Gerhard Schröder berufen.

Alle mitnehmen – auch Artenschutz und Entwicklungsziele?

Allerdings hat der RNE in der deutschen Nachhaltigkeitspolitik immer eine Art Schattendasein geführt: Von der Regierung eingesetzt, von Kanzlerin Merkel immer durch einen Besuch beim alljährlichen Kongress geadelt, aber von der konkreten Politik und der breiten Öffentlichkeit mit seinen Vorstellungen und Ideen weitgehend ignoriert. Und immer, wenn der Rat die Fortschritte bei der Nachhaltigkeit bilanzierte, zeigte sich ein Trend: Fortschritt bei Wirtschaft und Soziales, Rückschritt bei den meisten Ökoindikatoren.

Für das Frühjahr 2021 arbeite der Rat an einer Stellungnahme zur Klimaneutralität, hieß es bei Redaktionsschluss dieses Buches. Das ist die Gelegenheit, auch »alle mitzunehmen«, die Gefahr laufen, bei der Konzentration auf die CO_2-Konzentration aus dem Blick zu geraten: der Artenschutz, die Naturflächen und ganz allgemein die UN-Ziele zur nachhaltigen Entwicklung (Sustainable Development Goals; SDG), auf die sich Deutschland wie bei den Klimazielen 2015 weltweit und bindend festgelegt hat. Die 17 SDGs verpflichten die Staaten, etwa den Hunger und die Armut zu bekämpfen, für Gesundheit, Bildung, Geschlechtergerechtigkeit, gute Arbeit und den Zugang zu sauberem Wasser zu sorgen.

Für Marc-Oliver Pahl ist Klimaneutralität als Ziel gesetzt. »Wir müssen aber auch die Ängste sehen, die durch die notwendigen Veränderungen ausgelöst werden können. Wir wollen helfen, den Menschen die Furcht vor neuen Lösungen zu nehmen.« Würden solche Ängste zu groß, könne das auch die Stabilität der Demokratie gefährden, warnt Pahl. Das Erstarken der

AfD in manchen Gebieten hat nach seiner Einschätzung durchaus auch etwas mit Sorgen vor Veränderungen zu tun.

Andere Länder debattieren ähnliche Situationen. »Leave no one behind« ist auch international der Slogan auf dem Weg zur Grünen Null. Unter dem Stichwort »Just Transition« hat die EU einen eigenen Fonds mit 17,5 Milliarden Euro aufgelegt, der in den kommenden Jahren vor allem betroffenen Regionen helfen soll, das Ende der Kohle zu verkraften: Neben der Lausitz bemühen sich zum Beispiel Bergbauregionen in Polen, Bulgarien oder Griechenland um die Mittel. Auch die Internationale Energieagentur (IEA) hat Anfang 2021 eine »globale Kommission zur Energiewende mit Blick auf die Menschen« ins Leben gerufen. Unter dem Vorsitz des dänischen Energieministers Dan Jørgensen soll die Gruppe Vorschläge machen, wie man »die Menschen ins Herz des sauberen Umbaus« stellen könne. Denn der Erfolg der Klimapolitik hänge zum Teil davon ab, die »sozialen und ökonomischen Konsequenzen der Energiewende auf die betroffenen Arbeiter, Kommunen und Industriezweige« zu berücksichtigen.

Wie die Regierung an ihrem Anspruch scheitern kann, »niemanden zurückzulassen«, hat sich aber auch bereits gezeigt. Einerseits hat die Große Koalition 2020 bei ihren Corona-Hilfszahlungen zwar insgesamt etwa 40 Milliarden Euro für »grüne Projekte« vermerkt – konnte dann aber bei einer internen Prüfung dadurch nur marginale Fortschritte verzeichnen. Zwar sei der klimapolitische Kurs der Regierung bestätigt worden, hieß es in einem internen Vermerk im Bundesumweltministerium, aber für viele Bereiche ließen sich nach der internen Studie keine Einsparungen belegen oder keine Aussagen machen, in welchem Maß mit den 40 Milliarden »zusätzliche Wirkungen« jenseits des schon beschlossenen Klimaschutzprogramms 2030 zu erwarten seien. Der Entwurf der unveröffentlichten Studie sieht zwar »geringfügige zusätzliche Minderungswirkungen in den Sektoren Gebäude, Verkehr und Industrie«, aber insgesamt »ist nicht von einer großen zusätzlichen Minderung der THG-Emissionen gegenüber dem Klimaschutzprogramm 2030 durch das Konjunkturprogramm auszugehen«.

Die »Klimadividende« für alle BürgerInnen ist gescheitert

Auch bei der finanziellen Entlastung der BürgerInnen hat die Bundesregierung nach dem Klimapaket 2019 eine gute Gelegenheit verpasst, niemanden zurückzulassen. Bei den Beratungen des Pakets im Sommer 2019 wurde debattiert, die Einnahmen für die Staatskasse aus dem ab 2021 geltenden innerdeutschen Emissionshandel – immerhin etwa 31 Milliarden Euro über vier Jahre – teilweise an die BürgerInnen als jährliche »Klimadividende« von 65 Euro pro Kopf zurückzuzahlen. Das Vorhaben fand in der Großen Koalition keine Mehrheit, weil den PolitikerInnen andere indirekte Entlastungen wichtiger waren: die Senkung der EEG-Umlage, Hilfen für Gebäude oder für Berufspendler. Das Ergebnis, so berechnete das Mercator Institute for Global Commons and Climate Change (MCC), entlaste zwar Geringverdiener, aber deutlich weniger als mit der »Dividende«. Und während die Mittelschicht relativ am schwersten betroffen sei, würden die Reichen weniger zur Kasse gebeten als bei einer direkten Rückzahlung.

Manchmal scheitern gute Ideen auch einfach an banalen Umständen. Einer der Gründe, warum die »Klimadividende« nicht entschieden wurde, war auch, dass der bürokratische Aufwand für solche geringen Zahlungen wohl vergleichsweise hoch gewesen wäre. Und ganz simpel: »Es gibt kein Verzeichnis, in dem alle BürgerInnen mit ihrer Kontonummer stehen«, sagt eine der Beteiligten. »Der Staat hätte nicht gewusst, wohin er das Geld überweisen sollte.«

Fehlt es vielleicht manchmal auch einfach nur an einer guten Idee?

Erfinden
Ideen für ein gutes Morgen

Innovation gilt vielen als Zauberwort und Lösung aller Probleme:
Welche ist die beste verrückte Idee, um das Land klimaneutral
zu bekommen? Oder haben wir schon alles, was wir brauchen?

Sie stehen und liegen inzwischen überall: Elektroroller (E-Scooter) haben in wenigen Jahren die Straßen und Gehwege in vielen Großstädten der ganzen Welt erobert. Mit diesen Neuentwicklungen düsen Touristen in Paris am Seineufer entlang, eilen Managerinnen in Berlin-Mitte ins Büro oder flitzen Jugendliche über die Hügel von San Francisco. Zwei Räder, ein Lenker, ein Akku, leicht zu bedienen, per Handy-App zu bezahlen und zu entsperren und mit bis zu 20 Stundenkilometern so schnell wie ein Fahrrad.

So sieht sie aus, die Mobilität der Zukunft – versprechen die Anbieter. Keine Abgase, keine nervige Parkplatzsuche, flexibel, an der frischen Luft, dazu oft »klimaneutral« über Kompensationsgeschäfte. Und auch die Politik ist begeistert: »Wir wollen neue Wege moderner, umweltfreundlicher und sauberer Mobilität in unseren Städten«, sagte Bundesverkehrsminister Andreas Scheuer (CSU) im Februar 2019, als er sich für die Zulassung der Roller starkmachte, die im Sommer 2019 erfolgte. »E-Scooter haben entsprechend ein enormes Zukunftspotenzial.«

Verkehrsplaner und Umweltschützer sind sich da nicht so sicher. Erste Studien des Nutzerverhaltens zeigen, dass die hippen neuen Verkehrsmittel kaum den Autoverkehr verringern, an dem viele Städte ersticken, da drei Viertel der NutzerInnen sonst zu Fuß, mit dem Rad oder öffentlichem Verkehr unterwegs gewesen wären. Das Umweltbundesamt kommt in einer ersten Abschätzung zu dem Ergebnis, dass Leihroller in den Innenstädten »eher Nachteile für die Umwelt bringen – und sie drohen als zusätzlicher Nutzer der bereits unzureichend ausgebauten Infrastruktur das Zufußgehen und Fahrradfahren unattraktiver zu machen«. Besser als ein Auto, das seien sie schon. Aber gegenüber dem guten alten Fahrrad »sind E-Scooter die deutlich umweltschädlichere Variante und daher keine gute Alternative«.

Innovationen sind nicht immer die Lösung – manchmal sogar das Problem

Die E-Scooter sind ein gutes Beispiel dafür, dass Innovationen nicht immer Probleme lösen – sondern sie manchmal noch größer machen. Auch neue und grüne Ideen können, wenn sie so richtig ins Rollen kommen, am Ziel vorbeischießen. Berüchtigt ist etwa die Beimischung von Palmöl zum Dieselkraftstoff, die ab 2003 in der EU unter der Biokraftstoff-Richtlinie erlaubt war. Eigentlich sollten die pflanzlichen Anteile am Sprit den CO_2-Abdruck der Autos verringern – weil aber in Ländern wie Indonesien für Palmöl-Plantagen weite Gebiete des Regenwalds gerodet wurden, erwiesen sich die neuartigen »Biotreibstoffe« unterm Strich als Klimakiller.

Andererseits kann ein klimaneutrales Deutschland sicher noch eine Menge guter Ideen für neue Produkte, Verfahren und Verhaltensweisen gebrauchen. Wer kostengünstig grünen Wasserstoff herstellen kann, einen lukrativen Verwendungszweck für das bisherige Abfallprodukt CO_2 findet oder die Menschen von ihrer Fixierung auf das Auto befreit, hätte sicher den einen oder anderen Umweltnobelpreis verdient. Den es bisher nicht gibt – den aber auch mal jemand erfinden könnte.

Das Bundesministerium für Bildung und Forschung jedenfalls rühmt sich gern, Deutschland sei das »Land der Ideen«. Das Ministerium für neue Ideen hat deshalb über fünf Jahre hinweg vier Milliarden Euro für das Programm »Forschung für Nachhaltigkeit« (FONA) eingeplant. Damit unterstützt der Bund zum Beispiel die Forschungen zu Artenvielfalt, Digitalisierung, grünem Wasserstoff, synthetischen Kraftstoffen oder die Polarforschung. »Deutschland ist Innovationsland. Unsere Innovationskraft ist Grundlage für unsere Wirtschaftskraft«, vermeldet das Ministerium. Es gehe darum, »Wissen zu schaffen, aber auch, Wissen anzuwenden und Forschungsergebnisse schneller in die Praxis zu bringen. Nur so entstehen grüne Innovationen, die unser Leben besser machen«.

Den Zusammenhang »grüne Innovationen gleich besseres Leben« sieht zumindest die deutsche Industrie nicht so richtig. Denn bei ihren Ausgaben für »Forschung und Entwicklung« rangiert das Thema Umwelt, Klima, Nachhaltigkeit an letzter Stelle. Im Überblick *Forschung und Entwicklung in der Wirtschaft: Analysen 2019* des Stifterverbands für die Deutsche Wissenschaft landet die Ökoforschung (mit einem Prozent der insgesamt 70 Milliarden Euro Ausgaben jährlich) ganz hinten. Der Verband, der als Einziger regelmäßig Daten zusammenträgt, wer in Deutschland auf welchem Gebiet forscht, ist selbst unangenehm überrascht. Selbst wenn man die Energieforschung mit vier Prozent dem Umweltbereich zuschlägt – gegen den Automobilbereich, in den 59 Prozent aller privaten Forschungsausgaben fließen, nehmen sich die Anstrengungen für die Suche nach grüner Innovation sehr bescheiden aus.

Neben Steuerkassen und Firmenbudget gibt es noch einen dritten Finanzierungsweg für Ökoneuerungen: die Deutsche Bundesstiftung Umwelt (DBU), mit einem Kapital von inzwischen 2,3 Milliarden Euro die größte Umweltstiftung Europas. Der wenig bekannte größte Geldgeber für Ökoideen, die oft auch im deutschen Mittelstand entwickelt werden, sucht Projekte nach dieser Matrix: »Innovativ, modellhaft und führt zu konkreter Umweltentlastung.« Über die 30 Jahre ihres Bestehens habe die DBU 195 Millionen Euro an Klimaprojekte im engeren Sinne, vor allem für erneuerbare Energien, verteilt, heißt es von der Stiftung. Ziehe man den Bogen weiter und rechne auch landwirtschaftliche Projekte wie etwa die Moorvernässung mit ein, »gehen wir davon aus, dass in den 30 Jahren seit Gründung der DBU rund die Hälfte der Gesamtfördersumme von etwa 1,9 Milliarden Euro Projekten für Klimaschutz zugutegekommen ist«, teilt ein Sprecher mit.

Fehlt es an guten neuen Ideen – oder an der Umsetzung der alten?

Aber wie viel Erfindungsgeist braucht die Grüne Null überhaupt noch? Fast allen Beteiligten ist zumindest klar: Es gibt nicht den einen Hebel, den man nur umlegen muss, um sicher ans Ziel zu gelangen. Das war der Mythos, mit dem Mitte des 20. Jahrhunderts die Atomkraft angepriesen wurde: eine billige und unerschöpfliche Energiequelle, die alle Probleme von Energiearmut bis Unterernährung lösen sollte. Dieser Traum endete nicht erst in Tschernobyl und Fukushima in einer Tragödie mit Tausenden von Toten und schwerstgeschädigten Menschen, einem Albtraum von horrenden Kosten, tendenziell unbeherrschbarer Technik und Bergen von ewig strahlendem Müll, für die niemand eine sichere Lagerung kennt.

Manche ExpertInnen meinen, für ein klimaneutrales Deutschland müsse nichts mehr erfunden werden – alles, was es brauche, sei schon da. Für die einen ist das einfach »100 Prozent erneuerbare Energien dezentral«, die die meisten Probleme lösen würden. Für andere, wie für die AutorInnen der Agora-Studie, ist das die Annahme, »die Schlüsseltechnologien für Klimaneutralität sind bekannt«: Elektrifizierung, Erneuerbare, Wasserstoff. Und auch die Wuppertal-Untersuchung für Fridays for Future zu radikalem Klimaschutz schon bis 2035 kommt zu dem Schluss, es seien »weniger die technischen Grenzen, die über Erfolg oder Misserfolg entscheiden werden, sondern der entsprechende gesellschaftliche und politische Wille«.

Das BDI-Gutachten wiederum pocht auf Innovationen: Schon der Pfad zu minus 95 Prozent stoße an »Grenzen von Technik und Akzeptanz«, nötig seien auch »Technologien, die sich heute noch im Stadium der Erprobung befinden« und die dafür staatliche Unterstützung bräuchten. Als solche Game Changer sehen die Gutachter von Prognos und der Boston Consulting Group etwa CO_2-Recycling in der Industrie, Kunststoffe aus natürlichen Materialien, Zementherstellung ohne Kohlendioxid, Batterie-Lkw, Nanoschaum als Dämmstoffe für Gebäude oder »vollwertigen Fleischersatz«.

Auf grüne Innovationen gibt es also ganz verschiedene Blickwinkel: Tendenziell progressive und umweltbewegte Kreise neigen zu der Auffassung, es sei eigentlich alles da. Was fehle, sei der Wille, die Techniken und Verordnungen ein- und umzusetzen. Sie fürchten, eine langwierige Debatte um mögliche erforderliche Durchbrüche bei der Technik könne schnell dazu missbraucht werden, die Klimaneutralität als Utopie abzutun. Ihre Angst speist sich aus einer bitteren Erfahrung: In der internationalen Klimadebatte etwa hat über Jahrzehnte eine Allianz aus Ölstaaten, Öl- und Kohlekonzernen und konservativen Politikern vor allem in den USA diese Verschleppungstaktik perfektioniert. Mit dem Argument »Wir wissen nicht genug« und »further research is needed« (weitere Forschung ist nötig) wurde frühzeitiger und wirksamer Klimaschutz verhindert.

Konservative und Liberale hingegen betonen in der Debatte über Wege zur Grünen Null, es sei notwendig, zu forschen und neues Denken zu unterstützen. Während die ökologisch Gesinnten darauf drängen, mit politischen Maßnahmen endlich an die Umsetzung zu gehen, sind Konservative vorsichtiger: lieber noch mal nachdenken und weiterforschen, ehe Geld in Techniken investiert werde, die nicht effizient sind.

Große Teile der Wirtschaft und etliche PolitikerInnen der CDU/CSU, der FDP und teilweise auch der SPD prägen seit Jahrzehnten mit zwei zentralen Schlagworten die Debatte: »Innovation« und »Technikoffenheit«. Neue Ideen werden in dieser Sichtweise dringend benötigt. Oft hat man bei diesen Akteuren den Eindruck: Alles, was neu ist, ist erst einmal gut. Deutschland verfügt bei dieser Ausrichtung anders als etwa die USA oder China weder über viele Rohstoffe noch einen großen Binnenmarkt, sondern muss als Exportland seinen Erfolg mit immer besseren Produkten auf dem Weltmarkt suchen. Es gilt der Grundsatz »Das Bessere ist der Feind des Guten«.

Allerdings kann diese Konzentration auf immer mehr Effizienz und neueste Technik dazu führen, dringend nötige Maßnahmen zu verzögern oder anderen Techniken die Mittel abzugraben – die umstrittene Förderung der Nuklearfusion ist ein solches Beispiel. Der deutsche Steuerzahler finanziert seit Jahrzehnten das internationale 30-Milliarden-Euro-Projekt eines ITER-Reaktors im südfranzösischen Cadarache, das, wie Kritiker spotten, »seit Jahrzehnten immer zehn Jahre vor dem Durchbruch steht«. Wäre das Geld für diese angebliche Zukunftstechnologie nicht für die Förderung der vergleichsweise langweiligen Energieeffizienz oder von Stromspeichern besser angelegt?

»Technologieoffen« kann heißen, dass die bessere Technik behindert wird

Auch »technologieoffen« sollen Forschung und Entwicklung immer gern sein. Eigentlich eine gute Idee: Denn selbstverständlich macht es mehr Sinn, breit angelegt zu forschen, welche Technik sich am besten durchsetzt. Noch vor einem Jahrzehnt etwa wurde in Deutschland die Nutzung der Erdwärme (Geothermie) als heiße Wette auf die Zukunft gehandelt. Dann stellte sich heraus, dass Wind- und Solarkraft viel schneller billiger wurden. Heute führt die Geothermie weiter ein Schattendasein.

Aber »technologieoffen« kann eben auch heißen: Der richtige Zeitpunkt wurde verpasst, dass sich eine Technik am Markt durchsetzt und ihre Konkurrenten nicht mehr gefördert werden sollten, weil das Rennen bereits entschieden ist. Das Negativbeispiel hier ist die deutsche Autoindustrie. Die setzte so lange auf den »optimierten Verbrenner« und einen Antrieb aus der Brennstoffzelle auch im Pkw, bis die Konkurrenz aus Japan, Südkorea, den USA und vor allem China einen riesigen Vorsprung bei der Entwicklung von E-Autos mit Batterie und den Batteriespeichern hatte.

Die Folge: Die Deutschen wurden auf dem Weltmarkt abgehängt. Und für das Ende der Träume vom Verbrenner der Zukunft brauchte es erst den gigantischen Betrugsskandal »Dieselgate«, der ab 2015 erst VW und dann viele andere Hersteller unter Schmerzen und Milliardenverlusten zum Nachdenken zwang. Die angebliche »Technologieoffenheit« hatte sich für die deutsche Auto- und Zulieferindustrie als Entwicklungsbremse herausgestellt – weil sie nicht offen für eine neue, bessere Technik gewesen war. Ob und wie die deutsche Leitindustrie sich von diesem Schlag erholen wird, ist auch 2021 immer noch offen.

Dem Mantra von »Innovation und Technologieoffenheit« hat das indes kaum geschadet. Sie bleiben die Schlagworte der bürgerlichen Parteien in der Wirtschaftspolitik. Eine ehrliche Bilanz, was sie über die letzten Jahrzehnte für den Nachhaltigkeitsstandort Deutschland (nicht) erreicht haben, ist nicht in Sicht. Die letzten entscheidenden Neuerungen für ein zukunftsfähiges Land kamen jedenfalls aus anderer Richtung: Das Erneuerbare-Energien-Gesetz, der europäische Emissionshandel, VWs Hinwendung zur Elektromobilität oder die Grundsatzentscheidung zur Klimaneutralität zeugen nicht vom blinden Vertrauen in die »Kräfte des Marktes«, sondern von weitsichtiger Planung, Ordnungspolitik und Anerkennung der ökonomischen und ökologischen Realitäten.

Was brauchen wir also an frischen Ideen für die Grüne Null?

Ein nicht repräsentatives Brainstorming unter den Menschen, die für dieses Buch befragt wurden (nicht alle wollten oder konnten mit ihrem Namen auftauchen), zeigt zwei Kategorien: technische und soziale Innovationen – also einerseits klassische Erfindungen von Dingen, andererseits aber auch Veränderungen im Verhalten von Menschen. Es zeigt auch: Für Veränderungen in dem Maßstab, wie sie für die Klimaneutralität nötig sind, ist ein Denken »out of the box«, also jenseits der eingefahrenen Wege, sicherlich von Vorteil.

Die technischen Durchbrüche, die erwartet oder erhofft werden, sind zum Teil offensichtlich: Immer wieder werden bessere Stromspeicher genannt. In der Tat würden viele Probleme verschwinden, wenn etwa bei starkem Windstrom an der Küste nicht die Windmühlen irgendwann abgestellt würden. Um das Stromnetz nicht zu überlasten, müsste der Strom stattdessen einfach irgendwo gebunkert werden. Schon jetzt sinken die Preise für klassische Lithium-Ionen-Batterien so stark, dass Speicher immer billiger werden. Der Preis für Autobatterien sank in zehn Jahren von 1100 auf etwa 100 Dollar pro Kilowattstunde – das gilt als die Schwelle, ab der Elektroautos für den Massenmarkt nicht mehr teurer als Verbrenner sind.

Rainer Baake von der Stiftung Klimaneutralität rechnet zum Beispiel damit, dass die Fotovoltaik zukünftig in Bauteile integriert wird. »Wir montieren dann keine Solarmodule mehr auf unsere Dächer, sondern sie sind das Dach, die Fassade oder sogar die Scheiben unserer Fenster. Alles produziert Strom, den wir dezentral speichern.«

Fotovoltaik an der Fassade, Kohlenstoff im 3-D-Drucker, Emissionen in Echtzeit

Für Lukas Köhler, FDP-Klimaexperte im Bundestag, wäre mittelfristig eine Erfindung wegweisend, die die Frage beantwortet: »Was mache ich mit dem CO_2, wenn ich es zum Beispiel aus der Luft gefiltert habe?« Köhler schwärmt davon, neuartige 3-D-Drucker zu bauen, die diesen Kohlenstoff in allen möglichen Produkten umsetzen könnten: »Wäre es nicht toll, wenn Sie sich damit zu Hause Ihr Steak vom Kobe-Rind selbst ausdrucken könnten?« Köhler stellt sich auch perspektivisch eine gesetzliche Regulierung von Flugtaxis und Drohnen vor, die nach seiner Überzeugung einen wichtigen Beitrag zum Stadtverkehr spielen werden. Dann brauche es noch ein digitales Energiepreissystem, mit dem jeder Haushalt »zielgenau Strom dann einkaufen kann, wenn er am günstigsten ist« – dass also die Waschmaschine mitten in der Nacht von selbst startet, wenn der billige Strom kommt.

Und wäre es nicht ein großer Fortschritt, wenn man die CO_2-Emissionen, die irgendwo entstehen, praktisch in Echtzeit darstellen könnte? Das wünscht sich Bernd Weber, Chef des wirtschaftsnahen Klima-Thinktanks Epico KlimaInnovation, der die Neuerungen schon im Namen trägt. »Wenn man direkt seinen CO_2-Ausstoß angezeigt bekäme, auf einem Tacho im Auto, oder wenn die Industrie auf der Produktionsebene befähigt würde, permanent auch nach CO_2-Mengen zu wirtschaften?« Mit konsequenter Digitalisierung von CO_2-Herkunfts- und Verwendungsnachweisen müsste das machbar sein, meint Weber. So ließe sich zum Beispiel mittels der Blockchain-Technologie auch einfach nachweisen, wie grün der Strom oder der Wasserstoff ist.

Für umweltschonende Produkte, die etwa mit grünem Wasserstoff hergestellt werden, »müssen wir einen Markt entwickeln, den es bisher nicht gibt«. Natürlich brauche ein Markthochlauf staatliche Unterstützung, aber – hier kommt die nächste Innovation – »am besten gleich mit einer realistischen Perspektive für ihr Auslaufen«. Eine Exit-Strategie für Staatsgeld also, wenn es versprochen wird, das wäre tatsächlich neu: »Wir sollten gleich zu Beginn der Förderung auch die Schritte hin zu einem sich selbst tragenden Markt festlegen, damit zeitlich beschränkte Förderung wieder auslaufen kann.«

Damit sind wir bei frischem Nachdenken über Gesetze und Verordnungen. Vielen ExpertInnen ist klar, dass das deutsche Erneuerbare-Energien-Gesetz mittelfristig stark verändert werden muss. Das Gesetz aus dem Jahr 2000 hat erfolgreich auf die

Förderung einer Nischentechnik gesetzt. Jetzt, wo Ökostrom in Deutschland Marktanteile bis zu knapp 50 Prozent erreicht, müsste sich das Design ändern.

Überhaupt fordern manche, das gesamte System von Steuern und Abgaben in Deutschland, aber auch in der EU müsse auf den Prüfstand. Immer noch wird der Faktor Arbeit weit mehr belastet als der Verbrauch von Umwelt. »Es kann nicht sein, dass wir mit der Klimaneutralität alle Bereiche umpflügen, aber die Energieabgaben so lassen, wie sie sind«, heißt es öfter. Bisher nämlich machen die Einnahmen des deutschen Fiskus aus Energiesteuern im weitesten Sinne (Benzin, Diesel, Heizöl, Strom, Kfz-Steuer, EU-Emissionshandel, nationaler Emissionshandel) rund 70 Milliarden Euro für den Finanzminister aus – die aber natürlich schmelzen, wenn der Verbrauch von fossilen Brennstoffen reduziert wird. Dazu kommt: Das EU-Beihilferecht stellt alle staatlichen Unterstützungen unter Generalverdacht. Wie soll man da etwa einen Markt für die noch zu teuren Produkte aus grünem Wasserstoff entwickeln? Wer wird thyssenkrupps grünen Stahl subventionieren, wenn Brüssel ihm das untersagt?

Steuern auf Umweltverbrauch, Subventionen mit Verfallsdatum

Ein kühner Vorstoß kommt von Brigitte Knopf, Generalsekretärin des Mercator Institute: »Wir sollten im Grundgesetz die Voraussetzungen dafür schaffen, Umweltsteuern zu erheben.« Bisher nämlich ist es dem Staat nicht erlaubt, den Verbrauch von knappen Ressourcen wie Boden, Wasser oder sauberer Luft zu besteuern. Er behilft sich mit Abgaben, die sich auf den Verbrauch beziehen, oder mit dem Emissionshandel. »Eine direkte Umweltsteuer würde den unerwünschten Verbrauch dieser Gemeingüter direkt belasten«, so Knopf. »Wenn ein solcher Preis hoch genug wäre, würde er das Verursacherprinzip konsequent anwenden und, wie jetzt beim CO_2, die nötigen Investitionen schon von sich aus anreizen.«

Auch in den Betrieben könnten soziale Innovationen eine

ganz eigene Dynamik hin zu mehr Klimaschutz auslösen, hoffen jedenfalls die Gewerkschaften. Ein »Mitsprache- und Initiativrecht des Betriebsrats bei grundlegenden Entscheidungen des Unternehmens« fordert etwa Frederik Moch vom DGB-Bundesvorstand. Dafür müsse das Betriebsverfassungsgesetz geändert werden, um den Beschäftigten eine lautere Stimme zu geben, etwa bei Entscheidungen über neue Produkte oder Standorte, die einen Einfluss auf den CO_2-Ausstoß der Firma hätten.

Ganz neu müsste auch die Stadtplanung gedacht werden, meint ein Regierungsmitglied. Das Leben auf der Straße vor allem im Sommer, die Urbanität, der Fuß- und Radverkehr über autofreie Zonen und Pop-up-Radwege müssten verstärkt unterstützt werden, damit die Menschen ihre Städte als lebenswert annehmen könnten. Das sei wichtig, um die Städte zu verdichten und das Pendlertum zu bekämpfen, das ökologisch und sozial keine Zukunft habe.

»Pendler sind die unglücklichsten Menschen«, sagt auch der Soziologe und In-die-Zukunft-Denker Harald Welzer. Er wirbt mit Blick auf die Klimaneutralität für »realistische Utopien«, besonders bei der Aufwertung der ländlichen Räume. »Einer der Corona-Effekte ist ja der Trend zum Homeoffice. Die Leute können auf dem Land leben und andere Lebensstile ausprobieren. Die Mieten in der Stadt sinken, die Orte auf dem Land werden wieder belebter. Das sind positive Veränderungen, die den Leuten Lust auf die Zukunft machen.«

Welzer wünscht sich noch eine andere Innovation: »Politikerinnen und Politiker, die keine Angst vor den Wählern oder vor Umfragen haben.« Viele Entscheidungen seien strittig, aber von Volksvertretern müsse man erwarten können, dass sie auch mal Mumm in den Knochen hätten. »Wer Angst hat, verliert Leute, statt sie zu gewinnen«, sagt Welzer. »Immer nur schauen, wer hat mich lieb, ist aber das Gegenteil von Politik.« Viele WählerInnen würden es durchaus honorieren, wenn ihnen klar gesagt werde, was die Probleme und die möglichen Lösungen wären. »Die Leute sind doch nicht dumm. Die verstehen, dass man manchmal in der Gegenwart Konflikte mit Mehrheits-

entscheidungen austragen muss, um gemeinsame Zukunftsziele
zu erreichen.«

*Aber was, wenn man diese Konflikte im Kapitalismus gar nicht
lösen kann? Wenn richtiges Leben im falschen nicht machbar ist?*

Umsteigen oder Aussteigen
Kann es einen Grünen Kapitalismus geben?

Und nun die Gretchenfrage für Ökos: Kann unser Wirtschaftssystem überhaupt klimaneutral werden? Unter den Advokaten
der Grünen Null tobt darüber eine heftige Debatte

Die Spinatlasagne und der Salat sind abgeräumt. Auf dem hellen
Holztisch in der großzügigen Altbauwohnung in Berlin-Friede-
nau stehen eine Flasche Primitivo, Gläser und Wasserflaschen.
Aber zum Nachtisch gibt es an diesem Abend Ende Februar
2021 eine schwer verdauliche Kost: die Frage, ob es einen halbwegs ökologischen Kapitalismus geben kann. Oder ob unser
Wirtschaftssystem die Grüne Null verhindert.

Am Tisch sitzen Ulrike Herrmann und Patrick Graichen. Herrmann ist Finanzexpertin bei der Berliner *tageszeitung (taz)*, Autorin und Expertin für Geld- und Wirtschaftspolitik. Sie hat Bestseller mit Titeln wie *Der Sieg des Kapitals* und *Kein Kapitalismus ist auch keine Lösung* geschrieben. Sie sitzt häufig auf Podien und in Talkshows, wenn es um Wirtschaftsthemen geht. Graichen ist Volkswirt und Direktor der Denkfabrik Agora Energiewende. Seit Jahren forscht und lobbyiert er für die Energiewende und die Erreichung der Klimaziele. Seine Organisation hat mit ihrer Schwester Agora Verkehrswende und der Stiftung Klimaneutralität zwei Gutachten vorgestellt, die den Weg Deutschlands zur Grünen Null 2050 und 2045 in allen Bereichen konsequent durchgerechnet haben: *Klimaneutrales Deutschland*. Das Konzept verlangt eine Revolution in so ziemlich allen Gebieten unserer Gesellschaft. Aber nicht in unserem Wirtschaftssystem.

Herrmann und Graichen treffen sich an diesem Abend zum ersten Mal, haben aber viel voneinander gelesen: Herrmann hat Graichens Agora-Gutachten studiert, der wiederum hat sich genau Hermanns Kritik an diesen Studien angesehen, wo sie den ForscherInnen vorwirft, sie scheiterten an den ökonomischen Antworten zum grünen Wachstum. Auf dem Esstisch stehen gelbe Tulpen und ein Töpfchen Narzissen, es sind die ersten warmen Tage im Frühling. Auf dem Schrank liegen die negativen Corona-Schnelltests, die noch zu Beginn des Treffens getragenen Masken sind wieder verstaut. Noch soll man wegen der Pandemie vorsichtig sein mit Treffen, aber diese Debatte konnte am Beginn eines entscheidenden Wahljahres nicht warten.

Denn Patrick Graichen und Ulrike Herrmann stehen für zwei Richtungen in der deutschen Umweltdebatte, deshalb hat die *taz* zu diesem Gespräch geladen. Die Debatte ist wichtig für die Umweltbewegung: Die einen behaupten, der Kapitalismus lasse sich ökologisch zähmen und sei ein gutes Werkzeug für den ökosozialen Umbau der Industriegesellschaft. Die anderen warnen, die real existierende Marktwirtschaft löse keine Probleme, sondern verschlimmere sie nur. Auch in der Wohnung, wo die beiden Experten sich treffen, hängt ein Aufkleber mit der Forderung »System Change not Climate Change«.

»Grüner Kapitalismus«: Lösung oder Verschlimmbesserung?

Herrmann eröffnet die Debatte: »Das Problem an dieser Studie ist, dass sie behauptet, auch eine klimaneutrale Wirtschaft könnte stetig wachsen – ohne dass dies in der gesamten Studie irgendwo genau modelliert wäre. Das ist kein Zufall, glaube ich. Grünes Wachstum ist nicht möglich.« Der Ausbau der erneuerbaren Energien von derzeit 15 Prozent des Energieverbrauchs auf 100 Prozent in knapp 30 Jahren sei kaum machbar. Die dafür nötige Halbierung des Energieverbrauchs »hat es historisch noch nie gegeben«. Und wo solle ein stetiges Wirtschaftswachstum von durchschnittlichen 1,3 Prozent jährlich eigentlich herkommen, wenn der Autoverkehr und damit eine deutsche Schlüsselindustrie halbiert werden solle.

Patrick Graichen kontert die faktischen Bedenken: »Die Halbierung des Energieverbrauchs ist machbar, weil schon der Ersatz von Öl, Gas und Kohle unglaubliche Effizienzgewinne bringt.«

Der Wechsel von Verbrenner- auf Elektroauto etwa reduziere den nötigen Energieeinsatz um zwei Drittel, weil im Auto die meiste Energie als Wärme an die Außenwelt verpufft. Wirkliche Probleme sieht Graichen nur bei den Gebäuden: Da müsse der Energieverbrauch wirklich radikal runtergedimmt werden. Und wo die Handwerker für die Sanierung herkommen sollten, sei auch noch unklar.

Das Gespräch ist konzentriert, deutlich in der Sache, aber freundlich. Herrmann, im bequemen Pullover, nimmt ihre Brille ab, wenn es ernst wird, und ist in ihrem Redefluss kaum zu stoppen. Graichen, weißes Hemd unterm Sakko und bequeme Schuhe, spricht lauter, wenn ihm etwas wichtig ist. Es wird viel gelacht, aber inhaltlich fliegen die Fetzen.

Zum Beispiel beim Wachstum. Das braucht der Kapitalismus, sind sich beide einig. Und er benötigt dafür billige Energie. Auch hier Übereinstimmung. Aber »fossile Energie ist einfach billiger als erneuerbare«, sagt Herrmann, daran ändere auch der CO_2-Preis nichts. »Falsch«, entgegnet Graichen. »Mit den

Erneuerbaren sind wir in manchen Gegenden jetzt schon billiger als bei den Fossilen. Und in zehn Jahren überall. Wir werden ein erneuerbares Energiesystem haben, das so billig ist wie das jetzige fossile.«

Aber ruiniert das Wirtschaftswachstum nicht das Klima? »Bisher sind wir immer gewachsen, indem wir alles zerstört haben«, erinnert Ulrike Herrmann. Probleme wurden punktuell gelöst, wie beim Ozonloch, aber jetzt »geraten wir an Grenzen des gesamten Planeten«.

Was darf wachsen? Was muss schrumpfen?

Aber die Frage sei doch, was noch wachsen dürfe und was nicht mehr, meint Graichen: Erneuerbare Energien seien theoretisch unbegrenzt. Für ihre Rohstoffe gebe es bei Stahl oder Silizium keine Engpässe, bei problematischen Materialien wie Kobalt arbeite man an Ersatzstoffen. »Unterschätzen Sie nicht den Kapitalismus!«, warnt der Volkswirt und zitiert den rasanten Preisverfall bei Wind- und Solaranlagen und bei Batteriespeichern. Er ist zuversichtlich, dass die technologische Entwicklung zu einem System aus billiger grüner Energie führe.

Auch die Frage nach Stromspeichern, die für Herrmann zentral ist, hält Graichen für gelöst. Die Finanzexpertin sagt, dass man für »Dunkelflauten« vorsorgen müsse, damit die Lichter nicht ausgehen, wenn kein Wind weht und keine Sonne scheint. Das aber werde teuer. Zudem müsse man auch im Normalbetrieb ständig Ökostrom speichern, damit er rund um die Uhr zur Verfügung steht. Auch das sei kostspielig.

»Genau dafür wird es ja den Wasserstoff geben«, erwidert Graichen, der die Gefahr von länger anhaltenden Dunkelflauten »alle paar Jahre einmal« aber nicht kleinreden will. Mit dem grünen Wasserstoff, der jetzt überall auf der Welt massiv ausgebaut werde, könne man diese Lücken schließen. Er sei da »Technikoptimist«, denn die Blackout-Frage hätten sie bei Agora »sieben Jahre lang hin- und hergerechnet, das ist geklärt.« Herrmann bleibt skeptisch: »Von diesem Wasserstoff gibt es trotz der versprochenen neun Milliarden Subventionen in Deutschland bisher praktisch null«, entgegnet sie, »das ist eine Wette auf die Zukunft.«

Tatsächlich trennt sich die Debatte in Anhänger des »grünen Wachstums« und »Antikapitalisten« – wenn sie denn überhaupt die herrschenden ökonomischen Leitplanken infrage stellen. Lange haben sich »Linke« ohnehin mit ökologischer Kritik am fossilen Kapitalismus schwergetan. Die Sozialdemokratie als Erbe der Arbeiterbewegung setzte lange auf Wachstum um jeden Preis, um daraus den Sozialstaat zu finanzieren – und hat dieses Erbe immer noch nicht ganz überwunden. Im DDR-Sozialismus war die Mangelwirtschaft das Problem, nicht der Überkonsum wie im Westen. Die staatlichen Planer treiben Wachstum rücksichtslos auf Kosten von Natur und Umwelt voran.

Die SPD propagiert schon lange offiziell den ökologischen »Umbau der Industriegesellschaft«. Doch als in der rot-grünen Bundesregierung 2001 die Ökosteuer unter Beschuss kam, legte der damalige Kanzler Gerhard Schröder die Maßnahme auf Eis. Die Abgabe sollte die klimaschädlichen Brennstoffe erst leicht, dann immer stärker belasten, ein Umsteuern bewirken und die Sozialkassen entlasten. Was die Regierung Schröder dann aber auch auf Druck einer »Benzinwut«-Kampagne von *Bild* und der damaligen Oppositionsführerin Angela Merkel einfror, führte die Große Koalition 2021 mit dem »nationalen Emissionshandel« praktisch wieder ein – unter einer Kanzlerin namens Angela Merkel.

In der grünen Bewegung hingegen war von Anfang an ein Unbehagen am Kapitalismus angelegt. Die »Grenzen des Wachstums«, vor denen der Club of Rome schon 1972 gewarnt hatte, haben sich in die DNA von Ökobewegten und Bündnis 90/Die Grünen eingeschrieben. Erst langsam näherten sich bündnisgrüne PolitikerInnen den Firmen und Unternehmensverbänden an, wenn sie in Ämtern und Würden mit ihnen zu tun hatten. Wechsel von den Grünen zu Unternehmen der Wasser-, Strom- oder Lebensmittelindustrie standen und stehen immer noch unter dem Verdacht, da verrate jemand grüne Ideale. Und 2016 propagierte der Grünen-Vordenker und ehemalige Umweltsenator von Bremen Ralf Fücks als Chef der parteinahen Heinrich-Böll-Stiftung das grüne Wachstum. In seinem Buch *Intelligent wachsen* forderte er einen »Aufbruch in die ökologische Moderne«, in der Technologie und Kreislaufwirtschaft umweltgerechten Wohlstand für neun Milliarden Menschen garantieren.

Konservative und Wirtschaft scheuen die Systemfrage

Ein übergroßer Teil der Wirtschaft und auch der Wirtschaftswissenschaft stellt sich solche Systemfragen kaum. Die Industrieverbände und weite Teile von CDU/CSU, SPD und FDP plädieren nach wie vor für Wachstum, einen schlanken Staat, Vollbeschäftigung durch Konsum und das bisherige Erfolgsmodell des Exportlandes »Made in Germany«. Nachhaltig und grün soll das alles sein – oder zumindest aussehen –, das hört man aus allen Verbänden und Konzernzentralen. Was das genau heißt, bleibt oft schwammig. Und selbst – oder gerade – Unternehmen, die das Ziel der Grünen Null ernst nehmen, denken höchstens in den Betriebsferien über die Überwindung des Kapitalismus nach.

An diese Szene aus aufgeklärten Unternehmen, realistischen Industrieverbänden und veränderungsbereiten PolitikerInnen richtet sich denn auch die Studien *Klimaneutrales Deutschland* von Graichens Agora. Sie nutzen ähnliche Zahlen und Statistiken wie die BDI-Studie *Klimapfade für Deutschland.* Auch die staatliche Deutsche Energieagentur, der Nachhaltigkeitsrat oder andere Thinktanks, die 2021 und später die Zukunft modellieren wollen, stellen nicht die Systemfrage. Im Agora-Gutachten nutzen die AutorInnen mehrfach und überdeutlich die üblichen Stichworte der Ökonomen: Das klimaneutrale Deutschland sei »technisch und wirtschaftlich im Rahmen der normalen Investitionszyklen in drei Schritten realisierbar«, steht gleich in der Einleitung der 175 Seiten dicken Untersuchung zur Klimaneutralität 2050. Es zeige »einen aus Kostensicht und unter Berücksichtigung der Umsetzbarkeit optimierten Weg. Hauptkriterien bei der Auswahl der Maßnahmen waren Wirtschaftlichkeit und Wahrung der Investitionszyklen«. Die Untersuchung setzt auf ein Wirtschaftswachstum von durchschnittlich 1,3 Prozent pro Jahr und zusätzliche Investitionen von 70 Milliarden Euro jährlich. Und gleich auf der zweiten Seite betont die Studie, der »vorgestellte Pfad in Richtung Klimaneutralität baut explizit nicht auf Verzicht oder Postwachstumsszenarien als notwendige Voraussetzung für Klimaneutralität«.

Der Wink mit dem Zaunpfahl könnte nicht deutlicher sein: Liebe Wirtschaftsgemeinde in Deutschland, liebe Industrie, keine Angst vor der Klimaneutralität – hier warten im Gegenteil ungeahnte Chancen! Damit will das »Klimaneutrale Deutschland« die Blaupause für eine schwarz-grün regierte Bundesregierung sein: Mit ihr im Gepäck sollten sich CDU/CSU und Grüne auf einen ehrgeizigen Fahrplan zur Grünen Null einigen, ohne die Wirtschaft und den Wirtschaftsflügel der Union gegen sich aufzubringen. Ob das funktioniert hat, wird sich ab Herbst 2021 zeigen.

Diese Gedanken liegen jedenfalls weit entfernt von den Ansichten vieler Menschen in der Umweltbewegung, der linken Bewegung und im traditionellen Grünen-Milieu. Nach Jahren der Ratlosigkeit ist Kritik am global agierenden fossilen Kapitalismus wieder angesagt. Gerade viele junge AktivistInnen bekennen sich heute zur Degrowth-Bewegung: Demnach soll die Wirtschaft in den Industrieländern wegen ihrer sozialen und ökologischen Folgen nicht weiter wachsen, sondern bestenfalls stagnieren. Die Zerstörung von Umwelt und Klima soll vermieden werden, indem der Überkonsum zurückgefahren wird. In Uni-Seminaren und auf FFF-Demonstrationen gehört Kapitalismuskritik zum guten Ton. Wenn Luisa Neubauer von Fridays for Future in einem Brief an die EU »ein neues System« fordert, weil das alte nicht in der Lage sei, die Klimakrise zu lösen, dann regen sich die Konservativen über diesen angeblichen Aufruf zur Revolution auf – bei den akademisch gebildeten Twentysomethings sind solche Forderungen ähnlich verbreitet wie der vegane Lebensstil. Soziale Medien tragen dazu bei, die Verantwortung für Missstände »dem Kapitalismus« zuzuschreiben: seien es Rassismus, Wohnungsnot, Insektensterben oder Klimakrise.

Postwachstum oder Rationierung von knappen Ökogütern?

Das Unbehagen am herrschenden Ökonomiemodell formuliert seit Jahren konsequent der Siegener Volkswirtschaftsprofessor Niko Paech. Er propagiert eine »Postwachstumsökonomie«, die nicht auf Wachstum angewiesen ist. Für Paech ist nachhaltiges Wachstum ein Mythos, es müsse eine »stationäre Wirtschaft« angestrebt werden. Unser Wohlstand lasse sich nicht vom Ressourcenverbrauch entkoppeln. Paech setzt darauf, Konsumgüter zu reparieren und sie länger und gemeinschaftlich zu nutzen und etwa Lebensmittel wieder selbst anzubauen. Erforderlich sei eine »Theorie der Suffizienz als auch der Subsistenz, um die Voraussetzungen einer Postwachstumsökonomie zu bearbeiten«, schreibt er. Also: Weniger und selbst gemacht ist mehr.

Auch der Konsumforscher Michael Bilharz vom Umweltbundesamt (siehe das Kapitel *Sein Leben ändern*) sieht einen Ausweg aus der Krise vor allem darin, dass die Menschen ihr verfügbares Einkommen reduzieren, durch ökologische Investments oder indem sie nur Teilzeit arbeiten. Der Grundgedanke: Weniger Geld führt zu weniger Konsum, führt zu weniger Umweltbelastung.

Ulrike Herrmann allerdings warnt bei dem abendlichen Treffen am Esstisch vor einer solchen Form von Konsumstreik. Es wird spät, das Gespräch dauert so lange wie eine Partie Fußball mit ordentlicher Nachspielzeit. »Man darf nicht den Fehler machen, die Vision schon für den Weg zu halten. Es reicht nicht aus, nur zu sagen, dass wir alle als Selbstversorger in Schrebergärten leben werden. Man braucht eine Idee, wie man aus einem dynamisch wachsenden Kapitalismus in eine ökologische Kreislaufwirtschaft kommen soll.«

Finanzexpertin Herrmann verweist darauf, dass wir wissenschaftlichen Studien zufolge nur die Hälfte der Sachen nutzen, die wir kaufen. »Aber was würde passieren, wenn plötzlich viele Leute nur noch halb so viel konsumieren? Dann gingen die Einzelhändler pleite, es käme zu Massenentlassungen, die Krise würde sich durch die ganze Wirtschaft fressen.«

Für die Kennerin und Kritikerin des Kapitalismus bleibt nur ein anderer Ausweg: »Wenn der Konsum sinken soll, dann muss man das staatlich planen und steuern, damit es nicht zu einer chaotischen Krise kommt. Nötig ist also eine staatliche makroökonomische Planung mit Rationierung«, sagt Herrmann. Zentral sei dabei, dass knappe Ökogüter wie Flüge durch den Staat rationiert würden. »Das sorgt für absolute Gerechtigkeit, denn alle bekommen gleich viel. Wenn wir aber hart an die Grenzen des Planeten stoßen und schrumpfen müssen, dann gibt es von allem weniger. In einer Demokratie, wo jeder eine Stimme hat, ist es schlicht nicht denkbar, dass nur die Reichen Zugriff auf die begehrten Güter haben.«

Auf wie viel Begeisterung eine staatliche Rationierung von Urlaubsflügen stößt, konnte der grüne Abgeordnete Dieter Janecek im Frühjahr 2019 testen. Sein Vorschlag, jeder Deutsche solle nur drei Flüge im Jahr zugesprochen bekommen, diese Genehmigungen dann aber handeln können, löste eine Protest- und Zustimmungswelle aus. »Verbotspartei« giftete etwa die FDP.

Allerdings gesteht auch Patrick Graichen zu, dass staatliche Rationierung bei knappen Umweltgütern durchaus denkbar sei – etwa bei Wasser, das in Berlin und Brandenburg durch Trockenheit immer mehr zum Problem wird. »Beim Wasser kann ich mir die Rationierung vorstellen«, sagt der Direktor von Agora an diesem Abend und nimmt sich noch einen Löffel vom Amarena-Kirsch-Eis. »Das heißt aber nicht, dass das auch für die Energie gilt. Wasser ist eine lokal begrenzte Ressource, anders als Energie.«

»Für mich ist alles knapp«, sagt Ulrike Herrmann. »Für Sie nicht, das ist im Kern der Unterschied zwischen uns. Und ich glaube nicht so sehr an den technischen Fortschritt wie Sie.« Dann lacht sie: »Aber ich hoffe natürlich, dass ich mich irre und Sie recht haben. Es ist ja nicht so, dass ich gern in einer Wirtschaft leben würde, wo vieles rationiert ist.«

Ausblick
Der ganz lange Atem

Der Weg zur Klimaneutralität ist wie ein Marathonlauf.
Wir müssen also hart trainieren – und den inneren
Schweinehund genauso bekämpfen wie den äußeren.

Wenn Sie beim Lesen dieses Buches bis hierher durchgehalten haben, gibt es verschiedene Möglichkeiten. Erstens: Sie sehen, wie schwierig das alles ist mit der Klimaneutralität. Sie fühlen sich entmutigt, weil das Rad so groß ist, das wir drehen müssen. Sie sehen die Widerstände, die Beharrungskräfte und die Rückschläge und beschließen, dass das nicht klappen kann oder den Aufwand nicht wert ist. Dass dieser Weg zu lang und zu steinig ist, um ihn zu gehen.

Das wäre schade. Denn aufgeben ist keine Option.

Oder Sie meinen, zweitens, dass Wege auch beschritten werden, obwohl – oder sogar: weil – sie lang und steinig sind. Dann sehen Sie die Möglichkeiten, die hinter den Risiken warten. Sie akzeptieren die Realitäten, zu denen auch gehört, dass es eine Menge Kapital, Energie, Mut und Zusammenhalt gibt, um Deutschland tatsächlich ernsthaft auf den Weg zur Grünen Null zu schicken.

Oder aber Sie merken, drittens, dass wir einfach keine andere Wahl haben.

In jedem Fall aber begegnet Ihnen ein Spruch, der nun überall zu hören ist, von Konservativen bis zu Ökofreaks, von der Regierung wie von Umweltverbänden: »Der Weg zur Klimaneutralität ist kein Sprint, sondern ein Marathonlauf.« Mit dieser Metapher lässt sich gut ein Fazit ziehen und ein Ausblick wagen. Wie kommen wir voran zu unserem erklärten Ziel,

Deutschland in einer Generation von Kohle, Öl und Gas zu befreien? Was muss als Erstes angegangen werden, wo müssen wir zu einem Zwischenspurt ansetzen?

Nach 30 Jahren Umweltjournalismus und zwei Dutzend Marathonläufen ist mir sehr klar, wie wichtig der lange Atem ist. Holen wir also einmal gemeinsam tief Luft.

Niemand beginnt einen Marathon ohne **Motivation**. Warum sollten wir uns ernsthaft auf den Weg zur Klimaneutralität machen? Da gibt es den ungeheuren Druck, der sich bereits jetzt aus den Folgen des Klimawandels ergibt und immer größer wird. Förstern, Landwirten, Versicherungen, Energieunternehmen und allen, die nicht gern abwechselnd unter Hitze oder Starkregen leiden, brennt das Thema unter den Nägeln. Wir haben gesehen: Immer mehr Menschen sorgen sich bei diesen Veränderungen um ihre Lebensweise, um die Natur für ihr Einkommen oder für ihre Erholung oder um die Zukunft ihrer Kinder. Andere sehen in der Grünen Null eine wunderbare Geschäftsidee: Wenn wir praktisch unsere komplette Infrastruktur neu und nachhaltig aufstellen, ist damit eine Menge Wohlstand zu schaffen. Und viele haben einfach begriffen, dass ein klimaneutrales Leben zwar ärmer an Dingen ist, die man verbrennt. Aber reicher an Dingen und Biotopen, die man deshalb bewahren kann.

Vom Hobbyjogger zum Profirunner

Nicht zu vergessen: Wir haben uns dazu verpflichtet. Per Gesetz, per Einsicht, in Deutschland, Europa und mit der ganzen Welt. Versprechen sollte man halten. Es gibt ja auch Leute, die laufen einen Marathon wegen einer verlorenen Wette. Man kann aus einer Schnapsidee heraus starten. Aber diesen Wettlauf um unsere Zukunft müssen wir gewinnen.

Neben der Motivation braucht es vor allem **Training**. Wir starten spät in dieses Rennen. Eigentlich ist der Startschuss vor Jahren und Jahrzehnten gefallen. Wir haben seitdem beim Work-out gern immer mal ein bisschen geschummelt, wenn die Schmerzen kamen. Wir haben also eine ungefähre Vorstellung davon, was auf uns zukommt. Aber jetzt müssen wir vom gelegentlichen Hobbyjogger zum ernsthaften Profirunner werden. Wir haben aber auch einen Vorteil: Manche Trainingseinheiten haben wir schon begonnen – die Energiewende, den Einstieg in die Kreislaufwirtschaft oder das Nachdenken über Nachhaltigkeit. Und wir haben uns schon eine Menge technischer Hilfsmittel zugelegt: Wir wissen, welche Laufschuhe wir brauchen. Wir starten also nicht bei null auf unserem Weg zur grünen Null.

Wir wissen auch: Der Weg ist das Ziel. Wenn wir nur auf die Null im Jahre 2045 starren, werden wir sie nicht erreichen. Wer ernsthaft für den Marathon trainiert, wird sein Leben ändern: Er achtet auf seine Ernährung, teilt sich die Tage genau ein, findet neue Prioritäten für den Alltag, bastelt an Zwischenzielen und denkt darüber nach, wo er seine Energie herbekommt.

Wer vom Jogger zum Läufer wird, dem wird irgendwann das Training wichtiger als der Wettkampf. Wichtiger als das weit entfernte Ziel werden die Bewegung, der eigene Rhythmus, die Freude an den kleinen Verbesserungen. Wer sich ernsthaft mit der Grünen Null beschäftigt, dem geht es ähnlich. Unwillkürlich fängt er/sie an, sich in die Details der Erneuerbaren zu vertiefen, weniger Fleisch und Milch zu konsumieren. Das eigene Auto in der Stadt wird einem lästig, und man wird von selbst nicht mehr drei Langstreckenflüge im Jahr buchen.

Die Politik als Streckenposten und Cheerleader

Aber es reicht nicht aus, die eigene Leistung zu optimieren. Denn es fehlt noch eine festgelegte **Laufstrecke**. Wo genau ist das Ziel? Und über welche Wege kommen wir da hin? Diese Navigation ist die Aufgabe der Politik. Die Regierungen im Bund, in den Ländern und Kommunen und die jeweiligen Parlamente müssen ihre eigenen Beschlüsse, von denen es mehr als genug gibt, mit Leben füllen: All die Klimaschutzgesetze von Bund und Ländern, die völkerrechtlichen Verträge, EU-Normen, Ressortpläne, Kabinettsbeschlüsse, Selbstverpflichtungen, Sonntagsreden und Klimanotstandserklärungen haben eigentlich nur ein Ziel: die bisherigen Anstrengungen zum Klimaschutz zu bündeln, sie zu erhöhen und sie ernsthaft umzusetzen. Es bedarf keiner neuen Pläne mehr. Im Gegenteil: Es sollte ein Gesetz gegen weitere Beschlüsse zum Klimaschutz geben. Mit der Entscheidung zur Klimaneutralität ist alles gesagt.

Was jetzt allerdings dringend benötigt wird, sind Verantwortliche, die die konkreten Schritte zur Zielerreichung ausarbeiten, Mehrheiten suchen und diese dann durchsetzen. Das große Versagen der Merkel-Jahre im Klimaschutz ist die Verzagtheit, mit der Klimaschutz und Energiewende auf der einen Seite propagiert, und der Elan, mit dem sie auf der anderen Seite wieder gebremst wurden. Zugegeben, es ist nicht leicht für PolitikerInnen, einen Kurs zu verteidigen, wenn er auf lautstarken Widerstand einzelner Interessen stößt. Gerade dann aber müssten Regierungschefs im Bund und in den Ländern sich besonders an die Betroffenen wenden, ihre Ziele erklären, ihre Maßnahmen darlegen und verstärkt dafür werben, diesen Weg mitzugehen. Angela Merkel hat 2015 mit dem berühmten Satz »Wir schaffen das« ihre Haltung und ihre Erwartung an die Gesellschaft in einer zentralen Zukunftsfrage formuliert. Eine ähnlich klare Ansage zu den konkreten Herausforderungen von Energiewende und Klimaschutz hat sie vermieden.

Besonders beim Ausbau der Wind- und Solarenergie oder bei Stromtrassen dürfen sich Regierende nicht weiter wegducken. Die Verfahren müssen transparent und klar sein, aber am Ende müssen PolitikerInnen den Mut haben, ihre eigenen Beschlüsse, die von einer Mehrheit getragen und von Gerichten bestätigt sind, auch gegen lautstarke Minderheiten durchzusetzen. Ein Wirtschaftsminister wie Peter Altmaier sorgt für Verwirrung, wenn er jahrelang in seinem Haus aus Angst vor Gegenwind den Ausbau der Erneuerbaren verzögert und erschwert – und dann eine parteiübergreifende »Allianz von Gesellschaft, Wirtschaft und Staat für Klimaneutralität und Wohlstand« fordert.

Es ist auch absurd, dass noch das letzte überflüssige Autobahnteilstück durch die Rodung von Wäldern mit Hundertschaften von Polizei durchgesetzt wird – dass aber gleichzeitig überall Ausbaupläne für Wind- und Solarparks auf Eis liegen, weil eine gut organisierte Minderheit den zuständigen Behörden und Parlamenten Angst einjagt. Wer keinen Mut hat, den Marathon zu laufen, kann sich das Geld für teure Laufschuhe auch sparen.

Mal eine **Pause einlegen**? Sorry, abgelehnt. Wir haben schon genug getrödelt. Um über die Runden zu kommen, braucht unsere Marathonläuferin jede Menge **Verpflegung und Energie**. Was den Bewegungsfreaks die Elektrolytgetränke und die Bananen sind, muss den Klimaschutz-Champions die tägliche Dosis Realpolitik sein. Wir haben gesehen, dass es unzählige kleine und große Rädchen gibt, an denen es zu drehen gilt, um die Klimaneutralität einen Schritt näher zu bringen.

Der kleine Unterschied in der alltäglichen Realpolitik

Es sind oft unscheinbare Veränderungen in der Maschinerie von Gesetzgebung und Planung, die aber große Wirkung entfalten können: Änderungen in der Bauordnung, um auf alle geeigneten Dächer Solaranlagen zu setzen und Fernwärme durchzusetzen; ein ordentlicher CO_2-Preis, der verlässlich steigt; mehr Förderung für Landwirtschaft, die Kohlenstoff bindet und Kreisläufe schließt, weniger für Massentierhaltung; eine gesetzliche Einstufung, dass erneuerbare Energien im »öffentlichen Interesse« sind – ein Privileg, das über Jahrzehnte zum Beispiel Kohlebergbau und Straßenbau genossen haben –, die Forderung, neue Gebäude nicht CO_2-neutral, sondern CO_2-negativ zu errichten, also in der Summe mehr Treibhausgase zu binden; ein Abschmelzen von umweltschädlichen Subventionen, um den Irrsinn zu beenden, mit öffentlichen Mitteln die Zerstörung der Zukunft anzufeuern. Und wenn wir eine Schuldenbremse ins Grundgesetz schreiben konnten – was hindert uns daran, dort auch eine ökologische Schuldenbremse zu verankern, die die Zerstörung von Artenvielfalt, den Flächenfraß, den Plastikmüll und die CO_2-Emissionen im Zaum hält?

Um die Etappenziele und das große Ziel nicht aus den Augen zu verlieren, braucht jeder Langstreckenlauf außerdem eine ordentliche **Organisation**. Was bei einem Stadtmarathon Tausende von ehrenamtlichen Streckenposten machen, müssen bei der Klimaneutralität vor allem Profis leisten. Denn das Rennen nimmt nur Fahrt auf, wenn im Bund und in den Beziehungen zu den Ländern, der Wirtschaft, der Wissenschaft und der Zivilgesellschaft die kleinen und großen Rädchen gut ineinandergreifen. Für Bundesregierung und Parlament heißt das: Der Prozess zur Klimaneutralität muss im Kanzleramt verankert sein und darf nicht wie bisher nur einem machtlosen Umweltministerium überantwortet sein. Der Regierungschef muss dafür sorgen, dass alle wichtigen Ministerien in einem Team in die gleiche Richtung rennen und nicht auf Abwege geraten. Gleichzeitig müsste er regelmäßig und transparent die Regierungsfraktionen und die Spitzen der Koalitionspartner einbinden, um die politischen Pläne ins parlamentarische Handeln zu übersetzen. Das könnte Reibungsverluste zwischen Regierung und Parlament minimieren.

»Organisationsfragen sind Machtfragen«, heißt es gern. Das stimmt auch hier. Denn Klimaneutralität bedeutet nicht, dass alles nur im Konsens entschieden wird. Gerade in diesem Bereich sind in den letzten Jahren sehr häufig die Böcke die Gärtner gewesen, denn es haben Gegner der Energiewende an den Schalthebeln der Energiepolitik gesessen.

Bei jedem Gesetz und jeder Maßnahme: Ans Klima denken!

Frisches Denken kann auch hier nicht schaden. Eigentlich muss das Ziel der Klimaneutralität bei jedem Gesetz und jeder behördlichen Entscheidung mitgedacht werden. Das klingt banal, würde aber die gut geölte Behördenmaschinerie ganz schön ins Stottern bringen – plötzlich müsste sich vielleicht der Fuhrparkmanager der Bundeswehr überlegen, welche Autos für die zivilen Angestellten angeschafft werden. Oder wo er klimaneutrale Treibstoffe für den Kampfpanzer E-Opard herbekommt.

Bisher schon stehen Gesetze immer unter Finanzierungsvorbehalt – wenn nicht klar ist, wie eine Maßnahme bezahlt wird, gibt es kein grünes Licht. Warum nicht auch ein Vorbehalt, ob und wie uns diese konkrete Maßnahme (im Baugesetz, in der Landwirtschaft, im Bundesverkehrswegeplan) dem Ziel der Nullemissionen näherbringt? Im Sachverständigenrat für Umweltfragen (SRU) gibt es solche Überlegungen durchaus: etwa einen »Klimarat« von Experten, der umstrittene Gesetze erst einmal zur Überprüfung auf Eis legen kann.

Zurück auf die Straße: Um der »Einsamkeit des Langstreckenläufers« zu entgehen, die der britische Autor Alan Sillitoe schon 1962 beschrieb, haben die großen Marathonläufe heute Millionen von Zuschauern. Auch unseren wackeren LäuferInnen zur Grünen Null wird das **Anfeuern von der Seite** guttun. Wir tendieren als Gesellschaft dazu, einmal eingeschlagene Großprojekte nach anfänglicher Begeisterung kleinzureden: Ob die historische Chance der deutschen Einheit oder die Erfolge der Energiewende – nach ein paar Jahren ist eigentlich nur noch Gemecker zu hören. So wird es auch der Klimaneutralität ergehen, keine Frage. Daher müssen vom Wegesrand immer wieder Aufmunterung, Begeisterung oder auch nur mal stampfende Sambarhythmen kommen. Denn wie bei jedem langen Lauf und jeder großen Aufgabe brauchen auch hier die Engagierten irgendwann neben der eigenen Begeisterung auch eine Routine, die sie einfach immer weiter- und weiter- und weitermachen lässt. Und das Publikum sollte sich daran erinnern, dass es beim Rennen Richtung Netto-Null im strikten Sinne eigentlich keine unbeteiligten ZuschauerInnen geben kann. Bewegen müssen sich alle.

Applaus ist wichtig, Zähne zusammenbeißen auch

Wer im Rausch des Aufbruchs begeistert über die Startlinie drängt, sollte aber auch gewarnt sein: Irgendwann kommt bei vielen Marathonläufen der »Mann mit dem Hammer«, meist so nach drei Vierteln der Strecke. Dann geht nichts mehr, alles tut weh, die Luft geht aus, die Lust ist weg. Dann heißt es: die **Zähne zusammenbeißen,** sich daran erinnern, was man schon geleistet hat, warum man das macht, wie gut man trainiert ist und was einen im Ziel erwartet. Der innere Schweinehund, den jeder Marathonläufer irgendwann niederkämpfen muss, wird auch auf dem Weg zur Klimaneutralität zubeißen. Darauf müssen auch die KlimafreundInnen mit dem langen Atem gefasst sein – und sich klarmachen, dass es eben oft der äußere Schweinehund ist, der sie vom Pfad der Tugend Richtung Grüner Null abbringen will.

Die größte Gefahr für jeden langen Lauf lauert **auf dem Sofa:** die Verlockung, morgens im warmen Bett zu bleiben, statt zu trainieren; die Trägheit, die einen daran hindert, nach einem langen Tag noch einmal die Laufschuhe zu schnüren. Auch unser Klimaschutz-Marathon wird von der Trägheit der Masse und des Alltags bedroht. Auch wenn die neuen Energien billiger und sauberer sind als die alten Dreckschleudern, auch wenn Autos in der Stadt eher den Verkehr behindern, statt ihn zu befördern, auch wenn alle wissen, dass unsere Landwirtschaft dem Wasser, den Insekten und den Vögeln schadet, auch wenn niemand mit gutem Gewissen mehr Geld anlegen kann – erst einmal soll für uns bitte schön alles beim Alten bleiben.

Die Gewohnheit, die Routine des alltäglichen Schlechten, ist der größte Hemmschuh auf diesem Wettlauf in die Zukunft. Es gilt, die Couch-Potatoes der alten fossilen und zerstörerischen Welt in eine neue Routine zu bringen, für die das Saubere, Grüne, CO_2-Freie der neue Normalzustand wird. Wege dahin könnten sein, die Menschen für neue Technik zu begeistern, ihnen einen Aufbruch zu abenteuerlichen Problemlösungen anzubieten und ein neues Miteinander vorzuleben. Eines, das mehr darauf setzt, Zeit füreinander zu haben, sich um Leben, Lieben, Feiern zu kümmern als um Shoppen, Fliegen und Konsumieren. Wir sollten nicht vergessen: Wer Marathon läuft, braucht zwar Laufschuhe, Socken, Hosen und ein Hemd. Das war's dann aber auch schon im Großen und Ganzen. Wer stundenlang durch den Wald trabt, entschleunigt selbst bei hohem Tempo. Zeit zum Geldverdienen und -ausgeben hat er oder sie zumindest nicht.

Und dann, irgendwann, biegt man um die letzte Kurve, und

das Ziel kommt in Sicht. Die Begeisterung trägt über die letzten Meter, der Stolz auf das harte Training, das lange Durchhalten, die Freude über den Erfolg. Wir waren gut vorbereitet, gecoacht und versorgt; wir kannten die Strecke und haben unseren Laufrhythmus gefunden, den wir lange durchhalten konnten. Wir wissen, dass wir es bei aller Eile auch nicht übertreiben dürfen. Schließlich warnt uns das Schicksal von Pheidippides: Der Legende nach brach der historische Marathonläufer 490 vor Christus ja nach seinem erfolgreichen Lauf auf dem Marktplatz von Athen tot zusammen. Das würden wir gern vermeiden.

Also gehen wir irgendwann verschwitzt, mit müden Beinen und schmerzenden Füßen über die Ziellinie – vielleicht sogar mit einer besseren Zeit als dem Jahr 2045. Das Einzige, was dann noch in Flammen steht, sollten unsere Oberschenkel sein. Ein echter Sieg wird unser Marathonlauf zur Klimaneutralität nämlich nur dann, wenn wir schon möglichst früh völlig ausgebrannt sind.

»Klimaneutralität ist der beklopteste Begriff, für den man kämpfen kann«

Eckart von Hirschhausen attestiert als Arzt, Wissenschafts-
journalist und Komiker den Klima-Notstand. Ein Gespräch mit
dem glücklichen Hofnarren über Nulldiät und Galgenhumor.

*Bernhard Pötter: Herr von Hirschhausen, ich nenne die Klima-
neutralität in diesem Buch auch eine »Nulldiät«. Ich frage Sie als
Arzt: Was muss man dabei besonders beachten?*

Eckart von Hirschhausen: Natürlich erst einmal aufhören
zu essen (lacht). Ich hatte mal einen Patienten in der Klinik, der
zum Abnehmen da war, aber einfach kein Gewicht verlor. Bis
wir merkten, dass er regelmäßig von der Familie mit Essen und
Süßigkeiten versorgt wurde. So kommt mir auch vor, was wir als
Gesellschaft machen: Wir sagen: Die Erderhitzung bei 1,5 Grad
zu stoppen ist unser Ziel. Aber wir handeln nicht danach.

Wir können die Hände nicht von der Schokolade lassen?

Nulldiät heißt ja vor allem: Nicht schummeln! Denn die
Wahrheit liegt auf der Waage. Aber unsere Debatten muss man
konkret machen. Schon, dass CO_2 als Gas etwas wiegt, verstehen viele nicht. Aber Physik gilt ja auch für Menschen, die sie
nicht begreifen. Alles, was wir in die Atmosphäre pusten, fällt
uns wieder auf die Füße. Es ist nicht weg – nur woanders. Da
sind wir wie die Raucher, die Schwaden mit der Hand verwe-
deln und glauben, der Dreck hätte sich damit in Luft aufgelöst.
Irrtum. Alles noch da, auch wenn wir es nicht sehen.

*Sie machen medizinisch-politisches Kabarett, auch zur Klima-
krise. Haben jetzt ein Buch über die Gesundheitsgefahren von
Artensterben, Pandemie und Überhitzung geschrieben, da sind Sie
als Dr. med. aber ein einsamer Rufer in der Wüste.*

Ja und nein. Die Klimakrise ist die größte Gesundheitsgefahr im 21. Jahrhundert. Das sagen übereinstimmend alle internationalen Autoritäten. Aber in Deutschland war der Gesundheitsminister nicht einmal Teil des Klimakabinetts. Klima gilt als Sache von Wirtschaft oder Umwelt. Aber dass es die Leute unmittelbar in ihrer Körperlichkeit bedroht, haben die meisten Menschen noch nie so klar gesagt bekommen. Auch nicht von der Umweltszene übrigens. Ich sage da: Wenn ihr Leute überzeugen wollt, dann redet nicht von Abstandsregeln und Kilowattstunden, sondern sagt: Der Killer Nummer eins weltweit ist Luftverschmutzung. Und Solarpanels und Windräder stinken nicht.

Vielen Leuten ist Gesundheit sehr wichtig. Warum ist das trotzdem so schwierig, sie vom Klimaschutz zu überzeugen?

Das hat viel damit zu tun, wovor wir Angst haben. Wir sind schlecht darin, langsame Prozesse ernst zu nehmen, weil wir evolutionär darauf gepolt sind, abzuhauen, wenn das Haus brennt. Aber wenn das Problem langsam kommt, dann wird's schwierig. Uns fehlt auch schlicht die Vorstellungskraft, was es heißt, wenn wir selbstverstärkende »Kipppunkte« erreichen, die mit keinem Geld und keiner Erfindung mehr zurückzudrehen sind. Aber die Hitzesommer 2018/2019 haben gezeigt: Klimakrise ist hier und jetzt.

Sie sind nicht der Erste, der warnt. Aber Ihnen hören die Leute zu. Warum?

An Warnungen hat es nicht gefehlt, sondern an Vermittlung. Dass es nicht irgendwann ist, sondern jetzt und nicht irgendwo, sondern hier. Eine technische und distanzierte Beschreibung der Fakten durch Wissenschaft und Journalismus bringt die Menschen nicht zum Handeln. Wir haben ja lange wie Kriegsreporter über die Umweltkatastrophen berichtet, so als hätte das alles nichts mit uns zu tun.

Sie sind Arzt, Entertainer, Aktivist und haben jetzt auch eine eigene NGO gegründet, die Stiftung Gesunde Erde-Gesunde Menschen. In welcher Rolle erreichen Sie die Leute am besten?

Wie sonst auch in der Medizin ist es eine Frage der Dosis und der Darreichungsform. Ich genieße die Freiheiten, die ich als

»Hofnarr« habe, und dass ich in verschiedene Rollen schlüpfen kann, ohne dass ich eine Rolle spielen muss. Auf der Bühne, in einer Talkshow, in einer Doku oder hinter den Kulissen in einem Vieraugengespräch. Mich treibt an, dass es doch gute Ideen und Antworten überall gibt. Die große Jane Goodall hat mich einmal gefragt: Wenn wir Menschen so schlau sind, wie wir behaupten, warum zerstören wir dann unser eigenes Zuhause?

Ist das eigentlich Galgenhumor, was Sie machen?

Es ist gar nicht so leicht, der Klimakrise eine humoristische Seite abzugewinnen. Mir geht da ja auch ganz schön der Arsch auf Grundeis, wenn ich lese, wie groß die Probleme überall sind. Aber Hoffnungslosigkeit ist keine Option. Für eine echte Veränderung ist Angst nicht das Richtige, sie lähmt. Deshalb ist positive Kommunikation so wichtig, wie bei den Entwicklungszielen der UNO, die zum Beispiel eine Welt ohne Hunger und Armut beschreiben, das Recht auf Bildung und gesunde Umwelt. Wie schön könnten wir es hier eigentlich haben, wenn wir Ressourcen gerechter verteilen. Aber ich wollte Sie eigentlich auch mal fragen: Warum ist Ihnen dieses Konzept der Klimaneutralität so wichtig, dass Sie ein ganzes Buch dazu schreiben?

Weil es zentral und gleichzeitig total unterbelichtet ist. Und es ist ein positives Ziel.

»Klimaneutral« klingt halt nur so wahnsinnig unsexy.

Das ist wie mit »Nachhaltigkeit«. Die Umweltszene kleidet ihre unglaublich spannenden Anliegen gern in unglaublich dröge Verpackungen. Vielleicht ist das ein Ausgleich zu den schrillen Weltuntergangsszenarien von früher. Jetzt wollen wir also »klimaneutral« werden. Aber was heißt das konkret und heute? Das wissen oft nicht mal die Leute, die den Begriff in Parteiprogramme und Nachhaltigkeitsberichte schreiben. Deshalb wollte ich da tiefer bohren.

Dann kommen die Leute, die sagen, Klimaneutralität heißt Verzicht und Steinzeit. Was sagen Sie denen?

Dass es genau andersherum ist. Klimakrise heißt Verzicht, Chaos, Steinzeit. Inzwischen haben auch weite Teil der Wirtschaft begriffen: Wenn wir zukunftsverträglichen Wohlstand haben wollen, saubere Städte, gesunde Lebensmittel, eine halbwegs vielfältige Natur, und damit die Basis für jede Art von Wirtschaft, dann müssen wir aus dieser Kohlenstoff-Orgie aussteigen. Die hat uns über die letzten 150 Jahre reich gemacht, aber auch diese Probleme beschert.

Dann kommen die Menschen und sagen: Ihr in Eurer grünen Blase. 90 Prozent der Weltbevölkerung träumt nicht vom Weniger, sondern vom Mehr.

Völlig zu Recht wollen viele Menschen weltweit mehr: Nahrung, Gesundheitsversorgung, materielle Sicherheit, Bildung für ihre Kinder. All das, was die Entwicklungsziele der UNO versprechen. Aber dafür brauchen wir alle erst einmal stabile ökologische Lebensverhältnisse. Es ist zynisch, mit den Armen, den ersten Opfern des Klimawandels, gegen Klimaschutz zu argumentieren. Auch in Deutschland haben die Reichen, wir Reichen, den dicksten ökologischen Fußabdruck. Bei uns muss sich am meisten ändern, dafür brauchst du die Politik.

Was hat sich in den 13 Jahren seit Ihrem ersten Klima-Buch positiv verändert?

Die öffentliche Debatte ist informierter, der Druck vor allem durch die »Fridays for Future« ist viel größer geworden. Erneuerbare Energien sind so rasant günstiger geworden, dass sie weltweit eine echte Alternative zu Kohle, Gas und Öl sind – was wir Deutschen übrigens kräftig mitfinanziert haben. Dann hat sich die Klimakrise deutlich beschleunigt, man kann den geologischen Vorgängen wie der Gletscherschmelze zuschauen. Und die Wirtschaft macht inzwischen Druck, viele Unternehmen wollen bei den Veränderungen vorn dabei sein.

Haben Sie dazu einen Beitrag geleistet?

Als Journalist schreibst du dir die Finger wund, du verteidigst das Thema mit den KollegInnen der anderen Medien gegen die Kurzfristigkeit des Tagesbetriebs. Aber wir ändern nicht wirklich etwas, vielleicht mal eine Entscheidung oder den Ruf eines Ministers oder einer Ministerin. Wir stricken mit am Hintergrundrauschen.

Wer ist der mächtigste Mensch, den Sie in der Klimapolitik getroffen haben?

Je näher man VorständInnen oder MinisterInnen kommt, desto mehr merkst du, wie wenig Macht sie haben. Sie sind in ihren Zwängen und Strukturen gefangen. Wenn du da etwas ändern willst, müssen sich diese Strukturen ändern, so wie beim Erneuerbaren-Ener-

gien-Gesetz oder beim CO_2-Preis im Emissionshandel. Dann bewegt sich plötzlich so ein Tanker wie ein Weltkonzern oder eine Volkswirtschaft. Das ist vielleicht das größte Problem bei der Klimaneutralität: Strukturen zu verändern, die sich über Jahrzehnte aufgebaut haben, mit ihren Interessen, Traditionen, Lobbygruppen. Die Kräfte der Beharrung sind unglaublich groß. Vielleicht hilft da der Humor, so etwas aufzuknacken. Sie haben ja eine Stiftung »Humor hilft heilen« – gilt das auch für die Klimakrise?

Im Monty-Python-Film »Das Leben des Brian« gibt es eine Textzeile, wo es heißt: »Der Tod ist die eigentliche Pointe von allem«. Humor versöhnt uns mit der Endlichkeit von allem, auch von uns selbst. Die Corona-Pandemie hat uns doch gezeigt, wie unwichtig alle unsere Bedürfnisse nach Shopping und Konsum sind und was wirklich zählt: menschliche Begegnung, Feiern, Tanzen, Partymachen, Zusammensein. Und viele Leute haben Corona als Schicksalsschlag erfahren, der einfach so über uns kommt. Da ist es wichtig zu sagen: Wie auch beim Klimawandel sind wir Verursacher und Opfer zugleich. Wenn wir Wildtieren ihren Lebensraum zerstören, sie krank machen, jagen, handeln und essen, macht uns das selber auch krank. Die Zoonosen werden weltweit häufiger und heftiger. Einem Virus ist es egal, ob du Fledermaus bist oder Mensch, es braucht auch kein Visum, um Ländergrenzen zu überschreiten. So wenig, wie ein CO_2-Molekül sich fragt, aus welchem Land es kam. Wir haben einen Himmel, eine Erde, und wenn die Überhitzung das Fieber von Mutter Erde ist, dann ist das Artensterben ihre Demenz. Zum Glück setzt sich das Konzept von »One health« oder »planetary health« immer weiter durch, dass wir die Gesundheit von Natur und Tieren zu unserem eigenen Gesundheitsschutz erhalten müssen. Denn wir müssen ja nicht das Klima retten, sondern uns. Das Klima kommt prima ohne uns zurecht. Und der Artenvielfalt wäre wohl am meisten gedient, wenn die Art Homo sapiens sapiens nicht alles für sich beanspruchen würde.

Was wäre ein guter Witz zur Klimaneutralität?

Das Wort selbst ist ja schon ein Witz. »Klimaneutral« ist wohl der bekloppteste Begriff, für den man kämpfen kann.

Das Schlimmste, was man einem Essen vorwerfen kann, ist »geschmacksneutral« zu sein. Es fehlt die Würze, die das Leben ausmacht. »Enkeltauglich« finde ich viel besser. Aber sonst: Humor ist Perspektivwechsel. Man kann klarmachen, wie absurd unsere Situation ist, damit man im nächsten Schritt denkt: Ist das eigentlich wirklich das Schlaueste, was uns einfällt? Ein Beispiel aus dem Supermarkt: Stellen Sie sich vor: Für jedes Kilo Fleisch, das Sie kaufen, bekommen Sie an der Kasse einen Eimer mit 20 Liter Gülle ausgehändigt: »Das haben Sie mit verursacht und mit eingekauft. Brauchen Sie einen Deckel, oder geht das so mit? Viel Spaß beim Grillen!« Mehr Menschen würden automatisch weniger Fleisch kaufen.

Dank

Ein Buch zu schreiben ist ein einsames Unterfangen, zumal in einer Pandemie. Umso wichtiger sind die Menschen, die dabei helfen. Mein Dank gilt allen, die in diesem Buch zitiert werden, für ihre Zeit und wertvolle Einsichten, für Hinweise, Widerspruch und Korrekturen. Ebenso wichtig sind aber auch die Quellen, die nicht namentlich genannt werden konnten.

Ein besonderes Dankeschön schulde ich den Mitarbeiterinnen und Mitarbeitern in der Presseabteilung des Bundesumweltministeriums, die zuverlässig, freundlich und schnell auch noch auf die x-te Nachfrage antworteten. Auch Brigitte Knopf vom Mercator Research Institute on Global Commons and Climate Change (MCC) in Berlin war eine große Hilfe bei vielen Detailfragen. Dazu kommt all die Unterstützung von FreundInnen und GesprächspartnerInnen, die dieses Werk auch unter Corona-Bedingungen möglich machte, egal ob in Berlin, Zürich, Darmstadt, Herrenberg, Duisburg, Bergen oder sonst wo.

Verpflichtet bin ich auch dem Piper Verlag für die exzellente Zusammenarbeit. Mein Lektor Martin Janik hat immer wieder interessiert nachgefragt, mich ermutigt und unterstützt und mir eine erweiterte Gnadenfrist eingeräumt, als es darauf ankam. Thomas Tilcher bin ich für sein genaues Auge beim Redigat zu Dank verpflichtet, das mich vor mancher Peinlichkeit bewahrt hat. Sollten trotzdem noch Fehler auftauchen, gehen sie selbstverständlich nur auf meine Kappe.

Ein großes Dankeschön geht auch an Steffi Weber für die eindrücklichen Grafiken und an Tom Körner für die wunderbaren Karikaturen. Sie zeigen, dass auch ein sperriges Thema wie Klimaneutralität zugleich kompliziert und verständlich sein kann, dass man es ernst nehmen und trotzdem darüber lachen kann.

Meinen KollegInnen bei der *taz* bin ich wieder einmal dankbar, dass sie mich seit Jahrzehnten zu diesen Themen recherchieren und schreiben lassen. Die drei Monate Auszeit und die Reiseerlaubnis zum Recherchieren, die diesem Buch über die Ziellinie halfen, verdanke ich dem Großmut meiner geschätzten MitarbeiterInnen im Ressort » Umwelt und Wirtschaft «.

Nicht zuletzt will ich mich bedanken bei Josua, Tessa und Sammy. Sie haben es wieder einmal ertragen, dass öfter die Tür zum Arbeitszimmer zu war und das Essen warten musste. Im Lockdown und im Schreibstress im Winter 2020/21 waren unsere langen, gemeinsamen Abende eine Erholung. Und nur mit Angela ist es bei diesem Langstreckenlauf möglich und wunderbar, gemeinsam eine Generation zurück und eine nach vorn zu blicken.

Literatur zur Klimaneutralität

Informationen rund um die Grüne Null

Agora Energiewende, Stiftung 2°, Roland Berger: *Klimaneutralität 2050: Was die Industrie jetzt von der Politik braucht. Ergebnis eines Dialogs mit Industrieunternehmen.* Berlin 2021.

Bundesministerium für Umwelt, Naturschutz und nukleare Sicherheit: *Klimaschutzplan 2050. Klimaschutzpolitische Grundsätze und Ziele der Bundesregierung.* Berlin 2016.

Deutsche Energieagentur: *Aufbruch Klimaneutralität. Wege und Möglichkeiten für Weichenstellungen der 2020er-Jahre.* Berlin 2021.

Edenhofer, Ottmar; Jakob, Michael: *Klimapolitik: Ziele, Konflikte, Lösungen.* C. H. Beck, München 2017.

Fraunhofer-Institut für Solare Energiesysteme ISE: *Wege zu einem klimaneutralen Energiesystem.* Freiburg 2020.

German Zero: *Der 1,5-Grad-Klimaplan für Deutschland. Gemeinsamer Aufbruch gegen die Klimakrise.* Berlin 2020.

Göpel, Maja: *Unsere Welt neu denken. Eine Einladung.* Ullstein, Berlin 2020.

Hänggi, Marcel: *Null Öl. Null Gas. Null Kohle. Wie Klimapolitik funktioniert.* Rotpunktverlag, Zürich 2018.

Intergovernmental Panel on Climate Change IPCC: *Global Warming of 1.5°C. Special Report.* Genf 2018.

Lange, Steffen; Santarius, Tilman: *Smarte grüne Welt? Digitalisierung zwischen Überwachung, Konsum und Nachhaltigkeit.* oekom, München 2018.

Pötter, Bernhard: *33 Fragen – 33 Antworten: Klimawandel.* Piper, München 2020.

Prognos, Öko-Institut, Wuppertal Institut: *Klimaneutrales Deutschland. Studie im Auftrag von Agora Energiewende, Agora Verkehrswende und Stiftung Klimaneutralität.* Berlin 2020.

Prognos, Öko-Institut, Wuppertal-Institut: *Klimaneutrales Deutschland 2045. Wie Deutschland seine Klimaziele schon vor 2050 erreichen kann.* Berlin 2021.

The Boston Consulting Group, Prognos: *Klimapfade für Deutschland.* München, Basel, Berlin 2018.

Umweltbundesamt: *Wege in eine ressourcenschonende Treibhausgasneutralität. RESCUE-Studie.* Dessau-Roßlau 2019.

Wuppertal Institut: *CO_2-neutral bis 2035: Eckpunkte eines deutschen Beitrags zur Einhaltung der 1,5°C-Grenze.* Wuppertal 2020.